T0243696

Serrat

Serrat
La música de una vida

JAUME COLLELL

Papel certificado por el Forest Stewardship Council®

Primera edición: marzo de 2024

© 2024, Jaume Collell Surinyach
© 2024, Penguin Random House Grupo Editorial, S. A. U.
Travessera de Gràcia, 47-49. 08021 Barcelona

Printed in Spain — Impreso en España

ISBN: 978-84-19642-68-4
Depósito legal: B-21.465-2023

Compuesto en Comptex&Ass., S. L.

Impreso en Rodesa
Villatuerta (Navarra)

C 6 4 2 6 8 4

Índice

1

Ojos de niño, oído de joven

Todo artista es un árbol con raíces y ramas. En el caso de Serrat, los frutos han crecido hasta llegar a un público universal, gracias a una voz singular que resuena en el corazón de culturas hermanas. Del mismo modo en que su vida ha sido objeto de múltiples biografías, hay que escuchar el murmullo de las fuentes que lo han alimentado y ver los ingredientes con los que ha amasado sus canciones. Cada compositor tiene su criterio cuando se dispone a filtrar las melodías y las rimas de antepasados y contemporáneos que influirán de alguna manera en su obra. Este paseo alrededor del universo sonoro del cantautor explora el rastro de las músicas y músicos que lo han hecho crecer, también la variedad de su repertorio y el poso artístico que ha dejado a las generaciones posteriores.

Por haber nacido cerca del mar, en una ciudad portuaria, Serrat tiende las redes para pescar canciones populares de aquí y de allí, que inundan un barrio con una intensa historia artística a cuestas. Las músicas que le emocionan no las abandona jamás, le indican el camino. Por el apego a la tierra, ha labrado los cantos y ritmos silbados por el viento, y los ha regado para recolectarlos como fruta madura. El arte está en la naturaleza, no se crea ni se destruye, simplemente circula y se transforma. Como el fabricante de tejidos, él ha urdido piezas de todos los estilos, y, como el corredor de comercio, las ha distribuido por su mundo. Es el suyo un oficio cercano al del mago que saca unas notas de la chistera en un pañuelo de versos y encandila al personal. No hay truco, pero sí misterios por desvelar.

Las madres de antes eran las primeras maestras. Cantaban en la cocina o mientras zurcían un calcetín. La gente no solo cantaba en casa, sino paseando por la calle o desde lo alto de un andamio. Cantar y bailar era una forma de desperezarse. Quien no sabía cantar ni bailar era un marginado social. Hoy apenas se canta, y se baila muy mal. La radio constituye la primera banda sonora de la época que permite al oyente imitar las canciones que difunde y absorber los títulos uno a uno como una esponja para acariciar la primera guitarra, ensayar cuatro acordes precarios y empezar a soñar con lo puesto. Mientras la canción francesa, las melodías italianas y el pop británico abren caminos en España, en la Cataluña de los años sesenta algunas de estas influencias desembocan en los recitados simples, casi desnudos, de los primeros compases de la Nova Cançó. La virtud de Serrat se explica por el espíritu ecléctico de sus apetencias musicales, con las que abraza el vasto material compositivo que irá almacenando en su taller.

Cuando nace Joan Manuel, no han pasado tantos años desde la mal llamada paz de Franco. La suerte es que la infancia edulcora siempre las penas y los obstáculos. Además, forja la memoria de la persona, sienta sus cimientos y construye un mundo mágico de olores e imágenes. Él crece feliz y libre en una Barcelona hostigada que aún conserva espacios de diversión. Allí cultiva los cinco sentidos sin darse cuenta, obedeciendo unos instintos que se convertirán en el principal ánimo de su vida artística. La mirada lo empuja a tocar con las manos todo lo que descubre fuera de casa, y para un futuro músico es tanto o más importante el olfato que el oído. A partir de estos cuatro sentidos irá fabricando el quinto, un gusto personal amplio, sin desdeñar ningún estilo, atento siempre a las voces de su tiempo. He aquí la columna vertebral de un oficio que desarrollará durante la adolescencia.

LA CALLE, LA ESCUELA Y LOS AMIGOS

Los padres de Serrat se conocen en Barcelona. La futura madre del cantautor llega a la ciudad caminando por la vía del tren y campos a través junto a una brigada que recoge a jóvenes y niños. Ángeles Teresa huye de Belchite, donde los nacionales, cuando estalla la Guerra Civil, han fusilado a sus padres y a buena parte de la familia en la tapia del cementerio. Sus cuerpos están mal enterrados en un bancal. Josep Serrat, nacido en la calle Nou de la Rambla, combate en el ejército republicano. Al final de la contienda pasa un tiempo detenido en el campo de concentración de Orduña, en el País Vasco. Cuando regresa a Barcelona, la historia termina en boda. La novia se casa de negro, como todas las mujeres en la posguerra.

Serrat viene al mundo en 1943 en la clínica La Alianza, situada en el barrio del Guinardó, donde entonces vive la familia. Fue un bebé de cinco kilos que llenó de orgullo a su madre, que lo levantaba con sus brazos como si estuviera ya medio criado. Al cabo de poco se trasladan al Poble Sec, bajo la falda de Montjuïc. Desde la cuna, situada a la derecha de la cama de sus padres, divisa los barrotes del balcón. El tiempo le fabrica esta imagen en la que se ve con una camiseta imperio. Recuerda también al fotógrafo que va a su casa para captar su primera instantánea, sentado en un sillón, con un suéter de cuello alto y un tebeo en las manos. La inseparable calle del Poeta Cabanyes será para siempre su patria infantil, esa que nunca cambia de bando. A ella le dedica una de sus primeras canciones, «El meu carrer», toda una declaración de principios básicos que uno puede entender como un texto constitucional particular.

En la delimitación simple de un espacio físico y sentimental, la calle de la infancia, reside la única patria posible de las personas con espíritu universal. No se puede decir más en una canción, con tan pocas palabras. Un Serrat maduro compartirá esta canción con el vecino que vive frente a su casa, que también emprende la carrera de cantautor, Jaume Sisa. Y, años después, en una grabación de temas antológicos, la canta a dúo con Miguel Poveda en una interpretación que arranca de forma convencional y que deriva en soleá temperamental con fondo de palmas. El cantaor flamenco, que también hace incursiones en la copla y poniendo música a poetas catalanes, repite el tema de Serrat en otro par de discos antológicos. Al cantaor Miguel Poveda, siendo un mozalbete, la música le entra por la ventana del barrio natal de Llefià, en Badalona. Se cría en su habitación, donde, cuando no está la madre, agarra sus discos con la única obsesión de escuchar música. También tira de casetes y sigue los programas de cante jondo de la emisora local. Y, en cuanto puede, recorre las peñas de flamenco de Cataluña, empieza a ganar concursos y emprende una carrera que lo lleva a actuar por todo el mundo.

Poveda es un artista cercano al cantautor del Poble Sec por extracción social, a pesar de la diferencia generacional. Serrat, de niño, también había encontrado el escaparate predilecto en los balconcitos del entresuelo de cincuenta metros cuadrados donde vivía. Un mirador privilegiado, perfumado con alguna que otra planta aromática, ideal para observar el exterior. Así, entre sus primeros estímulos están la contemplación de la calle y el murmullo de sus gentes. En casa del cantautor conviven, unidos como tierra de aluvión, dos chicos y dos chicas, que se crían como cuatro hermanos. Carlos es el hermano mayor, hijo de un anterior matrimonio del padre, y las chicas, María y Manolita, hijas de una hermana de la madre, que confecciona pijamas para ganar algún dinerito. El niño la ayuda. Incluso aprende a coser, ahora un botón, ahora el bajo de unos pantalones. Primero la llama mamá, después será doña Ángeles, una mujer de carácter, fuerte y decidida, que impone respeto. Josep, el padre, trabaja de lampista en Catalana de Gas. Todos le recuerdan con el mono azul de regreso a casa. Si hay una avería en el vecindario, la arregla y a alguna familia incluso le instala una ducha en el domicilio.

La calle constituye la primera escuela del chaval, y los amigos de vecindario, para quienes él siempre ha sido Juanito, los primeros colegas. Chicos y chicas son legión, tan solo desde la calle Magallanes hasta el final de la suya. Entre los habituales, Paco, Alfredo, Aquilino, Maite, Tito, Lola, Cuqui, Isaac, Cheles, Manel, Albert... Además de Sisa, otro nombre alcanzará también fama y reconocimiento, el futbolista Ferran Olivella. Los críos de entonces aún recuerdan cuando este tuvo una infección en un ojo y aparecieron por el barrio Kubala, Manchón y Biosca. El día de la boda del futbolista aún despertó más expectación en la calle porque acudió toda la plantilla del Barça. Cuando la comida está lista, el grito familiar avisa de que es hora de abandonar la calle: «¡Juanito!», «¡Jaumet!».

El olor de las magdalenas que elabora su madre y de las vaquerías cercanas —mezcla de establo, animales y leche— le entra por la piel. También el de la carbonería de la calle que abastece de combustible para las estufas y las cocinas de la época, el de la humedad de la escuela, y los de zotal, gas y naftalina, no tan agradables. También le entran por la piel las músicas y canciones que poco después le irán conquistando el corazón de forma natural, sin que sienta necesidad de prestar una atención especial, ni siquiera pensar que debía estudiarlas.

Las chicas, con los brazos en jarras, cantan en corro «la chata merenguera, como es tan fina, trico trico trau...», «Margarita tiene un gato en la punta del zapato», o «qui té l'anell picapedrell». Ellos juegan al fútbol en la empinada calle y, claro, ganan siempre los que atacan cuesta abajo. Los bolos y las peonzas también les entretienen, y untan chapas con jabón para meter gol en la cloaca del contrario, que simula una portería. Los botones se usan como materia prima para articular juguetes, y fabrican sus propios patinetes y pistolas improvisadas con un par de pinzas de la ropa para disparar huesos de cereza. No se olvidan de las clásicas canicas ni del «churro, media manga, mangotero» que destroza más de una espalda. Juntos se sientan a explicar aventuras, se inventan historias y, medio a escondidas, juegan a padres y madres y a médicos. En su momento, los chicos se escapan a su aire y ellas descubren que han ido a guateques sin decirles nada.

Juanito va a la escuela desde los tres años. Nunca se le borrará el recuerdo de sus maestras, la señorita Brígida y, sobre todo, la señorita Conchita, hija de la lechera que vive frente a su casa. Es ella quien lo acompaña cada día hasta el colegio de los escolapios, Can Culapi, en la ronda de Sant Antoni. Conchita lo recuerda gateando y ensuciándose siempre por el suelo. Su madre lo limpia y le cambia de ropa. Es un niño travieso e inquieto. Mientras caminan hacia la escuela, cogidos de la mano, él le pregunta por las letras de los carteles de las tiendas y por los anuncios de los tranvías y, frase a frase, aprende a leer en plena calle. Esta maestra es una excepción dentro de la rigidez de aquellos religiosos que imponían la misa diaria al alumnado.

Un Serrat adulto recogerá los recuerdos escolares en «Cançó per a la meva mestra», centrada en el nacionalcatolicismo de su infancia. Ahí están el aula, presidida por el crucifijo entre el retrato del dictador y el de José Antonio, la pizarra, la tiza, los olores, mientras el niño fija la mirada en las rodillas apretadas de la profesora. Sin duda, el paso del tiempo permite al artista fabricar un canto nostálgico de aquellos momentos. El ambiente de la escuela, no obstante, contrasta con el de casa. Entre los suyos se habla sin tapujos de la guerra. Esta postal amarga estará siempre presente en la memoria de la familia, ya que la madre y el padre han sufrido en carne propia y en la de sus predecesores las represalias más atroces. El llamado «alzamiento» por parte de los vencedores deja una marca imborrable en el cantante, defensor incansable de causas humanitarias, solidario de nacimiento. El arte, para él, siempre ha sido un grito desde el patio

14

Serrat retrata su calle en una de sus primeras canciones. En 1970 vuelve a
Poeta Cabanyes acompañado de una vecina y un niño. Foto *Serrat con su vecina del Poble Sec*,
Barcelona, 1970, © Archivo Colita Fotografía.

de luces de la conciencia. Se canta tanto para llorar como para reír.

En verano, el calor invita a estar más tiempo fuera de casa. La ociosa temporada se invierte en corretear por las calles del barrio, especialmente durante la noche, cuando las horas son más propicias a las aventuras callejeras. Es la época de las fiestas mayores, tanto las de cada calle como las del barrio. Los vecinos alzan portaladas de cartón piedra y entoldados. Los adornos son monumentales y los motivos variados. Destaca la exótica estética mozárabe y la temática marinera más cercana. Se organizan chocolatadas y el juego de romper la olla repleta de caramelos y monedas para los niños. El paseo de los gigantes se alterna con los concursos de belleza. Las competiciones deportivas se visten de gala, desde las carreras ciclistas hasta los combates de boxeo, las partidas de ajedrez y los encuentros de fútbol. En la plaza de las Navas no faltan atracciones ambulantes como los tiovivos con sus caballitos, e incluso una noria.

Las largas mesas para comer en la calle dan paso a los bailes nocturnos con orquestas y vocalistas en los entarimados ocasionales que se montan. A menudo suenan, por falta de presupuesto, discos dedicados en la plaza del Sortidor. Son los grupos del momento: The Platters, Los Cinco Latinos, Lucho Gatica…, con sus melodías emblemáticas: «Only You», «El humo ciega tus ojos» También celebridades como Estrellita Castro o Antonio Molina. Dos jóvenes de Barcelona pronto llegan a actuar en el teatro Cómico del Paral·lel, el Dúo Dinámico. Aquel día las chicas enloquecen. Las que no logran entrar espían el concierto desde fuera a través de pequeñas rendijas. Manuel de la Calva y Ramón Arcusa se conocen en la empresa Elizalde, que fabrica motores de avión. Uno tira por el jazz y el otro por cantar jotas y boleros. En 1958 debutan juntos en la radio y al cabo de un año dejan su empleo ordinario para comenzar a grabar discos. Este es uno de los primeros grupos que Serrat sigue con atención. El dúo escribe uno de los capítulos más determinantes de la música pop española.

Permanecen años en la memoria colectiva porque representan el inicio de los movimientos de fans, el fenómeno social más llamativo de la década rupturista. Su eclosión marca un estilo singular tanto de composiciones personales como de adaptaciones y constituye un acontecimiento que se expande por toda España y América Latina. La estética novedosa que exhiben, sus voces perfectamente acopladas, todo resulta novedoso en el Dúo Dinámico. Pero mientras se desarrollan aquellas fiestas y actuaciones de barrio esto queda aún muy lejos. La tropa merodea por las celebraciones veraniegas con más ganas de juguetear y armar follón que otra cosa, aunque algo de aquellas músicas les debe entrar. El calendario de fiestas anuales es interminable: el Carnaval con el entierro de la sardina y el jueves lardero, las dos Pascuas, las procesiones de niños y niñas que celebran la primera comunión, la fiesta del árbol, las verbenas estivales… Las juergas y canturreos se dan cita especialmente en la noche de San Juan. El ritual de recoger leña y trastos viejos y encender el fuego lo ilumina todo. También las travesuras. Unos roban la madera que han apilado otros para que su fogata sea más espectacular.

«Per Sant Joan» es de las primeras canciones de Serrat. El tema describe la tradicional celebración, sin duda bajo la inspiración de las vivencias callejeras. Firma tan solo la letra, procedimiento muy poco habitual en su obra. Los versos convierten una mesa vieja en un tesoro, aunque al final solo queda el desconsuelo porque el tiempo lo quema todo y nada es como antes. La música, gloriosa y ligera a la vez, es de Juan Pardo, uno de los cantautores más brillantes del pop español. El prolífico compositor nace con una intuición musical prodigiosa, ya que con cinco años es capaz de cantar una zarzuela tras oírla tan solo una vez. Es miembro de Los Relámpagos, Los Pekenikes, Los Brincos, antes de formar el popular dueto Juan & Junior y cantar después en solitario. Dos artistas coetáneos versionan la canción en sus actuaciones, Bruno Lomas y Glòria. El valenciano debuta como intérprete de rock con sus antiguos compañeros de escuela, bajo la influencia de los cantantes americanos, italianos y franceses. Glòria, algo más joven, defiende «Per Sant Joan» en el Festival Internacional de Barcelona de 1968. El primer disco de la cantante, que graba con tan solo catorce años, contiene un tema de Joan Baez. En los conciertos, ejerce de telonera de Serrat.

Las verbenas que los vecinos celebran en la calle para celebrar el solsticio de verano inspiran al cantautor a la hora de componer «Fiesta» en 1970, con música y letra propia. Así dibuja el jolgorio alrededor de los entarimados que montan en el barrio durante las conmemoraciones veraniegas, postal que cada año acude a la cita. La canción constituirá el colofón de los conciertos de Serrat. La marcha animosa cabalga hacia un clímax que contagia una sana alegría. En una grabación antológica, el artista incluye una versión a coro del tema junto a un nutrido grupo de cantantes sudamericanos: Fito Páez, César Isella, Alejandro Dolina, Patricia Sosa, Adriana Varela, León Gieco, Ricardo Mollo, Celeste Carballo y Víctor Heredia. El himno, de naturaleza explosiva, es objeto de atención por parte de la banda navarra Tahúres Zurdos, de raíces mineras. La vocalista del grupo, Aurora Beltrán, subraya con total rotundidad la versión electrificada del grupo. El madrileño Depedro con su conjunto también interpreta una contundente «Fiesta», entre otros temas serratianos. A lo largo de su carrera, el cantautor del Poble Sec se convertirá en espejo para sus colegas, un espejo grandioso y sencillo a la vez.

Jaume Sisa absorbe también el ambiente de San Juan que se respira en el barrio. En 1981 dedica todo un álbum a la noche del solsticio de verano dentro del espectáculo que el grupo Dagoll Dagom estrena bajo el título *Nit de Sant Joan*. Se trata de un trabajo musical muy elaborado que obtiene una notable acogida popular. Los momentos vitales toman forma casi involuntariamente en la obra de todo artista. Serrat canta a la cuna, la madre, la calle, la maestra, la niñez, la primavera, la madrugada y a los cerezos en flor, sin moverse de Poeta Cabanyes. Allí puede correr a sus anchas porque en los años cincuenta casi nadie tiene coche. Como máximo, alguien aparca en la esquina. Hay bares, como el Martí, bodegas, tiendas y el popular restaurante Oliveta... Paco González Ledesma, hijo de una modista del Poble Sec, lo describe en sus novelas. Es un barrio de vencidos. Algunos, como el padre de Serrat, son de la CNT. El barrio había crecido a raíz de la Exposición Internacional de 1929. Pasada la guerra, las casas vacías fueron ocupadas por franquistas, como algún policía nacional, que al final también se dieron cuenta de que habían perdido.

Entre la tropa de amigos está Manolón, a quien apodan el Abuelillo. Toca la batería con más ruido que acierto. Pero Serrat aún no toca nada. Ningún indicio apunta a la futura carrera, aunque canta lo que oye en casa o por la radio. Es modoso y algo tímido. A Juanito también le llaman el Cani, puesto que a otro lo conocen como el Can. La vida irá añadiendo apodos a la identidad oficial que adopta en su carrera artística. Además de Juanito y el Cani, será bautizado como el Noi del Poble Sec (entre los suyos), el Nano (apodo que surge en Radio Barcelona y por el que es conocido en Sudamérica), el Flaco (denominación que recibe en Argentina debido a su delgadez) o simplemente Serrat, sin olvidar el *alter ego* de Tarrés con el que bautizará uno de sus álbumes.

Al final de la calle Poeta Cabanyes, una frontera imaginaria delimita el conjunto de barracas que ocupan familias aún más humildes. Allí no hay pendiente. En una placita casi escampada, los niños de arriba y abajo juegan al fútbol horas y horas. De vez en cuando imitan las corridas de toros con capotes improvisados. Unos y otros conviven sin problemas, aunque provienen de mundos distintos. Incluso vecinos de ambas zonas llegan a casarse entre ellos. En la época es normal ver a un marido pegando a su mujer en la acera. Tan normal como comprobar que sacan la silla a la calle y hablan de sus cosas mientras hacen calceta. Se habla catalán y castellano indistintamente, o una mezcla de ambos que demuestra una práctica imaginación idiomática.

La montaña de Montjuïc, tan cercana, es como quien dice el patio de casa. Cuando hay que celebrar algo no hay otro lugar más idóneo. Para los jóvenes constituye un espacio de recreo. El primer deporte comunitario consiste en robar los frutos de las higueras del vecindario. Hay descampados y laderas que no terminan nunca, un mundo propio a sus pies, lleno de escondrijos donde guardar secretos. El escenario perfecto también para el despertar de los primeros amores, y los posteriores. También hay una zona oscura, bautizada como Terra Negra, paraje de una prostitución sórdida. El nombre deriva de que allí se descargaba el carbón llegado en barco, que después se esparcía por el entorno. Es un lugar recóndito entre árboles y matojos donde resulta fácil convertirse en espectador nocturno de escenas desprovistas de intimidad. A los niños, las prostitutas ancianas que andan por la zona los echan a gritos. Nada que ver con las prostitutas del barrio, que cuando vuelven a su hogar se convierten en respetables amas de casa.

Entre la curiosidad y la inconsciencia, visitar calles cercanas forma parte de las aventuras infantiles. Muy cerca está el barrio chino, un territorio que la pandilla recorre con naturalidad, en el que tan solo se acercan a mirar. Serrat tiene entonces entre cinco y seis años, y sus paseos por la zona de perdición son del todo inocentes, aunque dominados por la curiosidad. Así que las calles Robadors, Sant Ramon y la de las Tàpies son tan suyas como de las mujeres de vida alegre. Un espacio compartido donde la realidad se contempla sin filtros, a diario.

En las tortuosas curvas de las calzadas que dan la vuelta a Montjuïc se celebran las competiciones de coches y motos. El pequeño Serrat, guiado por vecinos aún más escurridizos que él, se cuela en el circuito para contemplar las carreras, pero en adelante se mostrará más partidario del ciclismo. También se adentran con el grupo en el recinto del teatro griego porque para ellos no existe barrera alguna, y menos en sus dominios. En Poeta Cabanyes algún entretenimiento les permite incluso imaginarse que están dándole al pedal. De esto trata el juego que montan sobre la mesa de ping-pong que uno de la pandilla tiene en su casa. Utilizan pequeñas figuras de ciclistas, que pintan con el color de los equipos participantes. A modo de juego de la oca, los dados indican los avances de cada corredor por el circuito establecido. Serrat recorta de la prensa las etapas y clasificaciones y elabora un álbum minucioso. Ahora rememoran el Tour, ahora la Vuelta… Es un chico con iniciativa, decidido. Organiza eventos y anima a los demás a que participen. Coincidiendo con las Olimpiadas de Melbourne de 1956 prepara unos juegos para los amigos del barrio, con maratón y lanzamiento de jabalina incluidos. La infancia sin duda no pregunta por la vida, porque la vida llega desde cualquier parte y empapa los poros de la piel sin avisar. Es el tiempo en que uno aprende. Por eso los sentimientos forjados en los primeros años de existencia, y la casa y la calle, constituyen el origen definitorio de uno. Y, a partir de este origen, se descubren mundos desconocidos que transforman a la persona en alguien universal.

Entre los sonidos más apreciados por el chaval, el que proviene de la cocina donde su madre está friendo berenjena y batiendo huevos para preparar una gran tortilla y bocadillos. Es el presagio de un día de playa en Can Tunis. Suelen ir los domingos y hay que madrugar mucho para emprender una larga caminata hasta llegar a la arena y estirar las toallas. La tropa de los Serrat es numerosa. Caminan juntos, en procesión. Allí el muchacho ve por primera vez el mar, un Mediterráneo que todavía no sabe que se llama así. La primera sensación entre las olas que vienen y van es el gusto del agua salada.

No obstante, no es el único lugar en el que se remoja durante el buen tiempo. Con la cuadrilla de la calle meten la nariz por todas partes. Acuden a los baños de Sant Sebastià, en el barrio de la Barceloneta, las emblemáticas piscinas de los señores. Para llegar toman un acceso público y van saltando vallas, cada uno con su hatillo, hasta alcanzar los baños con las piscinas de distintos tamaños. Para ellos aquello es Hollywood, aunque el auténtico nido del espectáculo se encuentra en su entorno más próximo.

LOS ARTISTAS DEL BARRIO

En la misma calle Poeta Cabanyes, pero tocando el Paral·lel, nace a principios de los años sesenta un grupo que alcanzará el éxito. Se da a conocer con el nombre de Los de la Torre. Primero son tres chicos y dos chicas. El mayor, Emilio, y una de las hermanas, Gloria, cantan en las fiestas de la calle. Cada año los vecinos la adornan con banderitas que extienden de los balcones de un lado a los situados enfrente. A medida que avanza la década, Emilio, sus hermanos Carlos y Juan y un amigo triunfan como conjunto musical de moda, bajo el nombre de Los 4 de la Torre. Cuando quedan solo los tres hermanos, pasan a ser simplemente Los de la Torre. Han estudiado en el conservatorio y manejan bien el bajo, el piano, el saxofón y la batería. Es una formación de éxito que con el tiempo se hará cargo de la dirección musical de salas de baile como La Paloma y La Cibeles. Graban discos EP de los cuales, en la cúspide de su éxito, llegan a vender más de cien mil copias. Apenas conocen a Serrat, a pesar de los pocos años que les separan.

En 1964, los hermanos Vercher, Roberto y Joselín, del barrio, fundan junto a José María Garcés y Ramon Colom el conjunto Los Cheyenes. Los integrantes se dejan crecer el pelo hasta lo indecible, en actitud contestataria. El grupo constituirá el germen de una orquesta de baile muy popular, La Salseta del Poble Sec, a finales de los años setenta. Lo más habitual entre los músicos consiste en alternar el instrumento con algún empleo remunerado. Sisa, que ha sido compañero de escuela de Joselín, a los catorce años ya trabaja en una fábrica de básculas de la calle Borrell. La madre no quiere que siga los pasos del padre, jugador profesional y viajante de por libre. Tiene cinco años menos que Serrat, así que, de niños, no llegan a jugar juntos, aunque conserva alguna foto de ellos dos acompañados de otros amigos de la calle. Retiene el recuerdo de oírle cantar y tocar dentro de casa desde la acera. Entonces las ventanas eran altavoces.

Poco más tarde, el futuro cantautor galáctico se compra la primera guitarra. En su escalera vive Ricardo, que le enseña los primeros acordes. De ahí que, años después, utilice como sobrenombre el de Ricardo Solfa. A los dieciocho años viaja a Francia, ejerciendo de técnico de un grupo que actúa por los alrededores de París. Los vecinos, de repente, comprueban que el artista, cuando vuelve, ha dejado atrás la timidez y la introversión porque exhibe casacas extravagantes de colores y luce una melena desparramada como una inmensa escarola abierta. Serrat y Sisa, a lo largo del tiempo, mantienen buenas relaciones. En encuentros privados, uno canta sus temas al otro, y viceversa. Y en público actúan juntos más de una vez. Los vecinos recuerdan una fiesta popular en la que montan un tablado en Poeta Cabanyes. Entonces ambos cantautores comparten repertorio de boleros, un género por el que sienten adoración. Otro día, un coro del barrio se presenta bajo el balcón de Serrat e interpreta una canción suya, pero tan solo encuentran a su madre.

Las sociedades corales tienen un pasado histórico notable en el barrio, desde mediados del siglo XIX. Se contabilizan desde entonces unas veinte. Nacen como espacio de socialización fuera de las tabernas, único lugar de encuentro hasta el momento. Constituyen la base de los futuros movimientos sociales y sindicales. Entre las veteranas, La Palma Moderna de la calle Blasco de Garay, la Viola Barcelonense de la calle Salvà y la Peña Choral La Sirena con sede en el bar La Campana de la calle del Roser. También destacan Els Moderns del Poble Sec, la Nova Lira y la sociedad coral La Camelia. En Poeta Cabanyes, la Agrupació Coral La Nova Colla tiene la sede social en el bar Fortuny. Todas las formaciones exhiben un estandarte propio con el escudo y el nombre bordado sobre tela de terciopelo. Cada una tiene su banda de tambores, cornetas y trompetas y la mayoría están integradas tan solo por voces masculinas, como es costumbre en la época.

Son agrupaciones que perduran en el tiempo, más allá de los años sesenta. Cada año por Pascua salen a cantar las Caramelles por el barrio, y por Pentecostés acostumbran a realizar actuaciones incluso fuera de Cataluña y al regresar desfilan por las calles. Las tonadillas tradicionales de Pascua permiten a los cantantes repartir claveles incluso elevando las canastas con lacitos adornados con cascabeles hasta los balcones para recoger monedas entre el público. Los coros visten uniformados con camisa blanca, fajas coloradas y barretinas. Además de amenizar las fiestas, estos grupos participan en los concursos de los Coros de Clavé. El padre de Serrat, que canta Caramelles con su discreta voz de barítono, recuerda la figura paternal de Clavé, tan cercano a la clase trabajadora, cuyo espíritu impregna todas aquellas sociedades.

Josep Anselm Clavé funda a mediados del siglo XIX un movimiento de formaciones corales que alcanza una gran popularidad y al que imprime un marcado carácter social y obrerista. Ejerce además una influencia notable en la música popular de su tiempo. Nacido en Barcelona en 1824, de niño una enfermedad ocular le empuja a tocar el violín y la guitarra de un modo autodidacta. Recorre las tabernas cantando sus propias canciones. Hereda del padre las ideas republicanas y socialistas y a los diecinueve años ya está afiliado a grupos antimilitaristas. Funda una sociedad filarmónica que motiva el nacimiento de orfeones en

Cataluña, al tiempo que fomenta la primera sociedad coral en España, La Fraternidad.

El camino artístico no le impide asumir compromisos políticos. Aunque rehúye ejercer de gobernador provincial, resulta elegido diputado en las Cortes constituyentes de 1873, las de la Primera República. Se traslada a Madrid, pero los problemas de salud le imposibilitan participar a fondo en el foro público y fallece al cabo de un año, cuando ha cumplido los cuarenta y nueve, justo cuando el golpe del general Pavía pone fin al breve periodo republicano. Entonces nace el Clavé mítico. La veneración que enciende su muerte inspira a los prohombres que levantan el Palau de la Música Catalana en 1908 a colocar su rostro escultórico frente al de Beethoven y las valquirias de Wagner en el arco del escenario. Los himnos y el legado de este influyente músico catalán permanecen en el imaginario de aquellas corales del Poble Sec, que agitan el alma social de las calles donde transcurre la infancia de Serrat.

Pero los tiempos cambian. En un local de la calle Salvà nacen Los Salvajes. Tres jóvenes se reúnen para empezar sin saberlo una de las carreras más intensas del rock hispánico. Gaby Alegret vive al otro lado del Paral·lel, en la calle del Tigre, aunque su padre tiene un taller en el Poble Sec. Allí, a través de su madre, conoce a Delfín Fernández y a Francesc Miralles. Son fundadores del conjunto en 1962 junto con Andy González y Sebastián Sospedra. Delfín es el benjamín. Con catorce años tiene claro que lo suyo es la batería. Ensaya en el balcón de su casa con unas improvisadas baquetas sobre la baranda. Enfrente vive Francesc, que toca con Los Pumas, un grupo anterior. Más adelante ensayarán en el sótano del bar Chipirón del Paral·lel. El local está equipado con un amplio espejo, ideal para que lo usen también los bailarines de flamenco.

Gaby, que ejerce de líder, había empezado imitando las rancheras de Miguel Aceves Mejía. Su padre es un aficionado a la zarzuela y su madre a las cantantes folclóricas. La primera música que les llega de fuera es francesa —Johnny Hallyday y Eddy Mitchell—, e italiana —Peppino di Capri y Tony Dallara—. El grupo empieza versionando temas de Adriano Celentano y Pino Donaggio. Sisa es a su vez compañero de escuela de Delfín y Francesc. A todos ellos les atraen los primeros grupos de rock británicos hasta que la figura de Elvis Presley los hipnotiza de forma definitiva y se erige como referente indiscutible.

Serrat y Los Salvajes se conocen por la cercanía circunstancial, pero no existen demasiadas afinidades entre ellos. Gaby y él se cruzan algún día. Sentados en la acera se cuentan sus cosas. Incluso se toman algo en uno de los bares de las esquinas de Poeta Cabanyes y canturrean juntos. Pero nada más. Años después se reencuentran en distintos ámbitos, tanto en festivales benéficos y galas de premios como en algún restaurante al que ambos acuden por casualidad. Los Salvajes dan los primeros conciertos en El Pinar, un local del barrio. Naturalmente, Serrat siente curiosidad y acude al recinto como espectador. Sisa, ya de muy joven, también conoce el lugar y se deja caer por allí. En alguna ocasión, Delfín se sorprende de que el autor de «Paraules d'amor» le cante un tema de Los Salvajes como «Las ovejitas». El Pinar dispone de un patio y varios espacios, aptos para el multiuso: boxeo, lucha, patinaje, bodas, bautizos... El más grande se destina al baile. Entre semana hace las funciones de garaje, y sábados y domingos, con los coches fuera y un escenario improvisado, se adapta para el jolgorio.

El recinto resulta atractivo para los jóvenes que acuden a buscar pareja, aunque a veces estallan escandalosas peleas entre sectores del público que se disputan las chicas entre ellos. Fuera del lugar, echan a correr y entran en el cuerpo a cuerpo sobre el capó de los vehículos aparcados. Las trifulcas terminan con la presencia de la policía. Todo proviene del ambiente cargado que se respira en el interior. El fuerte olor lo provocan los efluvios de carajillo de anís mezclados con el humo del tabaco y el sudor del respetable. Allí también actúan Lone Star, Los Cheyenes, Los Sírex y Los Mustang, tres de cuyos miembros también proceden del barrio. Un día, un tal Bernardt, que se presenta como mánager alemán, propone a Los Salvajes una gira por el país teutón, aunque tan solo tienen entre quince y dieciséis años. Así, vuelan hacia Alemania, donde actúan durante seis meses. Pronto entran en los estudios de grabación e inician un camino plagado de éxitos.

El Poble Sec, además de estos artistas contemporáneos de Serrat, ofrece cobijo a otros personajes vinculados al mundo artístico. En Poeta Cabanyes viven Consuelo, que había sido corista en la sala Bataclán; Mercedes, una vocalista de familia gitana; Lidia, la vedete que actúa en el Molino como pareja de Johnson, un tipo bregado en el negocio teatral que llega a ser gerente del teatro Talía, además de atletas de lucha libre y futuros novilleros, alumnos de la precaria escuela taurina que hay en la calle, donde dan los primeros pasos con el capote. A veces se observa a gente que escapa de la norma, como un bailarín que viene de vez en cuando, o un personaje intelectual que recibe la visita del ensayista valenciano Joan Fuster.

La actriz Julieta Serrano es hija del Poble Sec y también vivió su infancia allí. Mónica Randall, con sus padres y abuelos, en la calle Blai. Un ejemplo paradigmático de artista nacido en el barrio es el tenor Manuel Asensi, que viene al mundo en 1919 y es recordado como ejemplo de persona tenaz y persistente que alcanza el sueño de la lírica a base de estudio y dedicación. Sus padres sienten una gran afición por la música. Manuel y su hermano demuestran una capacidad natural para el canto. Los vecinos no distinguen la voz de Manuel de la de su hermano cuando cantan al subir las escaleras de su casa en la calle Blai. Los matriculan a ambos en el Conservatorio del Liceu, pero, mientras Manuel es disciplinado y culmina la carrera musical, su hermano descuida los estudios y los abandona. El tenor alcanza fama universal como intérprete de zarzuelas y óperas en escenarios de

Estados Unidos, México y varios países europeos, además de Israel y Egipto.

EL PARAL·LEL, GRAN ESCAPARATE

Serrat encuentra el primer espejo de lo que constituirá su carrera lo encuentra en un barrio vecino, el Paral·lel. Lo ha explorado con ojos de niño, pero lo captará con oídos de adolescente. Mientras en su calle no hay tráfico, en la cercana avenida coches y tranvías resultan peligrosos para los chiquillos, por lo que muchos padres no les permiten ir solos, o en todo caso les advierten que crucen cuando el disco esté verde, en referencia a los semáforos entonces incipientes.

El Molino es un local emblemático. Juanito lo contempla pronto, primero desde el exterior, chafardeando a través de la puerta, y después desde dentro. Por fuera, los más atrevidos se encaraman en una fachada lateral, aupados por un compañero, para atisbar a alguna vedete medio desnuda a través de un ventanuco. El local congrega al mismo tiempo a público bien trajeado y a gente de boina y cayado. Al joven Serrat lo deslumbran los carteles de los artistas de variedades colgados en la entrada principal —Gardenia Pulido, Mary Mistral, la Bella Dorita, Johnson...—, y otras veces entra de incógnito, solo o con su madre, a pesar de no estar autorizado por su edad.

Las variedades nacen en 1790 en el Théâtre des Variétés de París. Los empresarios europeos pronto adoptan el formato en sus dominios. Mezclan el vodevil norteamericano y el *music hall* británico. Tienen su esplendor a lo largo del siglo XIX y, tras su decadencia en el primer tercio del siglo XX, renacen en la televisión a partir de 1950 y 1960. En los teatros aglutinan números musicales, magia, humor, exhibiciones de circo y rarezas biológicas, malabarismo, contorsionismo, doma animal... El centro del espectáculo es la vedete. Cuando proliferan las salas de cine, los números de variedades se programan después del nodo. Entonces sube la pantalla y baja un telón pintado. Las familias sacan del cesto los bocadillos y la gaseosa, mientras sostienen a los niños en el regazo. El suelo está alfombrado de cáscaras de cacahuetes que disimulan las humedades. No falta una actuación de taconeo flamenco, la pareja de cómicos con su jota, un humorista que imita a los famosos con más ganas que acierto, un prestidigitador oriental y quién sabe si un tragasables.

En el recuerdo de los ojos infantiles del cantautor se fijan las imágenes de Carmen de Lirio y la Bella Dorita. No se trata de los nombres con los que fueron bautizadas. En realidad, se llaman Carmen Forns y María Yáñez. La primera, zaragozana de nacimiento porque allí estaba destinado el padre, militar ambulante. De joven coincide con Fofó y Miliki en un circo, capitaneado por el empresario Colsada, que la manda a Barcelona a estudiar en la academia Quiroga de variedades. Posa como modelo para pintores y canta en cafés teatro hasta que le exigen un carnet sindical y tiene que examinarse. Los jurados están llenos de varones con las manos largas. Debuta en el Paral·lel en la posguerra, con la compañía de la que forman parte Antonio Amaya y Alady. Una luz roja entre bastidores alerta de la presencia de la censura e inmediatamente la artista rebaja los contenidos. Carmen de Lirio, admiradora de Concha Piquer, triunfa en sus giras por España, Italia, México y Perú. También prueba el cine y la televisión.

La otra artista que aparece en los carteles que embelesan a Serrat es la Bella Dorita, una de las estrellas con más personalidad que iluminan las noches del Paral·lel. La mítica vedete se asemeja a Mae West y, con su sensualidad, seduce a políticos, militares y deportistas como Companys, Sanjurjo y Zamora. Más que cantar, susurra el verso melódico solemnemente mientras deja que el chal que cubre su espalda vaya deslizándose milímetro a milímetro hasta quedar completamente desnuda. Las crónicas de la época resaltan el erotismo delicado de sus actuaciones. La artista, nacida en 1901, llega a cumplir cien años conservando intacta su apetencia golosa por las trufas de chocolate.

Cuando bajan al Paral·lel, las jovencitas de Poeta Cabanyes se visten de fiesta. La edad no importa para acceder a los recintos. Con apenas seis años, los críos pueden entrar acompañados a los locales y teatros donde programan espectáculos de variedades. En 1942, la compañía Los Vieneses estrena en el teatro Cómico su primera revista en la ciudad después de una pequeña gira europea para eludir los países bajo control de la Alemania nazi. El fundador es Arthur Kaps, un austriaco que en los años sesenta se convierte en realizador de programas propios en TVE. Desde Barcelona, los artistas del grupo alcanzan la fama de un modo instantáneo: Franz Joham como humorista; Herta Frankel con sus marionetas, especialmente la perrita Marilín; y el actor italiano Gustavo Re, que acabará fijando su residencia en el Poble Sec.

El teatro Talía asimismo ofrece buenas carteleras. En los años cincuenta lo compran Ignacio F. Iquino y Paco Martínez Soria. El actor aragonés, nacido en Tarazona como Raquel Meller, estrena allí sus obras. La sala alterna el teatro con la zarzuela y el cine. Las variedades son primas hermanas de la revista, que también procede de Francia. En este caso, el género combina la música con el baile, a veces con deslumbrantes coreografías, sketches humorísticos y tramas de vodevil. De aquel mundo ecléctico, Serrat deduce que el oficio que un día emprenderá también requiere saber picotear de aquí y de allá, y buscar el arte de la mezcla de materiales en connivencia con arreglistas y músicos de primer orden.

El Paral·lel resplandece como un paraíso de luz y de color, en contraste con el Poble Sec, tan cercano. El bulevar está repleto de teatros, cines y atracciones. No ha perdido brillo a pesar del reciente paréntesis bélico. Allí cada día es domingo. Cuando a los de la pandilla no los acompaña nadie, correr por aquella ancha vía

OJOS DE NIÑO, OÍDO DE JOVEN

se convierte en una osadía. Pero cuando baja toda la familia en bloque es distinto. Van al cine, compran helados, chufas, regaliz, pasean. Al salir de los espectáculos es costumbre cenar en el Bohemia. De repente estrenan la nueva iluminación que a todos deja boquiabiertos. En el Paral·lel también vive gente humilde y trabajadora, cada uno con su acento, su carácter y sus costumbres culinarias según la procedencia. La mezcla de culturas y sabores resulta enriquecedora.

Los puestos de sandía y melón, cortados a gajos, invitan a calmar la sed en verano, tal como en invierno las castañeras infunden calor con el fuego callejero en el que también asan boniatos. Los vendedores de globos y altramuces y los charlatanes en las esquinas timando a los incautos salen de día. Por la noche, renacen los teatros y cines adornados con rótulos y bombillas, las marquesinas pintadas, las bodegas, las barras de los bares repletas de bocadillos, las mesas de billares en los sótanos y las atracciones Caspolino del Apolo con su pista de baile. Las variedades reinan en el local Ambos Mundos, al que se accede atravesando unos amplios cortinajes que resguardan el interior como un espacio misterioso. Está justo al lado del teatro Victoria y, enfrente, el Cómico, el Español y el Arnau. Entre los cines de moda, el Condal y el Hora, de cierta mala fama, además del Cinerama Teatro Nuevo y el cercano cine Padró en la calle de la Cera.

Este Pigalle catalán con personalidad propia, no obstante, extiende sus tentáculos más allá de su perímetro. Por el barrio chino y en la cercana Rambla, Serrat tiene a mano recorrer locales que traspasan el túnel del tiempo, como el Villa Rosa, con sus actuaciones de flamenco, las noches de espectáculos en La Buena Sombra, el bar London —con un trapecio sobre la barra, apto para acrobacias—, el cabaret Barcelona de Noche y su público multisexual, el destartalado bar Pastís de inconfundible sabor parisino y la decadente Bodega Bohemia, que da cobijo a artistas en busca de una fama que nunca obtuvieron.

La oferta de ocio y entretenimiento, a pesar de todo, no es equiparable a la cartelera que el Paral·lel exhibía desde el inicio de la Primera Guerra Mundial hasta los esplendorosos años veinte. A finales de esta década, el cuplé y la revista entran en crisis por la irrupción del cine sonoro y el jazz americano. Para ayudar a las vedetes sin trabajo, una orden gubernamental establece la obligatoriedad de que entre película y película se programe un número cantado. Los locales que aún ofrecen el repertorio tradicional suponen el primer contacto del futuro cantautor con la actividad artística. Un contacto que se produce de forma inconsciente, como la apropiación de las melodías que circulan a su alrededor. Las oye dentro de los teatros y de los bares, a través de las ventanas o mientras camina por la calle. Se aprende las canciones a base de repetirlas. La verdad es que tiene una facilidad innata para impregnarse de todo tipo de músicas.

En los quioscos se venden los cómics de la época, *El capitán Trueno*, *Diego Valor*... Y asoman la cabeza personajes como Roberto Alcázar y Pedrín, Carpanta, además de las novelas de *El Coyote*. También las recopilaciones de los temas que han hecho famosos a Antonio Molina, Concha Piquer, Juanito Valderrama o a una incipiente Lola Flores. Todo este mundo idílico se abre a los pies del muchacho. Sobre todo, a lo largo del trayecto desde Nou de la Rambla, donde vive la yaya Antònia, hasta Poeta Cabanyes. Cuando aún lleva pantalón corto, ella lo acompaña hasta la casa de sus padres. Mientras caminan le pregunta si quiere una bolsa de barquillos, pero él prefiere que le compre los cancioneros de color verde y amarillo que cuestan cincuenta céntimos, con las letras de los mayores éxitos del momento. Cuando los repasa, le sorprende que algunas letras no se correspondan exactamente con las que ha memorizado. En «El día que me quieras», que canta Carlos Gardel, lee «... y un halo misterioso hará nido en tu pelo» y él siempre había cantado «... y un halo misterioso, arácnido en tu pelo». También le pasa con otros versos que no entiende y se inventa.

Suenan, paralelos a estos intérpretes, Jorge Sepúlveda, Bonet de San Pedro, Gloria Lasso, Paul Anka, y del ámbito barcelonés surgen las primeras actuaciones de Rudy Ventura, Josep Guardiola y Ramon Calduch. Sepúlveda, un valenciano que fue sargento en el ejército de la República, después de despuntar en España exporta con éxito sus boleros a Argentina y Cuba. Guardiola salta del coro parroquial a los estudios de violín y saxo. También triunfa en Latinoamérica, especialmente con sus versiones de temas internacionales, de Merle Travis a Kurt Weill. El cantante alterna castellano y catalán y llega a participar en los festivales de Eurovisión y San Remo. Todo este universo infantil y juvenil configura con toda seguridad el esqueleto de la carrera musical que emprenderá Joan Manuel Serrat. Las canciones que capta en el Paral·lel son un medio inequívoco de expresión que incorporará a un oficio que irá desarrollando desde la adolescencia con letras y melodías propias. Seguirá el camino paso a paso, de un modo muy personal, fabricando sus métodos a partir de sus necesidades.

2

La radio, una ventana abierta

En los hogares de la época, y especialmente en casa de Joan Manuel Serrat, la radio es la gran compañera y cómplice de la familia. No hay muchas cadenas y todas están bajo el control del régimen. Entonces, a la hora de las noticias, las emisoras tenían que conectar con Radio Nacional de España para dar constancia del diario hablado, popularmente conocido como «el parte». La sintonía que abre y cierra este noticiario oficial queda grabada en el recuerdo como la banda sonora de aquellos años. La ciudadanía, atenta, pega los oídos al receptor. A pesar de la época, o precisamente por tratarse de un tiempo gris, la radio es una ventana de aire fresco por la que entran sueños y fantasías.

En «Mi niñez», Serrat habla del canario que desde la jaula se pone a trinar cuando oye su radio de galena. Forma parte del paisaje doméstico, junto al gato, los juguetes de lata y el patinete que dormitan en el piso sombrío. El color lo ponen un ejemplar de *París-Hollywood* —una revista pionera en la publicación de fotos de modelos desnudas—, la primera novia y el hermano mayor que se convierte en ejemplo a seguir, antes de que abandone el domicilio familiar, donde su padre y su madre van haciéndose viejos.

El delicioso relato, bañado por una melodía apesadumbrada y por momentos dichosa, dibuja el escenario en el que en los años cuarenta los hogares sintonizan sobre todo los programas musicales. Las primeras melodías que oye Serrat de niño le llegan por la radio, desde varios fragmentos de zarzuela y las coplas que canta Concha Piquer hasta algunas napolitanas, como «Munasterio 'e Santa Chiara», que populariza Roberto Murolo, y las sintonías de anuncios que le llaman la atención. No obstante, una canción le causa miedo, incluso pánico, y no sabe por qué: «Mi casita de papel». Es extraño que una canción le provoque un sentimiento de rechazo. Quizá es por algún misterio que esconde la letra.

Las primeras emisiones radiofónicas en Barcelona arrancan en 1924. A partir de los años treinta la Cadena SER emite desde esta ciudad el espacio diario *Tambor*, que dura poco más de un cuarto de hora y que permanece diecisiete años en antena con sus cuentos infantiles. Se hace famoso el personaje Miliu, un niño de ocho años a quien el ventrílocuo Toresky convierte en travieso inventor de palabras. Radio Barcelona bautizará con el nombre del popular imitador el espacio donde Serrat debutará con sus primeras canciones en 1965, el estudio Toresky. Pero en los años oscuros hay poca variedad en las largas horas de programación. Franco no ha prohibido este medio de comunicación, a pesar de que Unión Radio Madrid, inaugurada por Alfonso XIII en 1925, ha sido un altavoz importante durante la República y la Guerra Civil.

Las emisoras captan audiencia a cualquier hora del día. A finales de los años cuarenta empiezan a triunfar de una forma espectacular las radionovelas que encadenan los capítulos a centenares. El canario Guillermo Sautier Casaseca es uno de los guionistas más prolíficos del momento. También destaca Antonio Losada. Los guiones se editan y alcanzan centenares de miles de ventas. Además, se representan en los teatros de la ciudad y en el resto de Cataluña. A principios de los años sesenta la serie *Taxi Key* y el programa *La comarca nos visita* llegan a una amplia audiencia catalana. Se emite los domingos por la mañana, como el espacio de radioteatro.

El cuadro escénico de Radio Barcelona está dirigido por Armando Blanch y lo integran profesionales que pasarán a la historia de la radiodifusión, como Encarna Sánchez, Isidro Sola, Mario Beut, Ricard Palmerola, Esperanza Navarro y Estanis González. Este conocido locutor, casualidades de la vida, se casa con una hija de la familia que vive en la planta baja del edificio de Poeta Cabanyes donde ha crecido Serrat. Otros actores empiezan su carrera en la radio, como Enrique Casademont, con su personaje infantil Pau Pi, y un jovencísimo Adolfo Marsillach, que pronto ingresa en la compañía profesional de Alejandro Ulloa. La trayectoria del popular locutor Joaquín Soler Serrano, que había iniciado sus pasos en otras emisoras, se consolida en Radio Barcelona.

Un espacio emblemático de la radiodifusión es sin duda el *Consultorio de Elena Francis*, un personaje de ficción, bautizado por su inventora, Francisca Elena Bes Calvet, al que a partir de un momento presta su voz la locutora de origen cubano Maruja Fernández del Pojo. La memoria auditiva de toda una generación retiene la sintonía que se escoge para el programa, «Indian Summer», del compositor y chelista estadounidense de origen irlandés Victor Herbert. En él caben desde consejos sobre cómo eliminar las manchas de la ropa hasta todo tipo de recomendaciones para encontrar un buen marido. Detrás de las respuestas está Juan Soto Viñolo, que ejerce de guionista anónimo, aunque se le conoce por sus labores de crítico taurino y como biógrafo del diestro Manolete.

El consultorio, que dura de 1947 a 1984, empieza en Radio Barcelona y pasa por varias emisoras, cosechando siempre audiencias extraordinarias. A raíz de su desaparición de las ondas, Serrat dedica una canción al personaje. En «Carta póstuma a Elena Francis» articula un discurso irónico sobre un planteamiento musical juguetón en el que el cantautor se muestra perplejo ante la desaparición del oráculo radiofónico. La figura de la locuaz consejera asomará la cabeza en alguna otra canción del cantautor, siempre dispuesto a repasar la historia sentimental de su país.

En 1971 hay que situar otro fenómeno radiofónico: el novelón *Simplemente María*, que permanece dos años en antena con sus cuatrocientos capítulos. *Cabalgata fin de semana* es un programa de variedades que el chileno Bobby Deglané presenta desde 1951 los sábados por la noche. La gente se aprende de memoria los discos dedicados a partir de las peticiones de los oyentes. Son tiempos de copla y boleros en las voces de Antonio Machín, Juanito Segarra y Jorge Sepúlveda. La única alternativa a las antenas oficiales y oficialistas hay que buscarla en la sintonización de Radio España Independiente, más conocida como La Pirenaica. Este medio clandestino, fundado por el Partido Comunista, empieza su andadura en 1941 desde Moscú. Años después, en 1956, traslada las emisiones a Bucarest. Sin duda, La Pirenaica supone el máximo foco opositor al régimen de Franco, aunque desde España también se puede obtener información contrastada a través de los programas en castellano que difunden varias radios francesas, italianas y, especialmente, la BBC británica.

La devoción de Serrat por la radio cristaliza en 1991, cuando convierte en realidad un proyecto que viene madurando desde hace un tiempo. Así que pone manos a la obra y no tiene dudas en situarse detrás de los micrófonos para presentar una serie diaria de sesenta capítulos en Radio Nacional de España, bajo el título de *La radio con botas*, escrita y dirigida por Joan Ollé, hombre de teatro y colaborador habitual del cantautor. Son espacios de una hora en los que pasa revista a la memoria sentimental del país a través de la música, el cine y los acontecimientos históricos más relevantes desde el final de la Guerra Civil hasta las puertas de los Juegos Olímpicos de 1992. El repaso sociológico alterna los comentarios del cantautor, llenos de ironía, con aportaciones de los testigos que han vivido las vicisitudes narradas. Los programas se centran en cada uno de los años y están repletos de las melodías y canciones más relevantes del periodo.

Las primeras décadas están marcadas por la contienda, desde el estreno de *Raza*, película con guion del propio Franco, hasta la muerte del poeta Miguel Hernández, cuyos versos formarán parte del arsenal discográfico del músico. Los capítulos abarcan una larga época caracterizada por escenas como las primeras comuniones, en las que se entona el himno eucarístico «Cantemos al amor de los amores», las representaciones del *Tenorio* en ocasión de la festividad de Todos los Santos y los fenómenos televisivos de toda una generación, como la mamá del millón, el bedel de los pájaros o el alcalde de Bélmez. También desfilan hechos cruciales: la Revolución de los Claveles en Portugal, la muerte de Franco, el juicio a Els Joglars por *La torna*, el destape, el golpe de Estado de Tejero...

La radio con botas menciona de un modo especial a los artistas y grupos musicales de cada momento. Desde Jorge Negrete hasta la llegada de Xavier Cugat, el nacimiento del rock y el twist, la separación de The Beatles y las desapariciones de Jacques Brel, Georges Brassens y Elvis Presley. Asoman la cabeza también Estrellita Castro, Juanito Valderrama, Antonio Mairena, Manolo Escobar y Luis Mariano. Este artista vasco alcanza grandes éxitos en París como tenor de operetas, compartiendo cartel con Édith Piaf e Yves Montand. En *La radio con botas*, unos tienen más presencia que otros, pero todos ellos forman parte de los gustos del cantautor o, lo que es lo mismo, los presenta como reflejo del espejo donde se mira.

LA ZARZUELA, EN LAS ONDAS Y LOS TEATROS

Entre la música que difunde la radio en los cuarenta destaca la zarzuela. Quizá no se retransmiten las obras enteras, aunque sí sus fragmentos y romanzas más populares. Donde pueden seguirse de principio a fin es en los teatros del Paral·lel. Se programan dos zarzuelas largas en una sola sesión, incluso tres, separadas entre tarde y noche. Además de los cancioneros de moda, la yaya Antònia le compra al nieto los libretos de zarzuela que venden en el Cómico y el Victoria. Más adelante se los comprará él mismo para seguir la trama de los espectáculos, al igual que los entendidos del Liceu van a la ópera partitura en mano. Los recuerdos de la compañía de la soprano Marta Santaolalla se unen, más alejados en el tiempo, a los de viejas glorias de la lírica como Marcos Redondo e Hipólito Lázaro.

Serrat y sus amigos conocen a los jefes de la claque de los teatros. Como en las funciones de la tarde asiste menos público, a cambio de aplaudir el espectáculo, la entrada les sale gratis. Entre los títulos de zarzuela más demandados, sobresalen *Marina*, *La del manojo de rosas*, *El huésped del sevillano*, *Los gavilanes...* El cantautor del Poble Sec con el tiempo se muestra selectivo respecto a compositores y obras. Pablo Sorozábal le resulta irregular. Mientras *La tabernera del puerto* es de su agrado, *Katiuska* no tanto. En cambio, admira a Amadeu Vives. *Doña Francisquita* es una zarzuela que puede situarse a la altura de cualquier ópera. A *Bohemios* Serrat también le pone buena nota.

La nómina de compositores populares crece con los años: Ruperto Chapí, Manuel Fernández Caballero, Jacinto Guerrero, Federico Moreno Torroba... A diferencia de las variedades, la zarzuela ofrece una estructura de planteamiento, nudo y desenlace, en la que las partes habladas se entremezclan con duetos, tríos, coros y piezas orquestales, desde el preludio y el intermedio hasta los finales apoteósicos. Buena parte del género desarrolla argumentos de ambiente madrileño, pero también adquiere una dimensión folclórica a base de integrar las hablas dialectales y los trajes y las danzas regionales.

Los orígenes hunden las raíces en el tiempo. Parece que los primeros autores de zarzuelas fueron Calderón de la Barca y Lope de Vega. Durante el siglo xix, el listón de Rossini, Donizetti y Bellini es inalcanzable. La imitación de la ópera italiana, que llega a altas cotas de popularidad, se transforma en la versión española de este formato lírico que vuela por cuenta propia. La zarzuela madura a lo largo de la centuria con autores como Francisco Barbieri y Emilio Arrieta. El público memoriza las melodías más populares. Entre los números musicales no suelen faltar la jota y el dueto cómico que contrasta con la trama amorosa. La temática costumbrista domina la mayoría de los títulos, especialmente después de la Guerra Civil.

La crisis económica posterior a la Revolución de 1868 obliga a reducir las zarzuelas a un acto, más o menos al entorno de una hora de duración. Los nuevos títulos reciben la catalogación de género chico. De este catálogo, Serrat también selecciona sus preferencias. *La verbena de la Paloma*, de Tomás Bretón, ocupa el primer puesto. Le fascina cómo funciona el argumento, en el que el joven Julián siente celos por su novia porque al viejo boticario, don Hilarión, le da por cortejar a chulapas jóvenes. Al final hay reencuentro y todo acaba en baile. En cambio, de *Agua, azucarillos y aguardiente* destaca tan solo pasajes determinados.

El pasado de su autor, Federico Chueca, es blanqueado por el régimen franquista, dispuesto a apropiarse de la zarzuela como entretenimiento. Chueca fue encarcelado a raíz de una protesta estudiantil contra el Gobierno de Narváez en 1866 y al cabo de tres años compone un himno al general Prim, fiel a su ideario progresista. En contraste con el género chico, entrado el siglo xx, nace el apelativo de género ínfimo para el formato de la revista donde no existe argumento alguno. Se trata de una etiqueta que parodia las propias composiciones que lo adoptan. Dos ejemplos emblemáticos los constituyen las incursiones de los maestros Vicente Lleó en Madrid, con *La corte del rey Faraón*, y Joan Viladomat en el Paral·lel de Barcelona, con *El tango de la cocaína*. El género ínfimo es primo hermano del cuplé, que ve la luz en estos mismos ambientes, pero Serrat ha recibido un chaparrón de zarzuelas en sus huesos del que se empapa a gusto. Es el mismo interés que con el tiempo le despertarán la ópera y los musicales. No importan los formatos si detrás de ellos hay música y canto.

Un día, con poco más de trece años, le dice a Alfredo, uno de los amigos de la calle, si tiene algo que hacer. Ante la respuesta negativa, ya tiene compinche para sus planes. Así, le arrastra hasta el teatro Victoria para asistir a una sesión doble de zarzuelas. Entran a las seis de la tarde y salen pasadas las diez. Cuando Alfredo vuelve a casa, el padre le recrimina la hora. Ante la respuesta de que con Juanito han visto *La Dolorosa* del maestro Serrano, el progenitor, gran aficionado al género, le hace tararear algún pasaje. Serrat aún hoy se acuerda de la zarzuela y musita «la roca fría del Calvario se oculta en negra nube...». José Serrano nace en Sueca (Valencia) en 1873. El padre, director de una banda de música en la ciudad, le da las primeras clases. El niño a los cinco años ya sabe solfeo y a los doce toca la guitarra y el violín. Amplía estudios en el Conservatorio de Valencia y se traslada a la capital. Es autor de títulos como *La canción del olvido* y *Los claveles*. En sus obras, tan populares que el público las canta al salir del teatro, se advierte la influencia de Puccini. El compositor fallece en Madrid en 1941.

A pesar de los tintes dramáticos de *La Dolorosa*, que imprimen emoción al desarrollo, detrás de cada número musical, entre los cuales destacan los dúos y una nana, está la mano de un melodista inconfundible. Quién sabe si Serrat decide ir a ver expresamente esta zarzuela porque refleja un ambiente de costumbres aragonesas. El libreto de Juan José Lorente, en dos actos, dibuja una trama atrevida para la época. El novicio de un convento pinta un cuadro con una Dolorosa que el prior, lejos de identificar con la Virgen, la ve como una mujer carnal. El amor entre el ayudante del pintor y una chica, con la oposición de los padres, fortalece el argumento. De pronto, aparece en el convento Dolores con un niño pequeño en brazos, fruto de una relación frustrada. Sus rasgos recuerdan a la mujer del cuadro. Se trata de un antiguo amor del novicio que, al final, cuelga los hábitos para cuidar de la madre y el hijo. *La Dolorosa* se estrena en Valencia en 1930.

LA COPLA Y EL FLAMENCO, UN REPERTORIO FAMILIAR

El futuro cantautor, no obstante, encuentra en otro estereotipo de canción un ingrediente esencial de sus biberones musicales. Esta forma de historieta melódica contada y cantada es la copla, género musical dominante durante largas y tendidas décadas. Los primeros títulos surgen mucho antes que las emisiones radiofónicas, se multiplican rápidamente, sobreviven a lo largo de la Guerra Civil, y se extienden más allá de la posguerra. La copla, conocida de modo concluyente como canción española, está presente sobre todo en el teatro y el cine, pero desde mediados de los años veinte su principal medio de difusión es la radio.

Los precedentes del nuevo formato son variados. Se basa especialmente en el cuplé, con arraigo en los cabarets y los ya citados espectáculos de variedades. No obstante, los albores del género hay que buscarlos en la jácara, un tipo de romance satírico que se recitaba con el acompañamiento de bailes durante los entreactos de las comedias del Siglo de Oro. De un modo más decidido, esta especie de canción irá creciendo durante el siglo XVIII a partir de la tonadilla escénica. También recibe la influencia de la ópera italiana, que desembarca en Madrid de la mano de los Borbones. La guerra de la Independencia confiere al canto un contenido patriótico. El contacto con el teatro supone el bautismo definitivo del futuro género. Así se instala en los repertorios y en la memoria colectiva. La temática abraza sentimientos exacerbados: el amor, el desamor, la pasión, los celos… También el costumbrismo. En el siglo XX, la copla rescata aportaciones de los autores de la generación del 27, que van desde el universo gitano hasta la fiesta de los toros.

Los escenarios de los años veinte impulsan la expansión de la copla como un soplo de libertad y la incorporan a los ambientes bohemios de las capitales. Junto a la devoción popular, escritores e intelectuales se rinden a su encanto. Artistas como Manuel Machado, Ramón María del Valle-Inclán, Santiago Rusiñol o Joaquín Sorolla acogen en sus obras elogios a la canción recién nacida. Federico García Lorca incluso dirige montajes folclóricos a vedetes consagradas. Son destacables sus trabajos de campo, que culminan en una serie de discos de canciones populares españolas. La Voz de su Amo los edita en 1931. Las armonizaciones son originales del poeta andaluz, mientras la Argentinita, cantaora y bailaora, pone la voz. El éxito de ventas y la difusión radiofónica empujan a Lorca a incluir el repertorio en sus funciones teatrales. La copla nunca tuvo adscripción política y por esta razón goza de popularidad en los dos bandos durante la Guerra Civil. Después de la contienda, en los años cuarenta y cincuenta, el género continúa su camino, aunque la irrupción del jazz americano y el paulatino predominio del pop empezaron a truncar su libre competencia.

Se considera que el pistoletazo de salida de la copla corresponde a «El relicario», del maestro Padilla, que se estrena en 1914, pero que Raquel Meller difunde masivamente en 1917. También acapara popularidad al cabo de unos años, en 1921, «La cruz de mayo», con música de Manuel Font de Anta y letra del poeta Federico Valverde. Ambos temas adoptan el formato del pasodoble. «El relicario» infunde alegría, aunque narra una historia triste. Meller la interpreta vestida de luto, mientras la orquesta la acompaña comedida. La segunda estrofa no la canta, sino que la recita sobre la melodía, aumentando así el dramatismo. La artista responde al nombre de Francisca Marqués López y ha sido modistilla en un taller del Paral·lel antes que cantante. Divulga otra pieza de Padilla, «La violetera», por cuya autoría el compositor pleitea con Charles Chaplin, que en 1931 incorpora esta melodía a su película *Luces de la ciudad*.

La cupletista, con la cesta de claveles y su faldita, queda convertida en monumento escultórico, obra de Josep Viladomat, inaugurado en el barrio en 1966. Durante todo este tiempo e incluso hasta el presente, José Padilla, nacido en Almería en 1889, es un autor popularísimo. Llega a regentar una academia de variedades en Barcelona, trabaja en Buenos Aires y conoce a Maurice Chevalier y Carlos Gardel en París. Firma también el pasodoble «Valencia» y la célebre «Ça c'est Paris», que tanto éxito proporciona a Mistinguett. El compositor, autor de operetas, zarzuelas y musicales, muere en Madrid en 1960.

Por estos precedentes, la copla conlleva en su estructura un componente teatral. Los versos funcionan a modo de pequeños argumentos y corre en paralelo al flamenco, en muchos casos con sus característicos arrebatos de temperamento. Serrat vive bajo la influencia de la copla radiofónica, sin filtro alguno. O, lo que es lo mismo, le llega hasta las venas, a través de todos los poros de la piel. En casa, canta toda la familia. De los labios de su madre le llegan, entre otros títulos, «La zarzamora» y «Ay, pena, penita, pena», que ella le canta mientras cose o hace las camas. Una narra la historia de la mujer que expresa el dolor por un enamoramiento y que, cuando descubre que el hombre está casado, se siente pecadora. La otra, en forma de zambra, refleja las lágrimas por el hombre privado de libertad, entre sentimientos de culpa.

El flamenco con sus tientos es primo hermano de la copla en el sentido de que se consolida como el canto típico español. En este caso, corre en paralelo a la indisociable expresión del baile, cuya característica principal radica en el salero y armonía de sus pasos y taconeos. La raigambre hay que buscarla en Andalucía en el siglo XVIII, e incluso antes, aunque la popularidad no se dispara, como pasa en tantas otras manifestaciones, hasta que por las guerras napoleónicas se pone de moda en Francia en el siglo XIX. Diversas bailarinas europeas se hacen pasar por gitanas o andaluzas porque aprecian que así cosechan más éxito.

Esto ocurre en un momento en que en el mundo del arte en general surge una atracción repentina hacia las expresiones de raíz gitana. En medio del juego están los empresarios y el público. La competencia en busca de espectáculos originales de música, baile y canto encuentra en el flamenco el producto idóneo. La mujer que se siente engatusada por el marido, la madre enferma y abandonada o el niño hambriento y desamparado en la calle, potenciados por el brío y los golpes de carácter de los intérpretes, se convierten en temas predilectos de un género que concuerda con el realismo naturalista, entonces en pleno auge. Émile Zola lo defiende a finales del siglo XIX frente al romanticismo, que ya ha pasado de moda.

El flamenco triunfa en París por el vínculo con los ambientes bohemios y el hecho de que surge directamente de los artistas que buscan ganarse la vida. A consecuencia del eco parisino, España reconoce el flamenco como algo propio, puesto que sus fundamentos se sitúan en los rudimentarios rituales nupciales que los moriscos celebraban en las cuevas del Sacromonte de Granada, cuna medieval de la zambra, danza ancestral del género. En el sustrato posterior conviven ingredientes árabes, judíos y zíngaros, así como la música sefardí.

La figura de Felipe Pedrell, desde finales del siglo XIX, resulta decisiva en el rescate del género desde la óptica de la música culta, como musicólogo tenaz que investiga tanto sus raíces como las de la canción popular para convertirlas en objeto de inspiración. Pedrell estudia en Barcelona, Roma y París e imparte enseñanza en Madrid. Es el eje de la llamada música española, contribuyendo a que Isaac Albéniz, Enrique Granados, Joaquín Turina y Manuel de Falla incorporen a sus obras ritmos, escalas y arpegios de matriz hispanoárabe. La obra de todos estos compositores, de factura nítidamente ibérica, se inscribe desde entonces en las programaciones de auditorios y salas de conciertos de todo el mundo.

Serrat no tan solo congenia con el flamenco y sus intérpretes, sino que bebe de sus fuentes y las incorpora a su manera a su variopinta obra. Mientras, en su calle y su casa, a través de los patios de luces, llegan los cantos de los pisos de arriba o abajo, además de las emisoras que sintonizan unos y otros. Pero, aunque todo el barrio se convierte en altavoz, en el Paral·lel, con suerte, se puede ser espectador en vivo y en directo de algún que otro tema, a caballo entre la copla y el flamenco, muchas veces separados por una imperceptible línea divisoria. Uno de los primeros títulos que seducen al cantautor es la zambra «Cría cuervos», que de mayor interpretará en alguna ocasión. La música es de Juan Solano y Alejo León Montoro y la letra de Xandro Valerio y José Antonio Ochaíta. Solano, Valerio y Ochaíta forman un trío de autores homologable al de los populares Quintero, León y Quiroga.

En la citada copla, Valerio y Ochaíta describen a la mujer enamorada que lamenta que el pretendiente la haya abandonado por otra. Tanto cariño para nada. Si le perdona, recuerda que Jesucristo también perdonó y le crucificaron. El despecho se desliza hacia el popular «cría cuervos que te sacarán los ojos», que da título a la canción, aunque el drama no acaba aquí. Ella, ciega, ya no puede andar por ningún camino. Él, cuervo disfrazado de palomo, hiere con sus palabras como un puñal los sentimientos más profundos de la mujer. El llanto, la desesperanza, la traición, la espina clavada y los lamentos provocan que la mujer implore al final la pena, pero la pena de muerte para el donjuán. La copla es un género que funciona bajo extremas temperaturas y «Cría cuervos», siempre a cuenta de una voz femenina, es un buen ejemplo de ello.

El carril musical de Solano y Montoro, parsimonioso y sentimental, sirve en bandeja el requiebro narrativo del tema y permite a la intérprete ajustarse al fraseo del canto, y en los compases más intensos, incluso con arabescos por lo alto. Serrat conoce la versión de «Cría cuervos» que Concha Piquer graba en 1947. La artista incluye el tema en su espectáculo *El puñal y la rosa*, estrenado en Barcelona el mismo año. Ha interrumpido la relación con Quintero, León y Quiroga, a causa de desavenencias económicas, y acude al repertorio de Ochaíta, Valerio, Montoro y Solano. «Cría cuervos», a lo largo de los años, cuenta asimismo con sendas versiones de Marifé de Triana y Rocío Jurado, dos destacadas intérpretes que hay que añadir al dominio de la copla.

AUTORES E INTÉRPRETES POPULARES

El cacereño Juan Solano, nacido en 1919, estudia en el Conservatorio de Sevilla. Su carrera musical es de las más fecundas y exitosas del siglo xx. Antes de que Serrat repare en aquel «Cría cuervos», e incluso antes de que al final la fama se la lleve el maestro Quiroga, Solano constituye el auténtico cimiento del género. Su paleta de estilos es multicolor. Baraja la zarzuela, la copla, el bolero y la canción ligera. Alcanza, además, un repertorio infinito de aciertos, del «Porompompero» hasta «A tu vera», y de las partituras que escribe para la película *El último cuplé* hasta las melodías de *Bienvenido Mr. Marshall*, de Luis G. Berlanga, entre las que destaca el pasodoble que ensalza a gritos la llegada de los americanos, signo de un tiempo y un país.

Miguel de Molina, un artista de referencia para Serrat, es un cantante de coplas, homosexual de izquierdas declarado, que triunfa con sus versiones de «La bien pagá», «Me da miedo la luna», «Te lo juro yo», que dedica siempre a García Lorca, y «Compuesto y sin novio», interpretado como himno gay. Molina reside unos años en Cáceres y recomienda al maestro Solano que envíe sus canciones a Concha Piquer. La época dorada del músico de Cáceres hay que situarla en Madrid, cuando colabora con los letristas mencionados —Ochaíta y Valerio—, aunque también firma algún título con el poeta Rafael de León, compañero profesional del otro trío de referencia. Solano fallece en Málaga en 1992. Es precisamente Concha Piquer quien abre y cierra el ciclo de programas de Serrat de *La radio con botas*. En el primer capítulo de la serie, referente a 1940, introduce la conocida versión de «Tatuaje» a cargo de la cupletista, y en el último recupera el tema al referirse a la defunción de la cupletista en 1990.

La artista responde al nombre de Concepción Piquer López, nacida en Valencia en 1908. Pertenece a una familia humilde que había tenido anteriormente cuatro hijos y que habían muerto prematuramente. Sigue estudios de canto con el maestro Laguna y es Manuel Penella quien la descubre muy temprano en el teatro del Huerto de Sogueros de su ciudad. El compositor prepara el estreno de su zarzuela *El gato montés* en Nueva York, así que le pide que se incorpore a la compañía. Tiene tan solo trece años, por esta razón la acompaña su madre. En la gala neoyorquina participa también Pastora Imperio. La Piquer pasa cinco años en Estados Unidos, canta en distintos escenarios de Broadway y acaba unida sentimentalmente a su descubridor. En aquellos años veinte actúan en Broadway Ed Wynn, Willie Howard, Eddie Cantor y los hermanos Marx.

A raíz de la estancia, en 1923, la cantante valenciana participa en un cortometraje sonoro. Al cabo de cuatro años, le confían un papel junto a Al Jolson en el primer filme sonoro de la historia, *El cantor de jazz*. La cupletista conoce el Nueva York de la ley seca. El pasodoble «En tierra extraña», del mismo Penella, de 1927, que ella interpreta, narra las vicisitudes de aquel contratiempo en el que, según la letra, compran vino español en una farmacia de la gran ciudad. La canción se diluye en las notas de un pasodoble histórico, «Suspiros de España», que Antonio Álvarez Alonso compuso en 1903. De regreso a España, Concha Piquer crea su propia compañía para montar sus espectáculos. Como empresaria se muestra estricta en el control de los actores. Afronta la vida siendo madre soltera de un hijo. En 1933 contrae matrimonio con el torero Antonio Márquez, al que llegan a llamar el Belmonte Rubio. Juntos tienen una hija que se dedicará al canto, Conchita Márquez Piquer.

La tesitura de Concha Piquer se mueve tan solo en el corto recorrido de una octava, circunstancia que suple con técnica y talento. En ella confluye el arte de decir, de narrar, la canción. Pero, en 1958, la cantante sufre un fallo inesperado de voz. El médico le dice que debe guardar silencio dos años para recuperarse y la artista decide retirarse, aunque por contrato sigue grabando discos hasta 1963. El encanto de su voz, no obstante, llegó a encender la admiración de escritores como Bernard Shaw, que vibra entusiasmado con solo oírla, y Stefan Zweig, que siente atracción por el acento exótico que imprime el fraseo de la artista, poco antes de acabar con su vida en Brasil. Hay más encuentros con poetas y literatos, como ocurre con García Lorca y Blasco Ibáñez. En Cuba, Concha Piquer conoce a Bola de Nieve, con quien establece una amistad instantánea. Incluso es protagonista de capítulos esotéricos, cuando le ofrecen los servicios de una santera para curar a su hijo enfermo.

Forma parte del tópico la cantidad de equipaje que la cantante transportaba de aquí para allá en sus actuaciones, de París a México. Concha Piquer vive el tránsito de la dictadura de Primo de Rivera a la República y la Guerra Civil. Después, la artista no puede declinar la invitación de Franco para que asista a alguna de sus cacerías, aunque sí pone coto a actuar en solitario ante él. Para Joan Manuel Serrat, esta intérprete crucial de copla forma parte del poso que alimenta su carrera musical. Mientras juega en la calle, las melodías que oye por la radio convierten a Concha Piquer en alguien familiar para él. Es su madre, doña Ángeles, quien acerca al niño al gallinero del Calderón y al teatro Poliorama de la ciudad a escuchar a la cantante en directo. Al cabo de los años, la aureola que deja la Piquer inspira en 2022 el espectáculo musical *En tierra extraña*, en el que la cantante malagueña Diana Navarro se mete en la piel del personaje.

Los éxitos de la artista no se entenderían sin sus autores de referencia. Rafael de León, poeta y letrista, es quien la encamina decididamente hacia la canción española. Junto al dramaturgo Antonio Quintero y el pianista y compositor Manuel Quiroga forman el trío Quintero, León y Quiroga, que Serrat elogia en «Temps era temps», postal vibrante que en 1980 exalta lo que significó la posguerra para toda una generación, desde los lemas patrióticos hasta las películas de la Metro y la delantera del Barça. Es una canción feliz sobre una época infeliz de restricciones y de una prostitución atropellada. El cantautor del Poble Sec comparte este brioso himno con su amigo Pi de la Serra en un disco antológico. En el dueto cómplice, ambas voces alcanzan un contraste peculiar. Años después, «Temps era temps» cae en manos del grupo gerundense Umpah-Pah, cuyo líder, Adrià Puntí, le da un escape extravagante.

El admirado trío Quintero, León y Quiroga produce una larga serie de espectáculos y canciones de gran éxito que también popularizan otros intérpretes de la época. Sus composiciones se disparan después de la guerra. El régimen apadrina el tipismo andaluz como algo genuino que define el espíritu español. No obstante, Rafael de León es considerado un poeta de la generación del 27. Nace en 1908 en el seno de una aristocrática familia de terratenientes andaluces de Sevilla. En la escuela coincide con Rafael Alberti. Estudia Derecho en la Universidad de Granada, donde entabla amistad con Federico García Lorca. En cierto modo se impregna de su estilo poético. Frecuenta cafés cantantes y teatros de variedades. En esos ambientes vive una atmósfera liberal y permisiva. Durante el servicio militar en Sevilla conoce a Concha Piquer, que actúa en el teatro Lope de Vega. En 1932 se traslada a Madrid por influencia del músico Manuel Quiroga.

Durante la guerra es encarcelado en Barcelona debido a su origen aristocrático. Allí declara que tiene como amigos a poetas republicanos como León Felipe y Antonio Machado, además de García Lorca. En la posguerra, gracias a cierta apertura, llegan boleros y tangos, a los que se suman el vals peruano, el son cubano, además de la ranchera y el corrido mexicano. Los versos de los nuevos géneros, sin duda, le influyen. Rafael de León colabora también en guiones para el cine. Hacia el final de su carrera de letrista, escribe para cantantes como Nino Bravo, Raphael, Rocío Dúrcal, Rocío Jurado, Isabel Pantoja y especialmente Carmen Sevilla. Gana el Festival de Benidorm de 1961 con una letra, «Enamorada», con partitura de Augusto Algueró, que después populariza Carmen Sevilla. El poeta fallece en Madrid en 1982.

El músico que aglutina el triunvirato es Manuel López-Quiroga, nacido en Sevilla en 1899, pianista y compositor de cuplés y coplas. Aunque el padre le enseña el oficio de grabador y realiza estudios de magisterio y pintura, su atracción es la música. Primero toca el piano de oído, pero después de pasar por el conservatorio sevillano ejerce de organista en la iglesia de los jesuitas de la ciudad. Quiroga es un autor precoz. De 1911 data su primera obra, unas sevillanas. A los veinte años ya ha escrito y estrenado tres zarzuelas en un acto. En 1929 se traslada a Madrid, funda una editorial de partituras y crea una academia, donde selecciona cantantes que aspiran a la popularidad. Por aquellos años, el ambiente musical en España estaba copado por el cuplé, la zarzuela y las coplas folclóricas regionales. Fusiona estos estilos para alcanzar un sello personal en la tonadilla, en la que confluyen zambras, pasacalles, bulerías, tanguillos y farrucas.

Para trabajar, Quiroga necesita el rigor y concentración que encuentra en su estudio, y también el ambiente inspirador de los

LA RADIO, UNA VENTANA ABIERTA

cafés cantantes y cabarés de Madrid. Empieza a componer a las siete de la mañana, tarea que compagina con las clases que imparte a los artistas noveles. Pero necesita quien le escriba los versos, y así busca a letristas como Salvador Valverde, Antonio Quintero o Rafael de León. El compositor reconoce haber escrito cerca de cinco mil obras, entre ellas 143 piezas líricas cercanas al espíritu de la zarzuela, el sainete, la revista y los espectáculos de variedades. No obstante, lo más destacado de su producción lírica lo constituyen 62 fantasías que respiran andalucismo folclórico, con cantábiles que llegan a alcanzar una extraordinaria difusión.

El músico es, además, autor de bloques instrumentales y números musicales de cincuenta y tres películas y su catálogo de títulos se completa con varias suites orquestales, piezas religiosas, composiciones para banda, ballets, sintonías publicitarias y un elevado número de cantables breves. Sus músicos de cabecera, por este orden, son Beethoven y Albéniz. Entre sus títulos, puestos en partitura sobre los versos de sus socios colaboradores, sobresalen «Tatuaje», «A la lima y al limón», «María de la O», «La zarzamora», «La niña de la estación», «Francisco Alegre», «Ay, pena, penita, pena» y «Ojos verdes». Todos ellos alcanzan una popularidad que trasciende su época. Quiroga muere en 1988 en Madrid, dos años después de ser homenajeado en el Teatro Real.

Completa el tercer brazo de la marca Antonio Quintero, andaluz como sus amigos, pero no sevillano. Nace en Jerez en 1895. Su padre es un cocinero de Pontevedra que castellaniza el apellido, Quinteiro, antes de casarse con su madre malagueña. En 1927, una vez concluidos los estudios, el escritor se establece en Madrid, donde fallece en 1977. Como escritor de teatro, es conocido sobre todo por sus sainetes, y además de letras para canciones es autor de diversos guiones para el cine. Como comediógrafo obtiene su primer gran éxito en 1929 cuando estrena *La copla andaluza*. El título se mantiene casi tres años en cartel.

La segunda parte de este éxito, *Morena clara*, tiene una versión cinematográfica que Imperio Argentina lleva al cine en 1936 y posteriormente Lola Flores en 1954. De su pluma surgen musicales como *Filigrana*, obra que Concha Piquer protagoniza en la gran pantalla en 1949, y *Zambra*, de naturaleza flamenca. En total Quintero es autor de más de setenta obras, comedias, musicales y guiones de cine. En ellos muestra habilidad a la hora de reflejar tanto el costumbrismo de la época como el humor que hereda del teatro de los hermanos Serafín y Joaquín Álvarez Quintero.

Con música de Moreno Torroba, constan los títulos líricos *Azabache* y *Maravilla*. Es Márquez, el torero, marido y representante de Concha Piquer, quien pide a Quintero un espectáculo para gran orquesta. Así dan con el maestro Quiroga, que, a su vez, confía las letras de las canciones a Rafael de León. De este modo, a inicios de los años cuarenta, se forma el trío que tanto empuje supone para la copla. Las obras mezclan adecuadamente prosa y verso. Quintero se ocupa de la arquitectura teatral del espectáculo, mientras Rafael de León sirve los versos al maestro Quiroga para que les ponga música. Serrat, en 1990, actúa en Canal Sur de Andalucía con «La niña de la puerta oscura», original del trío, que en su momento había popularizado la Piquer.

Junto a esta significativa intérprete, las voces más destacadas de las composiciones de Quintero, León y Quiroga son Estrellita Castro y Juanita Reina. Estrellita, hija de un pescadero gallego, nace en Sevilla en 1908. La tonadillera se distingue por el mechón de pelo en forma de caracol en la frente. Paga las lecciones de baile realizando las labores domésticas de su maestro. Triunfa en la sala Edén de Barcelona y en el circo Price de Madrid, donde fallece en 1983. Juanita Reina también es sevillana. Debuta en 1938 con trece años y triunfa a partir de los años cuarenta. Destaca especialmente por el dominio escénico de sus actuaciones. Pasea las canciones sobre las tablas con una especial destreza sobre los movimientos. Ambas artistas prueban también suerte en el cine con numerosos títulos.

Serrat no tan solo bebe de los antepasados del género, sino que se codea con los contemporáneos que lo cultivan. La construcción musical y poética de su obra trasciende las costuras de la copla, sin duda, pero de la copla surge una raíz dominante en la configuración de su estilo, en el que intervienen otros muchos ingredientes. Junto a Concha Piquer y el trío de autores Quintero, León y Quiroga, el cantautor manifiesta admiración, entre otros artistas, por Juanito Valderrama y Lola Flores. Las afinidades con Valderrama van más allá de la canción. Como a tantos otros artistas que lo han precedido, Serrat conoce a Valderrama por la radio, después en los teatros. Finalmente se convierte en amigo predilecto y lo tiene por maestro.

Juan Manuel Valderrama Blanca nace en una familia de agricultores de la provincia de Jaén, en 1916. Debuta en 1935 en Madrid y durante la guerra se afilia a la CNT. No se incorpora al frente, aunque actúa para los soldados republicanos. Interviene como actor en algunas películas, donde incluso comparte escenas con Paco de Lucía. Como empresario, forma una compañía en la que da cobijo a Antonio Machín y a Camarón de la Isla, entonces muy joven. Valderrama se distingue por un estilo contenido, permanece casi inmóvil en el escenario con su sombrero cordobés. La voz atiplada da al canto una afinación delicada. El éxito supremo como compositor, y naturalmente como intérprete, es «El emigrante», dedicada a los españoles que salieron del país en 1939. En los años sesenta promueve el concurso de canto de las minas de La Unión. El artista muere en 2004, en su casa. Existe una actuación a dúo entre Serrat y Valderrama en la que interpretan «Pena mora», del célebre trío coplero. La ocasión lo merece: TVE convoca en 1994 al cantautor catalán para rendir homenaje al artista andaluz.

Lola Flores es otro referente en la carrera del cantautor, aunque en este caso conviene destacar la sintonía con toda la familia.

Serrat y Juanito Valderrama cantando juntos en 1994. Lo descubrió gracias a la radio
y con el tiempo se convirtió en amigo y maestro. Foto de Francisco Manzano.

Antonio González, el Pescaílla, padre del clan, transforma en rumba más de un tema serratiano. Lolita habla de la atracción que sentía por él siendo adolescente. Cualquier miembro de la familia, cuando se presenta la ocasión, interpreta canciones de Serrat. Ella y Rosario se atreven con una adaptación de «Palabras de amor» en castellano. Lolita la canta en un programa de TVE y Rosario en el Liceu de Barcelona. En 1987 la hermana mayor incluye «Como un gorrión» en su álbum *Abrázame*, en una versión pop que busca la modernización a base de cierta distorsión de sonidos, y en 1995 la hermana pequeña se apropia de «Lucía» en una cuidadosa producción de Arturo Soriano y Fernando Illán, con guitarras, metales y coros. Rosario expone sus sentimientos a la intemperie durante la grabación, en un momento de su vida en que se siente especialmente sensible.

Los Flores consideran que Serrat es un poeta revolucionario, además de un hombre con el alma libre, al que llaman tío Juan, flamenco en esencia por su origen catalán, como el padre del clan, que puso un granito de arena indispensable en el origen de la rumba en el barrio de Gràcia de Barcelona, donde nació. Antonio Flores, el hermano mediano, articula una versión propia de «Tu nombre me sabe a yerba», que graba en 1995, poco antes de morir demasiado joven a los treinta y tres años. El artista más diferencial de la familia bebe de estilos diversos y deja una obra de acusada personalidad. En la interpretación del tema de Serrat desgaja la melodía en un rasgueo de guitarra que recuerda al «ventilador» de su padre.

La madre, María Dolores Flores Ruiz, nace en Jerez de la Frontera en 1923, hija de un tabernero y una costurera. Trabaja en Sevilla y Madrid. Encuentra el éxito junto al cantaor Manolo Caracol, con quien mantiene también una relación sentimental. Del matrimonio con el Pescaílla en 1956 nacen sus tres hijos, también artistas. Protagoniza varias películas y actúa en distintos países de América. Fallece en Madrid en 1995. En ocasión de un homenaje a Lola es Serrat quien le dedica una sentida interpretación de «Ay, pena, penita, pena», un tema querido de su repertorio.

El donaire intuitivo que exhibe Lola Flores se manifiesta en cuerpo y alma en cada una de sus actuaciones. El flamenco propicia la canalización del temperamento, y nadie como ella es ejemplo singular de ímpetus y arrebatos. Serrat también es un artista con instinto. Tener la capacidad de impregnarse de todo lo que te rodea es esencial en esta actividad que parte más de la sensibilidad que del intelecto. El olfato permite distinguir lo esencial de lo accesorio para ordenar los estímulos a la hora de articular ritmos y músicas, bailes y canciones. La técnica es subsidiaria, aunque útil y necesaria para llegar al resultado final.

La nómina de artífices de la copla, el cuplé y el flamenco es larga y variopinta: Imperio Argentina, Sara Montiel, Antonio Molina, Antoñita Moreno, Rocío Jurado, Isabel Pantoja, Martirio, María Jiménez... Una atención especial le merece a Serrat el nombre de Carmen Linares. La cantaora andaluza ha cantado y grabado a dúo con él, casi susurrando, una versión muy delicada de «La saeta». Linares se inscribe en la generación de grandes del flamenco como Camarón, Paco de Lucía, Pepe Habichuela, José Mercé y Enrique Morente. El cantautor del Poble Sec permanece atento a todos ellos.

De un modo particular sigue a Morente, que pone música a «Nanas de la cebolla», de Miguel Hernández, justo un año antes que él. Enrique Morente empieza a beber del flamenco entre los vecinos de Granada y con catorce años se va a Madrid, donde aprende de los maestros del género y toca en los tablaos. Une su voz a la guitarra de Manolo Sanlúcar. Actúa por toda Europa, América y Japón. Sus hijas también son artistas de flamenco. En la lista de cantaores flamencos, casi nadie queda fuera del foco de Serrat. Desde Pepe Marchena, con sus fandangos, tarantas y malagueñas, hasta Angelillo y Jarrito. Ángel Sampedro, Angelillo, nace en Madrid en 1908. Es cantaor de soleares y granaínas, y coplero, aunque se gana la vida como barrendero. Triunfa durante la República, por lo que debe exiliarse en plena Guerra Civil. Fallece en Buenos Aires en 1973. Roque Montoya, Jarrito, destaca como bailaor en los tablaos, lleva el flamenco a la universidad y llega a actuar en Japón y Sudamérica. Miguel Vargas, Bambino, es también una persona querida por el cantautor catalán. Así lo demuestra la participación del cantautor del Poble Sec en un álbum de homenaje al artista de la bulería y la rumba.

Entre flamenco y copla, la pequeña línea divisoria apenas se aprecia. Así sucede en la zambra «Antonio Vargas Heredia», basada en un poema de García Lorca, y de triple autoría: Juan Mostazo, Francisco Merenciano y Joaquín de la Oliva. Existe una versión a dúo entre Serrat y Carlos Cano, rescatador de estilos musicales andaluces, desaparecido a una edad joven, que le dio un aire contemporáneo al género.

3

Ecos que cruzan los Pirineos

La música tradicional española no es la única que acompaña al Serrat niño y al Serrat joven. En 1948 Francia reabre la frontera de los Pirineos, cerrada durante dos años porque el régimen de Franco destinó la División Azul, formada por soldados voluntarios, al frente hitleriano con el objetivo de luchar contra la Unión Soviética durante la Segunda Guerra Mundial.

La radio había facilitado hasta el momento el consumo musical interno, pero el contacto con el exterior empieza a permitir la llegada de la canción francesa. Esta es una de las mayores influencias que recibirán los cantautores españoles y, en especial, la inminente canción catalana, sobre todo a partir de los años sesenta. Paralelamente, desde España se tiene acceso también al rico repertorio de las melodías modernas italianas y de un modo incisivo arranca el contacto con el pop y el folk británico y norteamericano, que va creciendo de forma automática.

LA *CHANSON*

Para buscar los orígenes de la canción francesa hay que situarse, como sucede en géneros y formatos ya mencionados, en el cabaret y las variedades. Allí muy pronto los precedentes de la *chanson* se distinguen de las arias de ópera y opereta porque no se someten a ningún tipo de estrategia escénica. Es decir, no existe acompañamiento de coro. Articulada como canción literaria, se trata de un formato que se asienta en clubes y sociedades. Los primeros cafés concierto empiezan a proliferar en París a partir de 1830. Son centros de diversión tanto para trabajadores como para burgueses, la mayoría ubicados en Montmartre y el Barrio Latino. A finales del siglo XIX, recintos como Le Chat Noir, el Moulin Rouge, el Folies Bergère y el Olympia adquieren reputación. El siglo XX da paso a la llamada canción realista, cuya temática refleja la marginación social y se fija en delincuentes, prostitutas, huérfanos, proxenetas, personajes idóneos como materia prima. Destacan en el género algunas composiciones de Erik Satie y del cantautor Aristide Bruant.

El jazz y el swing que llegan del otro lado del Atlántico a partir de 1920 influyen en la *chanson*. A partir de los años treinta y cuarenta, emergen artistas como Mistinguett, Josephine Baker y Maurice Chevalier. La cantante mítica que revoluciona el género es sin duda Édith Piaf, una de las primeras voces que pasan a formar parte de los gustos primigenios de Serrat. Todos estos predecesores determinan el sustrato del futuro cantautor. Quien de un modo inconsciente da el pistoletazo de salida a la *chanson* es Charles Trenet. Nacido en Narbona en 1913, estudia arte en Berlín, actúa en los cabarets parisinos y da conciertos en Estados Unidos con notable éxito. Allí conoce a Louis Armstrong y se hace amigo de Charles Chaplin.

Su canción «La mer» cosecha más de cuatrocientas versiones. En inglés, bajo el título de «Beyond the Sea», la populariza Bobby Darin. Trenet se retira en 1975, aunque graba algunos discos después. Fallece en 2001 al cabo de pocos meses de aparecer en público en una actuación de su amigo Charles Aznavour. Precisamente son Aznavour, Léo Ferré, Jacques Brel y Georges Brassens quienes, a principios de los años cincuenta, toman el relevo de nombres como Yves Montand y Gilbert Bécaud. Se trata de los artistas que recuperan las fuentes literarias como autores a su vez de las letras y las músicas que ellos mismos interpretan. Este es el patrón utilizado por la futura canción catalana y el que, de un modo natural, adopta el cantautor del Poble Sec.

Los primeros pasos de cualquier principiante consisten en alcanzar algún tipo de mímesis respecto a los cantantes de referencia. Entonces, la imitación se produce de un modo inconsciente y tan solo en una fase posterior del aprendizaje uno va fabricando un estilo propio que va asociándose a su obra. Aznavour es el primer cantante francés que Serrat oye en directo. En 1965 asiste a una actuación suya en el Palau de la Música Catalana, el mismo día que debuta en Esplugues de Llobregat con Els Setze Jutges. Cuando en la discográfica Edigsa, donde el cantautor empieza a grabar sus primeros sencillos, se fijan en su estilo, algún dirigente comenta que *aznavourea*, en el sentido de que recuerda al melodista francés. Otros le comparan con Salvatore Adamo, un coetáneo precoz, también músico y autor, muy aplaudido en los años sesenta y setenta en Europa y Latinoamérica.

Aznavour, por su parte, goza de una intensa vida física y artística, desde su nacimiento en 1924 en París, de padres armenios, hasta su muerte en 2018. El cantante abandona la escuela a los diez años, aunque estudia declamación y canto. Consciente de que la belleza no emana tanto de la voz sino de la canción, se dedica a componer. Entre otros artistas, lo hace para Juliette Gréco. La fama lo empuja a probar suerte en el cine, donde se pone a las órdenes de François Truffaut. Algunos consideran que Aznavour es el Sinatra europeo. Canta en varios idiomas y sus ventas de discos son millonarias. La popularidad del intérprete supera en ocasiones a la de Elvis Presley y Bob Dylan.

Serrat escucha mucho a Aznavour. No es posible decidir que no se escucha a alguien para no recibir influencias. A partir del espíritu que absorbe del cantante francés se va formando como músico autodidacta. El oficio es eso, el camino hacia la construcción de una personalidad que se va perfilando día a día. Al margen del proceso, hay que dejar los estereotipos y las etiquetas prefabricadas. El artista conspicuo, eficaz, transmite siempre la sensación de facilidad, aunque detrás de ella se escondan horas de trabajo y esfuerzo. Bajo el fraseo melódico de Aznavour, aparentemente sencillo, hay trabajo y esfuerzo. A Serrat también le cuesta componer, llegar al puerto deseado, pero al final los resultados cantan. Los métodos, no obstante, deben conservar cierto aire de reserva, de misterio. El análisis, las palabras ajenas, rompen la magia del quehacer artístico.

En el país vecino, a finales de los años cincuenta, el plantel de intérpretes y autores es rico y variado. Gilbert Bécaud también es observado muy pronto por un jovencísimo Serrat. Bécaud, nacido en Tolón en 1927, tiene claro que quiere ser músico a los nueve años y estudia piano en el Conservatorio de Niza. Llega a componer una ópera y música para cine. Es de los que imprime un giro a la llamada canción melódica y se convierte en cantante de moda. Los ritmos trepidantes de sus inicios dan paso a temas más tranquilos. Muere en París a los setenta y cuatro años. De uno de sus títulos emblemáticos, «Et maintenant», existe una grabación de 1998 de Josep Guardiola, que canta el tema junto a Serrat en castellano. Años antes, cuando aún vivía en Poeta Cabanyes, un amigo de la calle proporciona al futuro cantautor la letra de esta canción de Bécaud, que ya entonces estaba en boga, a través de su jefe en el trabajo, que es una persona afrancesada.

La nómina de intérpretes y autores del cancionero francés es rica y variada. Claude Nougaro, uno de los más importantes, establece ramificaciones que lo emparentan con el jazz americano. Nace en 1929 en Toulouse. Flirtea con la pintura y el periodismo, pero pronto compone y consigue un éxito repentino. Colabora con otro autor destacado, Michel Legrand, que a su vez hace tándem con Miles Davis y John Coltrane. Nougaro renueva los ritmos de la *chanson* y adapta temas de Louis Armstrong y Chico

Buarque. Guy Béart, por su parte, tampoco pasa inadvertido a los oídos de Serrat. Nacido en 1930 en Egipto, como Moustaki cuatro años más tarde, Béart es un habitual de los cabarets parisinos, después de pasar por la Escuela Nacional de Música. De la intensa carrera musical de este artista, el incipiente cantautor catalán incluye en unos de sus primeros discos sencillos una versión de «Les souliers» que Delfí Abella adapta al catalán («Les sabates»).

En el altar mayor de la *chanson*, sin duda, hay que situar a Jacques Brel y Georges Brassens. Brel nace en 1929 en Bélgica, pero crece artísticamente en Francia. Tiene una vida corta. Su cuerpo descansa desde 1978 cerca de Paul Gauguin en las islas Marquesas. Poeta del amor y del espíritu, no puede evitar que sus metáforas se carguen con dosis de amargura, más allá del envoltorio irónico de su estilo. Se casa joven, a los veintiún años. Su esposa, Thérèse Michielsen, tiene dos años más que él. Al cabo del tiempo, debido a las relaciones con otras mujeres, toma distancia de ella y de sus tres hijas.

En 1965 actúa con éxito en Estados Unidos. A partir de entonces cantantes como Frank Sinatra y Neil Diamond versionan sus temas. «Ne me quitte pas» es el título mítico del cantautor belga. A partir de 1967 decide apartarse de la música y probar suerte en el cine y el teatro, con escasa repercusión. En 1975 se instala en las islas Marquesas acompañado de una joven y hermosa mulata. Aficionado a la aviación, se compra un aparato para realizar servicios de correo entre islas. Aún viaja de incógnito a París para grabar un último álbum, *Les Marquises*, del que consigue una preventa de más de un millón de copias.

Brel muere a los cuarenta y nueve años en un hospital musulmán cerca de París. Entre las últimas voluntades figura ser enterrado en el archipiélago francés de la Polinesia. Serrat descubre muy pronto la potencia de temas como «Amsterdam» y se siente cautivado por «La chanson des vieux amants» y por «Orly», donde el futuro de una pareja pende de un hilo, así que en un momento determinado tan solo los sostiene la mirada («se tiennent par les yeux», dice el verso). En 1996, Serrat graba «Le prochain amour», un tema que el cantautor belga había incluido en su quinto álbum, editado por Philips en 1961. En esta ocasión, el intérprete catalán recurre a una adaptación catalana que había realizado el folclorista Joan Soler Amigó para Guillermina Motta en 1974. El tema se conoce con el título de «L'amor que vindrà». En 2003 canta «Les vieux» en un acto de homenaje a Brel que se celebra en Barcelona, en el que participan Paco Ibáñez, Loquillo, Pi de la Serra y Alfonso Vilallonga.

La personalidad de Georges Brassens corre en paralelo a la de Brel, aunque no su trayectoria. De alma mediterránea, alimentada por los vicios y las virtudes de la procedencia, nace en Sète en 1921 e igualmente está enterrado allí, cerca de su mar y sus amores, tras fallecer en 1981. Es hijo de un matrimonio atípico. El padre, librepensador y anticlerical, le suministra el caldo de cultivo de su alma anarquista. En contraste, el catolicismo de la madre, de origen italiano, le proporciona un lugar de encuentro familiar, alrededor del gusto compartido por la música. Es un mal estudiante, aunque buen alumno del maestro de francés, que le despierta el interés por la poesía. El joven travieso pasa por el calabozo debido a pequeños hurtos que, quizá, le reportan la mala reputación a la que después canta en uno de sus temas. Fuma en pipa y se deja crecer el bigote. Esta es la estampa que ha quedado de su identidad.

Se traslada a París en 1940. Allí trabaja en la Renault y vive en casa de una tía, donde aprende a deslizar los dedos por el piano que la mujer tiene en el piso, aunque no sabe solfeo. El régimen de Vichy lo traslada a un campo de trabajo. Brassens vive un año en Alemania y, cuando regresa, se esconde en la capital francesa. Publica una novela y escribe poesía mucho antes de convertirse en cantautor. Conoce a Joha Heiman, una joven de Estonia que constituye el amor de su vida, pero nunca llegan a casarse ni conviven juntos. Le dedica, eso sí, numerosas canciones y empieza a componer otras que aún no se atreve a cantar. Cuando decide actuar ya tiene más de treinta años y le invade el pánico escénico, pero pronto se lo disputan los mejores cabarets de la capital. Si Aznavour obtiene éxitos a gran escala, Brassens entra en los ambientes más cultos y las clases universitarias.

El poeta occitano, artista y filósofo a la vez, es la auténtica esencia de la *chanson*. Su voz específica, ni clara ni ronca, siempre llega digna y solemne, como un vestigio medieval y renacentista al mismo tiempo. El cantor irónico, sensual, crítico y lírico recuerda a los goliardos. Resucita así un oficio que fabrica cantigas para los oídos contemporáneos. Hablar del cordón umbilical de Brassens con cantautores españoles posteriores, como Paco Ibáñez o Javier Krahe, o los intérpretes de la Nova Cançó, como Josep Maria Espinàs, no es sino constatar que Serrat es sin duda un notable ungido por el impacto del artista francés, también mediterráneo, también juglar, por encima y más allá de los años y los estilos de ambos.

Para un joven del Poble Sec, París es sinónimo de fantasía, más allá de los cantantes y movimientos con los que se relaciona durante los años sesenta. Allí experimenta un cúmulo de vivencias irrepetibles. Encuentra amigos que le ofrecen mesa y albergue, comparte actuaciones con el cantautor portugués Luís Cília, le gusta pasear por los bulevares y con el tiempo sentarse en un barucho de Montmartre donde empieza a tomarse un calvados. De un modo especial, las huellas de Paco Ibáñez en el país vecino, con sus melodías sobre versos de Quevedo o de José Agustín Goytisolo, le indican el camino que quiere emprender. Ve en el estilo del veterano artista español un ejemplo de dignidad en el oficio.

Serrat conoce a Ibáñez y Brassens en 1966 en París. No obstante, en Poeta Cabanyes ya ha oído alguna canción del francés

Serrat con Josep Maria Espinàs y Francesc Pi de la Serra en 1965,
en un recital de los Setze Jutges en la plaza del Sol del barrio de Gràcia de Barcelona.
Foto © Pep Puvill, VEGAP, Barcelona, 2024.

como «Le pornographe». Isaac, amigo de la calle, tiene una radio gramola y entre otros temas también le pone «24 mila baci» de Adriano Celentano. La aproximación al cantante occitano culmina al cabo de diez años, cuando el artista catalán ejerce de telonero en un concierto suyo que se celebra en el teatro Bobino de la capital francesa. En 1996, grabará «La fille à cent sous» en catalán, rescatando la versión que Delfí Abella tituló en su día «La noia del duro», que nunca había visto la luz. La historia que cuenta Brassens en esta canción puede parecer sórdida. Un borracho compra por un duro a la mujer de un compinche, pero encuentra que está muy delgada, aunque no la rehúsa porque ella no quiere volver con el marido. Al borracho, al final, aquella desdichada le roba el corazón. Moraleja: el humor y el amor noble aún despiertan sentimientos de humanidad.

Algunos cantantes franceses, pocos, han versionado temas de Serrat. Valga como ejemplo «Poème d'amour», que Richard Anthony graba en francés en 1969, y que también incorpora al repertorio en castellano. El cantante, nacido en El Cairo en 1938, propaga el twist y el rock en Francia. Mantiene un contacto asiduo con The Beatles. Poseedor de un agudo instinto comercial, llega a vender más de cincuenta millones de discos en los que incluye alrededor de seiscientos títulos en seis idiomas, desde temas de Paul Anka al popular *Concierto de Aranjuez*, en el que encaja una letra de encargo. Anthony muere en la casa que tiene en los Alpes franceses en 2015, tres años después de su última actuación.

En casa de Serrat entra antes la televisión que un tocadiscos. El primero lo compra a plazos a través de la revista *Selecciones del Reader's Digest*, cuando tiene diecinueve años. Los primeros discos los encuentra en una tienda de la calle Nou de la Rambla. Los de fuera los encarga a un establecimiento de la calle Casp, y cuando viaja a Andorra, mientras su madre busca los platos Duralex, él se lo gasta todo en música, siempre con los oídos abiertos de par en par. De regreso a Barcelona, se reúne con sus colegas en casa de uno o de otro para compartir el material sonoro que ha encontrado. Su discoteca va creciendo con los intérpretes más afines, de los que intuye que podrá aprender. A los cantautores franceses une la amplia gama de tendencias que conforman los cantantes y grupos italianos, británicos y americanos.

LA CANCIÓN ITALIANA

La canción italiana proyecta sobre los movimientos musicales europeos una influencia determinante. Donde la letra y la música confluyen en un ensamblaje indiscutible es en la llamada «canción napolitana». Nacida en la Campania a partir de los cantos populares del siglo XIII en idioma napolitano, constituye el envoltorio perfecto para el amor y el desamor, la desolación por la partida hacia la guerra, la descripción idílica de paisajes... «O sole mio», «Funiculì, funiculà», «Santa Lucia» y «Torna a Surriento» son sin duda temas muy populares.

En la década de 1830 se instaura un concurso de canto en Nápoles que pervive más de un siglo hasta que, en 1950, se refunda en el conocido Festival de la Canción Napolitana, basado en esta corriente melódica. El divulgador principal de este inconfundible estilo, y de composiciones propias, es Roberto Murolo, nacido en la ciudad en 1912, hijo de poeta. Con el título del conservatorio en la mano, logra un contrato de director de orquesta para realizar una gira por África. Se queda un tiempo allí, tocando el piano en Adis Abeba.

En su triple condición de cantautor, guitarrista y actor, Murolo desarrolla una intensa vida artística. Como autor absorbe los ritmos norteamericanos y como solista recorre Europa de 1938 a 1946 con el grupo que funda, el cuarteto Mida. Interpreta temas de los demás cantantes italianos en giras y discos hasta que fallece en 2003. Murolo da paso a otro célebre napolitano, Renato Carosone, pianista y compositor de reconocida trayectoria. Sus melodías ligeras y pegadizas llegan a obtener una amplia acogida en España, además de la popularidad que alcanza en sus actuaciones por Europa y América.

En 1951 nace otro reputado certamen italiano, el de San Remo, convocatoria que hasta nuestros días ha lanzado a la fama a una multitud de artistas italianos, como Tony Dallara, Gigliola Cinquetti, Peppino di Capri, Bobby Solo, Nicola di Bari, Toto Cutugno, Jimmy Fontana, Al Bano y Romina Power, Eros Ramazzotti, Gianni Morandi y Laura Pausini, entre otros. Las pegadizas melodías italianas penetran en la industria musical, calculadamente mezcladas con los géneros de moda importados, el jazz, el rock y el hip-hop. Este eclecticismo musical forma parte de una cultura hermana que Serrat sigue atentamente.

Además, la variedad de estilos regionales del país, cada uno con sus instrumentos y bailes propios, acaba de conformar la personalidad de todo el cancionero, tanto el de raíz tradicional como el rabiosamente moderno. Italia siempre ha sido crisol de civilizaciones, incorporando las aportaciones de fuera al patrimonio particular, desde que los romanos asumieron el legado de los griegos. En el archivo popular musical conviven desde baladas hasta cantos líricos, religiosos, infantiles y campesinos. Muchos formatos se basan en modelos que han llegado de Inglaterra y Francia. Los carnavales a su vez son el altavoz ideal para las formaciones corales y las bandas de música.

Si hay que señalar a un padre de la música nacional italiana, este es sin duda Giuseppe Verdi, que reina en los teatros de ópera a lo largo del siglo XIX. De familia modesta, ya de niño le despierta la atención un músico vagabundo. Con ocho años practica en una pequeña espineta hasta convertirse en un compositor épico y romántico con sus himnos, arias y coros que llegan instantáneamente al corazón de italianos y europeos. Verdi recoge el legado de Gioachino Rossini, como lo harán Vincenzo Bellini y Gaetano Donizetti. Después de él, otro nombre ocupa la escena lírica, Giacomo Puccini, hasta su muerte en 1924. Serrat tiene a Puccini entre sus predilectos. Del compositor de Lucca le cautiva especialmente *La bohème*, síntesis autobiográfica que bascula entre la comedia y la tragedia, y *Turandot*, obra de musicalidad intensa y estética orientalista, tan de moda en el primer cuarto del siglo XX.

En el substrato musical del país destacan asimismo las huellas incuestionables que dejan las bandas sonoras cinematográficas de Nino Rota y Ennio Morricone. Todo este pasado musical influye directa o indirectamente en los cantautores del país, cuna de una importante correlación de artistas que componen canción social y de protesta. La oleada se dispara en la década de los años sesenta: Fabrizio de André, Sergio Endrigo, Giorgio Gaber, Enzo Jannacci, Umberto Bindi y Luigi Tenco. Como en la *chanson*, en el repertorio de estos artistas predomina el contenido político, psicológico e intelectual. La lista de cantautores italianos es interminable. A estos nombres hay que añadir el de Franco Battiato, de dilatada trayectoria, que evoluciona a partir de la melodía romántica hacia el rock y el pop; y Lucio Dalla, que se inicia como clarinetista y pianista de jazz. De 1986 es su tema *Caruso*, que populariza un tiempo después el tenor Luciano Pavarotti.

Serrat tiene noticia de las primeras melodías italianas a sus trece años, un poco tarde si se comparan con otras corrientes musicales que ya conoce. A través de los festivales, descubre a Domenico Modugno, pionero de los cantautores del país. Su canción «Nel blu dipinto di blu», que aquí se divulgó con el título de «Volare», obtiene eco internacional. También le llega la voz de Claudio Villa, cantante pop que interviene en varias películas musicales. Cuando el artista catalán conoce Italia en persona, encuentra un cúmulo de sensaciones. De las gastronómicas, no se le borrará nunca el restaurante donde probó por primera vez la trufa blanca. Entre las musicales, sobresalen dos autores que, de un modo especial, le llaman la atención: Paolo Conte y Gino Paoli.

Conte nace en el Piamonte en 1937. De niño recibe lecciones de piano. Crece escuchando discos de Fats Waller y las interpretaciones que su madre teclea sobre temas de Duke Ellington. Sigue los pasos de su padre, un hombre de leyes, y estudia la carrera de Derecho para dedicarse durante muchos años a la abogacía. Al tiempo que se aficiona al vibráfono, forma un grupo con su hermano. Su primer sencillo no obtiene demasiado eco. Como compositor, su gran éxito es «Azzurro», que da a conocer el popular Celentano en 1968, y que toda Italia se sabe de memoria. Patty Pravo graba también temas suyos, como «Tripoli '69».

En 2000 escribe la comedia musical *Razmataz*, donde narra el descubrimiento que Europa hace de la joven música negra americana. Conte, a pesar de todo, no tiene ninguna pretensión de alcanzar la fama. Debuta en solitario muy tarde, en 1974. Él solo al piano y con su voz áspera, gutural. Añora el pasado, el tango argentino, la canción parisina y el jazz de Nueva Orleans. Nunca está de moda, pero siempre sigue ahí. Canta al ser humano desorientado, aquejado de profunda melancolía. Es como si se describiera a sí mismo, enclavado en su peculiar modo de expresión, solo alterado por pequeñas variaciones en los acompañamientos. Siempre moderno, pero nunca esclavo de la actualidad.

A Gino Paoli Serrat no lo reconoce hasta que se da cuenta de la categoría de su obra, juntando canción a canción. No ha aparecido demasiado en TVE, ni en los sesenta ni después. Con el tiempo el artista italiano se convierte en embajador del cantautor del Poble Sec en el país alpino. Como fruto de su admiración, Paoli le dedica un álbum entero, con el título *I semafori rossi non sono Dio*, que se publica en 1974. Entre los diez temas del maestro catalán, traducidos al italiano por Lorenzo Raggi, se encuentran «La donna che amo» («La mujer que yo quiero»), «Il manichino» («De cartón piedra»), «La libertà» («Como un gorrión»), «La sbandata» («Lucía») y «Chopin» («Tío Alberto»). Los arreglos son de Pinuccio Pirazzoli y la producción de Alberto Martinelli. Pirazzoli debuta como músico en 1964 y colabora con Paoli en cinco discos. Es guitarrista y director de orquesta, y trabaja para el cine y la televisión.

La relación entre Serrat y Paoli nunca se interrumpe. El italiano graba en 1996 «Il vestito rosso» («Penélope»), y en 2014 la cantan juntos en castellano. El cantautor italiano nace en 1934, en Monfalcone, cerca de Trieste. Debuta en salas de bailes y forma grupo con Luigi Tenco y Bruno Lauzi. Junto a ellos contacta con el sello Ricordi. De allí sale su primer sencillo, «La gatta». Después, conoce al resto de la llamada escuela genovesa. En 1963 escribe una de sus melodías más celebradas, «Sapore di sale», en una playa siciliana, enamorado locamente de una muchacha de diecisiete años, Stefania Sandrelli, a quien deja embarazada estando casado. Al no sentirse correspondido, sufre una crisis e intenta suicidarse. La bala que se dispara en el pecho sigue alojada cerca de su corazón porque el cirujano no se atrevió a extraerla. El artista disfruta del paisaje de la Toscana entre sus esporádicas actuaciones.

Serrat y Paoli coinciden en el enfoque musical de sus trabajos. El italiano, a quien también influye la *chanson*, adapta a su idioma temas de Brel, Aznavour y Leo Ferré. Es autor asimismo de bandas sonoras para la gran pantalla. Para él el jazz es el máximo signo de libertad, aunque entre los ingredientes que maneja en sus composiciones sobresalen la canción popular italiana y la ópera. A Paoli no le interesa escuchar lo que se entiende como música actual porque está convencido de que ya no surge nada nuevo. No es partidario de que el ritmo predomine sobre la melodía. Justamente es en la melodía donde yace el lirismo y la poesía. El cantautor italiano tiene un alma ecléctica: le gustan los gatos, siente preferencia por Mozart y le fascina el mar.

Italia ha sido la cuna de otros personajes peculiares. Anna Maria Mazzini Zoni, Mina, nacida en 1940, es un ejemplo. Encuentra en su abuela, cantante lírica, la primera referencia. Prueba a abrirse camino en el cine y hasta un determinado momento canta habitualmente en televisión. La cantante criada en Cremona —intérprete a su vez de temas de Paoli— no actúa en público desde 1978. Desde entonces, quizá para huir de los paparazzi que la perseguían por ser madre soltera, vive recluida en Lugano. Desde Suiza, la artista no deja de editar discos que alcanzan ventas millonarias y de estar así presente en el mercado musical. Aplaudida por Louis Armstrong, Elvis Presley, Sarah Vaughan o Ella Fitzgerald, la cantante italiana ha alimentado la leyenda de su desaparición artística como en su momento pasó con la figura de Greta Garbo.

Mina ha cantado con Celentano y ha versionado temas de Miguel Bosé. En el caso de Serrat sorprende la disparidad de títulos que escoge para su repertorio. En 1969 se atreve con una versión de «La tieta», que titula «Bugiardo e incosciente». La traducción es de Paolo Limiti, presentador y productor de televisión además de letrista. Es una versión rocambolesca que, lejos de dibujar a la solterona serratiana, narra los reproches de una mujer a su amante dormido. El mentiroso e inconsciente es él, un ser mezquino a quien ella, cuando se despierta, es incapaz de abandonar. El letrista italiano también adapta para Mina en 1972 «Ballata d'autunno» («Balada de otoño»), esta vez, no obstante, se ciñe al contenido original. Aún hay que consignar una intensa versión de «Romance de Curro el Palmo» de 1983 con el título «Ahi, mi amor». Finalmente, y esta vez a dúo con Serrat, en 2014 comparten la melancolía del tema «Sin piedad» del cantautor.

«Bugiardo e incosciente» («La tieta») se hace un hueco en Italia en las voces de Jula de Palma, Johnny Dorelli, Anna Oxa, Rita Pavone y Ornella Vanone. Incluso sobresalen las versiones de Francesco Guccini —que la interpreta en el dialecto de Módena bajo el título de «La ziatta»—, y la de la vocalista de jazz norteamericana Cheryl Porter, que la incluye en un disco de homenaje a Mina. Los intérpretes serratianos del país alpino crecen como setas: Mia Martini graba «Signora» en 1973; Giovanna Moretti, «Ahi, mi amor» en 1980; Lena Biolcati, «Piccole cose» en 1989; y Franco Simone, «Il manichino» en 1990. A su vez, el cantante del Poble Sec también canta en italiano en diversas ocasiones —«Poema d'amore», «La donna che amo»—, y en el Festival de San Remo de 1989 interpreta «Non ho altra cosa che pensare a te».

Italia da para todo esto y para mucho más. Habiendo comenzado el repaso musical en Nápoles y sus canciones napolitanas, un dato cierra el círculo que vincula a Serrat con el folclore popular de este país. Siendo muy joven, consigue el material sonoro que publica la Nuova Compagnia di Canto Popolare, fundada en Nápoles en los sesenta. El grupo, por el que pasan a lo largo de los años numerosos integrantes, lleva a cabo trabajos de investigación etnomusicológica para recuperar el repertorio tradicional de la Campania. Los jóvenes músicos que integran la formación inician una colección de grabaciones y participan en festivales nacionales e internacionales.

El canto emblemático que mejor define este tipo de canción popular es «Bella ciao», de la que Serrat descubre una grabación en París. Como otros discos y libros, este es un material que el cantante trae a Barcelona y enseña a sus amigos. Hay quien documenta los orígenes de esta balada en la tradición musical de los judíos askenazis. Lo que se da como cierto es que en el siglo XIX está en boca de las trabajadoras de los arrozales del valle del río Po.

«Bella ciao» se convierte rápidamente en el himno de la resistencia antifascista durante la Segunda Guerra Mundial. La cantan los partisanos de Italia, que dan cabida en un mismo grupo a socialistas, comunistas, liberales y anarquistas, que luchan contra Mussolini y las fuerzas de ocupación nazi entre 1943 y 1945.

También se recurre a ella en el Mayo del 68 francés. Desde entonces la briosa melodía se extiende por todos los rincones del planeta como grito y símbolo de libertad. Entre la multitud de versiones destaca la del grupo Quilapayún, que la utiliza como canto revolucionario durante el Gobierno del chileno Salvador Allende.

EL FOLK AMERICANO Y EL POP INGLÉS

En música no existen fronteras ni discriminaciones. Del mismo modo, el oyente inquieto no distingue los movimientos europeos comentados —de España, Francia e Italia— de las olas emergentes que llegan de Estados Unidos y de Inglaterra. Tan solo los idiomas, de raíz latina en un caso y de naturaleza anglosajona en el otro, delimitan, como mucho, públicos que pertenecen a mercados aparentemente separados por una fina línea que desaparece del todo en un mundo cada vez más global e interconectado. Los discos y las primeras cintas magnetofónicas, poco a poco, complementan la labor difusora de la radio, y lo hacen bajo parámetros más abiertos, en los que la libertad de circulación no está tan controlada.

Esta circunstancia permite a Serrat ir almacenando con el tiempo documentos sonoros procedentes de todos los rincones del planeta y, por inercia, este material va estableciendo los pasos de su camino musical y poético. Sin cerrar nunca las puertas a nada, la cantidad da paso a la calidad. Si algo no interesa, no tiene sentido escucharlo otra vez. De este proceso selectivo nace el gusto personal. Entre las primeras grabaciones que escucha el cantautor del Poble Sec, sobresale la voz noble y épica de Pete Seeger. Es un microsurco que edita Folkways Records, una casa fundada en Nueva York en 1948 por Moses Asch y Marian Distler, empeñados en dar a conocer música tradicional y contemporánea de todo el mundo, incluso poesía, textos hablados y sonidos de la naturaleza.

Los álbumes van acompañados de documentados libretos informativos. Folkways, además de Seeger, promociona a Woody Guthrie y Leadbelly, impulsores del renacimiento de la música folclórica estadounidense que surge en la década de los cuarenta, tal como antes había difundido el folk antiguo, de los años veinte y treinta, de cantantes como Dock Boggs y Clarence Ashley. En Francia —inmensa tienda musical para el comprador europeo—, los discos de Seeger los distribuye el sello Le Chant du Monde, fundado en 1938 por Léon Moussinac, que, además de música tradicional, difunde autores clásicos. Entre los padrinos de la casa están Darius Milhaud y Francis Poulenc, y el catálogo de autores incluye desde Sergéi Prokófiev y Aram Kachaturian hasta Léo Ferré y Atahualpa Yupanqui. Esto demuestra que la música empareja clásicos y populares de modo aleatorio.

Seeger nace en Nueva York en 1919. El padre, Charles, es musicólogo. Su segunda esposa, Ruth, es compositora, y los hijos de ella, cantantes de folk. El progenitor toca y canta en casa las viejas canciones tradicionales recogidas por John y Alan Lomax, padre e hijo, musicólogos también. Pete Seeger y Alan Lomax trabajan juntos años después en el archivo de música folk de la Biblioteca del Congreso. El cantautor neoyorquino se erige en columna vertebral de la música folk norteamericana desde los años cuarenta. Veinte años más tarde, con la implosión del movimiento hippy, aglutina de una forma indivisible la naturaleza maciza de sus canciones con el compromiso social y pacifista.

Destaca su álbum de 1943 *Historias del Batallón Lincoln*, con canciones recogidas por los brigadistas americanos en la guerra civil española. Su versión de «Guantanamera» se populariza en los países latinoamericanos, así como un tema suyo, «If I Had a Hammer» («Si yo tuviera un martillo»), que Víctor Jara difunde en

Chile. Seeger actúa en España varias veces. En 1993, en ocasión de los treinta años de «Al vent», Raimon comparte escenario, entre otros, con Seeger y Serrat en un concierto en Barcelona. El cantautor norteamericano fallece a los noventa y cuatro años en un hospital de su ciudad natal. Dos artistas de primer orden tanto en su país como a nivel mundial recogen su semilla: Joan Baez y Bob Dylan.

Serrat establece sintonía personal con Joan Baez y valora atentamente la capacidad de comunicación de Bob Dylan, tan natural como espontánea. Baez y Dylan, que durante un tiempo mantienen una relación sentimental, se erigen en los principales defensores de los derechos civiles, un activismo que se convierte en necesidad constante en la historia de Estados Unidos. El contexto sociopolítico en el que se mueven está dominado por la guerra del Vietnam. Baez incorpora al repertorio un tema que a menudo también cantaba Seeger en sus recitales, «We Shall Overcome» (Juntos venceremos). En la memoria colectiva permanece la participación de Baez con este himno basado en un góspel de 1901 en el Festival estadounidense de Woodstock de 1969. La canción más política de Dylan es «The Times They are a-Changin» (Los tiempos están cambiando). Cuando la escribe tiene plena conciencia de lo que quiere comunicar. El mismo año se celebra la segunda edición del Festival de la isla de Wight en el Reino Unido. Dylan forma parte del cartel, junto a The Who y Joe Cocker. Serrat asiste al encuentro y coincide con él de forma fugaz.

Joan Baez nace en 1941 en Nueva York. El padre es físico y la madre, profesora de literatura. A sus dotes de compositora añade una voz inconfundible por la peculiar vibración de sus cuerdas vocales. Alcanza con naturalidad los tonos agudos y los modula de tal forma que contagian la emoción y el dramatismo deseados. En 1997, la cantante actúa en Barcelona. Causa sorpresa con la versión que ofrece de «El rossinyol», del cancionero popular catalán, que interpreta impecablemente en el idioma original. En el intermedio del recital, Serrat acude al camerino con un ramo de flores. Baez conoce la obra del cantautor del Poble Sec, que aprovecha el encuentro para entregarle una adaptación al catalán de «No nos moverán» que ella tiene en el repertorio. Aparte del contenido folk de su cancionero, la artista norteamericana abarca el country y el pop rock. Junto a sus temas, interpreta canciones de sus amigos, y también de The Beatles, Leonard Cohen, Violeta Parra y Paul Simon.

En el caso de Dylan, la capacidad de captar estilos musicales diversos, asimilarlos y convertirlos en cimiento de su dilatada obra, como sucede con Serrat, nace y crece con el oído pegado a la radio. En Minnesota, su estado natal, se escucha el blues y el country que se transmiten desde Luisiana y también llegan las emisoras que difunden rock and roll. De mayor conducirá durante unos años un programa en el que saca del baúl canciones clásicas desconocidas de los años treinta. El cantante se cría en un ambiente rural cerca del lago Superior. Los padres forman parte de una pequeña comunidad judía. Las estaciones transcurren monótonamente entre los bosques y los ríos. No hay otra cultura que los circos, los carnavales, los espectáculos para leñadores y las carreras de coches.

Funda grupos musicales de corta duración que se dedican a versionar temas de Little Richard y Elvis Presley. Pronto conoce el folk tradicional americano de origen europeo y la canción protesta que circula en la universidad estatal. Se traslada a Nueva York y canta en los clubes nocturnos de Greenwich Village. Una parte importante de su obra se desarrolla en los años sesenta, con temas tan conocidos como «Blowin' in the Wind» y «Like a Rolling Stone». Junto al folk, el rock, el blues y el country abraza el góspel, el rockabilly, el jazz, el swing y la música tradicional inglesa, escocesa e irlandesa. Como instrumentista es más escueto, toca la guitarra, la armónica y los teclados. A menudo fractura su voz nasal para expresar las heridas que están detrás de sus canciones.

El repertorio de Dylan evoluciona desde los primeros temas sociales y políticos hacia otros de contenido filosófico y literario —quizá por esta razón obtiene el Nobel de Literatura en 2016—, pero incluye también canciones de amor y algunas de tono humorístico. Se le ha relacionado, además, con los movimientos contraculturales de su país, bajo la influencia de cantautores compatriotas como Woody Guthrie, Robert Johnson y Hank Williams. Dylan, a su vez, incide en la trayectoria de artistas como Françoise Hardy, Marianne Faithfull, Johnny Cash y Nick Cave. Su último álbum, *Rough and Rowdy Ways*, de 2020, acapara la gira que desde 2021 se proyecta hasta 2024. En estos conciertos afianza la estampa de artista aún silvestre, parco y sombrío que adapta sus temas a la acústica del piano, pisando especialmente el blues recio que siempre está en ruta por el sur de Estados Unidos.

El artista, no obstante, llega a un punto en el que se regocija tanto en la transformación de sus temas que gran parte de su público no los identifica y se siente defraudado cuando no se entera de lo que canta. Puede que quiera ofrecer algo distinto o que lo haga para divertirse. Esta percepción alimenta la imagen de personaje arisco, convertido en mito inexpugnable. Con el paso del tiempo, Serrat tiene a veces esta sensación, aunque reconoce la relevancia de Dylan por la influencia internacional como figura fundamental de la poesía y la música contemporánea. A pesar de las distancias, no hay duda de que ambos discurren por caminos paralelos. Uno desde la cultura anglosajona y el otro desde el acervo mediterráneo beben de la lírica más cautivadora e inmortal de los poetas griegos. Si resultan decididamente modernos es porque son indiscutiblemente clásicos.

Un giro en el estilo musical que seduce al cantautor del Poble Sec lo ejemplifican The Doors e Eagles, dos grupos significativos del rock estadounidense. Mientras otros cantan mensajes de paz y amor, The Doors abordan el sexo y la violencia sin complejos, a través de un sonido que rompe el estereotipo al estar caracterizado por la ausencia del bajo, tan imprescindible en el resto de las formaciones. El grupo nace en Los Ángeles en 1965, tras el encuentro de un joven estudiante de cine, Jim Morrison, con el futuro teclista del grupo. Morrison es un brujo con el micrófono en la mano. El grupo electriza a sus fans. El estilo provocador de su repertorio abarca desde el blues hasta los formatos más psicodélicos y sacude los cimientos de la cultura popular. La prematura muerte del cantante pone fin a la aventura. Desde entonces, Morrison, desaparecido a sus veintisiete años en 1971, yace en el cementerio Père Lachaise de París. Su tumba recibe diariamente la veneración de sus admiradores.

En 1971, y también en Los Ángeles, tiene lugar la fundación de los Eagles, una banda más versada en baladas country y un tipo de rock más suave, que es objeto de una evolución constante. El grupo se distingue por un sonido sureño, californiano, que encaja con la personalidad de los cantautores, por los arreglos armónicos de sus temas, tratados cuidadosamente, que transmiten una musicalidad transparente. «Hotel California», difundida en 1976, es su canción más internacional. Los Eagles han sufrido altos y bajos. Se han disuelto en más de una ocasión, pero siguen al pie del cañón al cabo de los años.

De sur a norte, y de cantautor a cantautor, Serrat siente un afecto sincero por Tom Paxton, nacido en Chicago en 1937. La larga trayectoria de este trovador se apoya en el eje que combina la música tradicional con las composiciones propias. Con la gorra característica del gremio, Paxton ha cantado miles de veces «The Last Thing on my Mind», que compone a comienzos de los sesenta. Los demás cantantes folk han puesto la voz a sus temas, como habitualmente hacen entre ellos. El cantautor de Illinois, que ha demostrado fidelidad al género, no busca tan solo la emoción en sus letras. Viaja fácilmente desde situaciones íntimas y reflexivas hasta planteamientos más ligeros e incluso humorísticos.

El folk americano, etiquetado también como country, y el blues, de raíz africana, alimentan a la par la irrupción del rock and roll en Estados Unidos. Nadie discute en este contexto la figura carismática de Elvis Presley durante los años cincuenta. A sus once años los padres le regalan una guitarra, en lugar de la escopeta de perdigones que desea y, desde entonces, no deja de practicar y pasearse con el instrumento colgado de su espalda. Ha nacido una estrella rebelde. Deja crecer sus patillas y viste con extravagancia. El impacto artístico y comercial sobrepasa el mercado estadounidense. A raíz de su muerte a los cuarenta y dos años se convierte en un mito musical.

Elvis Presley repercute en el nacimiento en los sesenta de una banda mítica en Gran Bretaña, The Beatles. Serrat, a quien también le interesa Elvis, corre ávidamente en 1962 a comprar el primer disco de cuatro temas del conjunto británico, «Love me do», y a seguir su trayectoria. Su gusto se inclina por las canciones templadas de la época intermedia, «Here, There and Everywhere» y «Eleanor Rigby», y más adelante por «The Long and Winding Road». El octeto de cuerda que acompaña la historia de Eleanor y otros ensamblajes sonoros parecidos confieren al grupo de Liverpool el sello de clásicos intemporales. Más adelante analizaremos otros temas de los británicos que Serrat ensaya con el fugaz conjunto musical de amigos durante su época universitaria y de milicias.

La rica variedad de estilos musicales con la que The Beatles acostumbra a trabajar confluye en el objetivo final que se marcan. Así, sus ingredientes proceden de las baladas populares a las tonadas hindúes, y de la música pop a los temas psicodélicos. Hay un momento en que la estética de sus redondas melenas y elegantes americanas sustituye a la de las chaquetas de cuero y los vaqueros astrosos, propios del rock. Como si se tratara de un estudio de mercado, llegan a audiencias más amplias, sin necesidad de desdeñar que continúan siendo faro para las juventudes contestatarias y sus sueños idealistas de un mundo libre y solidario.

Se ha hablado demasiado del peso de John Lennon respecto a Paul McCartney y se ha obviado a los dos restantes. La verdad es que en la fórmula final, junto al talento más o menos desigual de los cuatro, interviene decisivamente la figura de George Martin, que ejerce de productor musical. En las carreras de los grupos anglosajones esta figura resulta decisiva, tan decisiva como la de los arreglistas y solistas instrumentales que proporcionan a las grabaciones el acabado que uno desea. La función de productor musical consiste en someter de forma natural el material originario del grupo al engranaje técnico que ofrece el estudio. Es muy difícil distinguir en estos procedimientos artísticos cómo evoluciona la autoría inicial de las ideas musicales hasta la obtención del fruto final del que son artífices también los músicos acompañantes y los ingenieros de grabación.

Martin nace en Londres en 1926. Además de técnico de sonido y arreglista, es director de orquesta. Toca el piano y el oboe. Se interesa por una amplia variedad de estilos, desde Cole Porter a su contemporáneo John Dankworth, que le influyen notablemente. Trabaja en la BBC y en EMI, produce comedias musicales para Peter Sellers, actúa en público y recibe encargos de cine y televisión. Se convierte en un maestro para The Beatles, a los que ve como a unos críos traviesos que conviene encaminar, pero asimismo es verdad que la carrera de Martin sin ellos hubiera transcurrido sin pena ni gloria. El productor, que colabora también con Stan Getz y Elton John, fallece en 2016 a los noventa años.

El conjunto de Liverpool llega a un punto de difícil evolución en los conciertos y esta es una causa importante que incidirá en su disolución, junto a las rencillas entre sus componentes y las especulaciones en torno a la intromisión de Yoko Ono. Llega un momento en que la sofisticación y los efectos de sonido que consiguen en los estudios, debidos al ingenio de Martin, no es posible transmitirlos en las actuaciones públicas. Entonces dejan de dar conciertos en directo, aunque siguen grabando. En la época, los equipos de amplificación para exteriores aún son precarios. Como ejemplo, la actuación en la plaza de toros Monumental de Barcelona, en 1965, durante la cual, además de la limitación de los altavoces, los gritos de las fans impiden una audición mínimamente plausible del grupo.

Además de The Beatles, Serrat muestra sintonía con The Who, grupo emblemático de rock inglés nacido en 1962, que se convierte en espejo para otra banda que surge seis años después, Led Zeppelin, y en el precedente del llamado punk rock que desarrollarán grupos como Sex Pistols. The Who se distinguen por la contundencia de sus actuaciones en directo, en las que los integrantes suelen romper los instrumentos, así como el techo de las posteriores ventas de sus discos que se cuentan por decenas de millones. Esta banda comienza su escalada hacia el éxito por el impulso de emisoras pirata, sobre todo de Radio Caroline, que emite desde un barco situado en alta mar al este de Londres.

Cruzando otra vez el charco, para culminar el repaso a la música anglosajona que cautiva a Serrat, hay dos temas adaptados al catalán que incluye en el álbum de homenaje a la Nova Cançó de 1996. Por una parte, asume «Misty», traducida por el escritor Jaume Picas bajo el título de «Tot és gris», original del pianista de jazz Erroll Louis Garner junto al letrista John Francis Burke, cuyas aportaciones líricas destacan en el canon de piezas musicales del siglo en Estados Unidos. La obra, en el formato tradicional de 32 compases del género, sale a la luz en 1954. Son célebres las interpretaciones que circulan de Ella Fitzgerald y Sarah Vaughan.

Núria Feliu canta en 1965 este standard, acompañada al piano por Tete Montoliu. Feliu tiene una amplia hoja de servicios que abraza desde el cuplé al jazz, pasando por la canción popular. Es de las primeras cantantes que adopta un tema de Serrat, «Sota un cirerer florit», en un elepé de 1973. Por otra parte, el cantautor del Poble Sec aborda «Suzanne» de Leonard Cohen, versionada como «Susanna» por el poeta y compositor Josep Maria Andreu. Toti Soler había cantado ya este tema en 1972. El guitarrista catalán, ajeno a la moda y a los estilos imperantes, es autodidacta en el manejo del instrumento. Antes de adentrarse en el jazz y el flamenco, forma parte del grupo Pic Nic con Jordi Sabatés, al que se suma la cantante británica Jeanette, después afincada en España. Serrat graba los dos temas como tributo a estas interpretaciones anteriores. Su voz les da un toque personal con su inconfundible fraseo y la capacidad de absorber temas de otros artistas demostrada en numerosas ocasiones.

Nadie mejor que Leonard Cohen para concluir este paseo por los gustos musicales de Serrat. El universo temático de ambos contiene ciertos paralelismos, a partir de sus singulares mundos poéticos. Cohen nace en Montreal en 1932 en el seno de una familia judía y desde muy joven se interesa por la poesía de Federico García Lorca. Aprende a tocar la guitarra y da los primeros pasos en un grupo de country y folk. Desarrolla su carrera como cantautor en Estados Unidos, pero, a pesar de su proyección artística, alterna las actuaciones con periodos de retiro voluntario en los que flirtea con el budismo. Fallece en Los Ángeles en 2016. Son curiosos los casos de cantautores que experimentan un sentimiento ascético o sienten la llamada de Dios, como ocurre, entre otros, con Dylan, que de repente abraza el cristianismo y actúa ante el papa Juan Pablo II, o el rumbero Peret, que se convierte al evangelismo.

La voz de Cohen, monocorde y envolvente, crea sin duda una atmósfera espiritual, sedante, que despierta en el oyente el ansia de convertirse en cómplice. Serrat pertenece a la cultura europea y la realidad cristiana no le resulta ajena como valor cultural, pero su religión particular radica en la música, que practica desde un panteísmo sonoro indiscriminado. Por esto le gustan todos estos artistas contemporáneos, de estilos incluso contrapuestos, y gracias a su temple vocal característico se revela como un poeta de una sensibilidad universal propia.

4

De aprendiz a profesional

La música tiene al menos dos caminos de llegada, tanto para el intérprete como para el compositor. Uno requiere la formación académica, que ofrece el dominio de las reglas del pentagrama, para ordenar primero los pensamientos melódicos y armónicos, y así poderlos leer después. Las enseñanzas para tal finalidad se adquieren en las escuelas y conservatorios y comportan el estudio de teorías, técnicas y muchas horas de práctica. El otro camino se basa en el instinto, a partir del cual se cultivan los hallazgos gracias a la memorización y a las repeticiones. El autor, entonces, conecta con un modo de sentir que le abre la puerta a la imaginación de los sonidos, los desarrolla y les da coherencia. También precisa de mucho esfuerzo y trabajo. En ambos casos, para que la música alcance plenitud, hay que poseer sentimiento, alma y estímulo. En resumen, para fabricar música es necesario que el espíritu encuentre materiales que al moldearlos se transformen en arte.

LA PRIMERA GUITARRA Y EL PRIMER GRUPO

Hay pocos precedentes en Joan Manuel Serrat que pronostiquen su futuro artístico. Familiares, puede decirse que ninguno. Quizá con algún amigo de la calle se siente ocasionalmente en un canto de acera y entone alguna rancherita. Es verdad que le gusta cantar las canciones que ha oído en la radio o en el teatro, pero no se observa ninguna pista que indique por dónde se le encenderá la chispa musical. Por no tener, Serrat no experimenta ni vocación, ni es consciente del camino que toma, hasta que han transcurrido unos años desde que ha empezado a cantar por los escenarios.

Existen pasos, recuerdos, momentos. Especialmente el del día en que su padre sube la cuesta de Poeta Cabanyes con un saco en una mano del que sobresale el mástil de una guitarra y las herramientas del trabajo en la otra. El momento le produce una gran ilusión, pero la explicación de cómo el padre le hace el regalo es posterior. Así, se imagina lo que el hombre habrá ahorrado para sorprenderle. Claro que, con el obsequio de una guitarra a su hijo, Josep Serrat es consciente de que alimenta, si no un sueño inmediato, al menos una afición. La madre, al principio, discrepa de que el chico tenga aquel instrumento que le puede distraer de cosas más importantes. Pero a él le complace de inmediato. Antes de recibir el regalo, ha practicado con una guitarra prestada.

Serrat cursa el bachillerato elemental en el instituto Milà y Fontanals de la calle Canuda de la ciudad y el bachillerato superior en la Universidad Laboral de Tarragona. Después, en Barcelona se licencia como ingeniero técnico agrícola y empieza la carrera de Biología. En la Laboral, un chico de Huelva que toca fandangos le enseña a poner las manos en la guitarra, y dos compañeros de estudios agrónomos le indican los acordes básicos de tónica y dominante. Poco a poco, la música va tomando cuerpo entre sus aficiones. Con un amigo de la infancia con el que practicaba atletismo en el estadio de Montjuïc —Manel Anoro—, coincide en el campamento militar de Castillejos, en la sierra tarraconense de Prades. El cantautor culmina después el servicio en el cuartel de Jaca (Huesca). Además de dedicar tiempo al deporte, le gusta la música y junto al petate se lleva los instrumentos. Los compañeros reclutas recuerdan cómo en menos que canta un

Foto escolar de 1956 en el Instituto Milà i Fontanals de Barcelona.
Serrat es el sexto por la izquierda en la fila de abajo. Foto de J. Obiol.

gallo Serrat agarra la guitarra y toca para ellos, en un ambiente de estricta intimidad. Así, entre todos ahuyentan el rígido ambiente castrense.

Con dos amigos más con los que comparte facultad y servicio militar —Jordi Romeva y Joaquim Nogués— forma un conjunto musical, de vuelta a Barcelona. Electrifican sus guitarras acústicas de manera artesanal, con pastillas soldadas con estaño, calentando un martillito al fuego. Las introducen en la caja del instrumento y luego lo decoran con dibujitos. Romeva toca la batería, Nogués la guitarra solista, Anoro el bajo y Serrat pone la rítmica y la voz. En los años sesenta están de moda grupos como Los Teen Tops, Los Llopis, Los Gatos Negros y Los Ticanos, además de Los Mustang y Los Sírex. Ellos cuatro, en cierto modo, pretenden seguir sus pasos.

Los Teen Tops es un conjunto mexicano que versiona rock clásico en formato de música ligera, mientras Los Llopis, de procedencia cubana, mojan las guarachas y cumbias en su salsa caribeña. En casa, Los Gatos Negros tienen sus precedentes en los conjuntos postuniversitarios de Barcelona Los Pájaros Locos y Catch As Catch Can, que arrancan en 1957. Estos últimos ganan un concurso convocado por el SEU, el sindicato estudiantil franquista, que les permite compartir con el grupo anterior la grabación de un disco sencillo en el que incluyen los temas «Yes Sir, That's my Baby» de Walter Donaldson y «Pasqualino marajà» de Domenico Modugno. Los Ticanos, que posteriormente se denominan Los Catinos, debutan como sexteto, pero se consolidan como quinteto.

Con un repertorio que incluye versiones en castellano de temas pop y melódicos franceses, italianos y anglosajones, Los Catinos mantienen la atención del público catalán durante una década. Además, captan también la de las revistas musicales junto a los ídolos del momento. El teclista, Manuel de los Ojos Prieto, como los hermanos De la Torre, vive en la misma calle que Serrat y Sisa. Su padre ha estudiado en el Liceu y toca el acordeón. Dirige la Agrupació Coral La Nova Colla de Poeta Cabanyes, ya mencionada. Manuel recuerda que siendo muy niño aguantaba el farolillo al maestro para alumbrarle la partitura. Más adelante estudia la carrera de piano en el Conservatorio de Barcelona, toca durante años en el conjunto Los Mismos por España, y después, ya en solitario, en Suiza, interpretando música ligera y clásica, hasta que regenta durante largo tiempo un piano bar en la costa catalana.

Los Mustang son historia de hoy y ayer con Santi Carulla, quien, tras empezar con Los Sírex en 1960, al cabo de un año pasa a ser vocalista del grupo y sigue al pie del cañón. Son ellos los que compran discos cuando viajan fuera de España. Al regresar, las adquisiciones constituyen una auténtica materia prima que llega a manos y oídos de los otros conjuntos y cantantes. Los Mustang empiezan con versiones de temas extranjeros, como «500 millas» de Hedy West, que en Estados Unidos popularizan Peter, Paul and Mary y en Europa Richard Anthony, y «Madison Twist» de Sam Cooke, un éxito en la voz de Johnny Hallyday.

Serrat y sus amigos estudian varios nombres para bautizar el conjunto —Els Plançons, Els Pitecantropus o Els Quatre Cigales—, pero ninguno cuaja. Apenas se presentan ante el público, más allá de alguna actuación en un local del barrio de Gràcia de la ciudad. Quieren ser músicos modernos. Ensayan en el almacén de una tienda que el padre de Anoro piensa abrir en la calle Olzinelles, del barrio de Sants. Como el establecimiento aún no funciona, les deja la llave. Pronto queda claro quién lleva la voz cantante de todos ellos. Cuando la radio populariza una canción, Serrat la mimetiza con bastante facilidad. Encuentra los acordes adecuados de guitarra en un instante y así todos pueden empezar a ensayar.

El repertorio es heterodoxo, no persigue un estilo personal. Se limita a versionar algo de canción italiana, títulos del influyente cantautor canadiense Paul Anka que estaban de moda y, especialmente, un tema de Alain Barrière, «Ma vie», que triunfa en el Olympia de París en 1964 y salta a las listas de éxito de Sudamérica e Italia. Un año antes, el intérprete francés, nacido en 1935 y criado en la Bretaña, representa a su país en Eurovisión con una canción propia, «Elle était si jolie». Barrière pasa unos años en Estados Unidos y Canadá y reconduce su carrera musical en Francia con nuevas canciones en 1998, así como una gira por todo el país en 2007. El cantautor, un referente melódico sin duda, muere de un ataque cardiaco en 2019.

El grupo de Serrat también se atreve con «Twist and Shout», que The Beatles incluye en su primer sencillo, editado en España en 1963. John Lennon encabeza el tema como vocalista principal. No obstante, los padres de la canción —que también versionan The Mamas & the Papas— son los norteamericanos Phil Medley y Bert Berns. La arquitectura musical de «Twist and Shout», en la triple dimensión armónica, melódica y rítmica, sigue la correlación de acordes de la canción latina. En el momento de su concepción, los autores asimilan el impacto de «La bamba». Este bailable es oriundo de Veracruz, pero el guitarrista Ritchie Valens lo rescata de México para lanzarlo en Estados Unidos en 1958. Aquel conjunto primigenio de Serrat versiona asimismo otro tema pop que interpretan The Beatles, «A Taste of Honey», una composición de Bobby Scott y Ric Marlow. En sus orígenes se trata de un tema instrumental para una revista de Broadway.

El grupo comparte gustos variados. Mientras Serrat se inclina por la estética de la canción francesa, de formas suaves, Manel Anoro siente atracción por el impacto que le causan las guitarras eléctricas. Están en la edad en la que hay que quemar adrenalina y adentrarse en las emociones fuertes. Son hijos de la radio y de la moda. Pertenecen a la generación del microsurco y por ahí les llega el eco de una banda determinante por el sonido revolucionario que transmiten con sus cuerdas. Se trata de The Shadows, a su vez venerados por los vecinos artistas de Serrat, desde Jaume Sisa a Delfín Fernández, de Los Salvajes. Precisamente este grupo arrancó bajo el nombre de The Savages por la asimilación fonética con The Shadows, hasta que optaron por la traducción. El conjunto británico surge en 1958 para acompañar al cantante Cliff Richard, que mantiene una brillante carrera junto a ellos durante una década. El productor musical del grupo es Norrie Paramor, compositor de música para cine y teatro y director de orquesta. El tema emblemático del grupo es «Apache», una vibrante pieza instrumental compuesta en 1960 por Jerry Lordan, un autodidacta del piano y la guitarra, además de actor y comercial de publicidad, que escribe otros temas para el grupo. «Apache» a lo largo de los años se transforma en himno del hip-hop y es objeto de múltiples versiones, incluso utilizando samplers para experimentar efectos nuevos. El guitarrista principal de The Shadows, Hank Marvin, con su Fender, se erige en faro de futuros instrumentistas como Eric Clapton y Mike Oldfield. El grupo queda en segunda posición en el Festival de Eurovisión de 1975.

A Serrat, Anoro, Romeva y Nogués, cuando ensayan, se les une un quinto miembro, imprescindible, Toni Calvera. Es su amigo y dispone de un magnetófono, un aparato ostentoso que no resulta accesible para todos los bolsillos. Tener un amigo así, para ellos, es una suerte. Esto les permite grabar primero las sesiones y escuchar el resultado, y descubrir después novedades y rarezas musicales del momento a través de las gruesas cintas que logran conseguir de un modo u otro. Un ingrediente importante de los conjuntos es la carga erótica que se desprende de su actividad. Cantar, y sobre todo bailar, es crucial para intimar con las chicas. La música y las canciones, además de servir como excusa para relacionarse, llenan las horas que dedican al ocio, en unos momentos en los que la gente joven busca espacios de diversión, pero sobre todo de libertad. En cualquier caso, el grupo de Serrat carece de pretensiones y la verdad es que la aventura dura poco más de un año y medio, porque cada uno tiene intereses distintos que los conducen hacia caminos distintos. Mientras el joven guitarrista empieza a componer sus primeras canciones por su cuenta, los otros tres toman conciencia de que la música no será un horizonte para ellos. Cuando el conjunto se disuelve, todos piensan que Joan Manuel debe buscar su camino en el mundo de la canción.

RADIO BARCELONA Y LA NOVA CANÇÓ

Este camino empieza en Radio Barcelona, que entonces dirige Manuel Tarín Iglesias, quien asume el cargo en 1963. Hace un año que Manuel Fraga ha accedido al Ministerio de Información y Turismo. Esta circunstancia supone una tímida apertura social. El periodista, precisamente, es hijo de la calle Murillo del Poble Sec. En su escalera viven un oficial de juzgado, un basurero y una carnicera, y se oyen de cerca los organillos del Paral·lel, donde rondan artistas de zarzuela, chulos, escritores y policías. Tarín escribe piezas teatrales para actores del bulevar como Paco Martínez Soria. Asimismo, funda la revista *Ondas*, a partir de la cual nacen los conocidos premios en 1954. En sus diez años al frente de la emisora se consolida un programa que encarga a un personaje polifacético, Salvador Escamilla. En esta época empieza a normalizarse el uso del catalán en antena.

Escamilla nace en Barcelona en 1931. Toca varias teclas de la comunicación: el teatro, la canción y la radio. Es actor de zarzuela y opereta y pone la voz como cantante a las bandas sonoras de películas musicales como *Mary Poppins* y *West Side Story*. Graba un puñado de discos con su trío Los Millonarios de la Canción, que llegan incluso a la gran pantalla, y también graba con la orquesta Maravella del maestro Lluís Ferrer, que obtiene un importante eco comercial fuera de España. Escamilla interpreta temas de Giorgio Duchi, como «Baby Night», que populariza en el mercado español el grupo Torquato e i Quattro, y del compositor estadounidense Paul Whiteman, como «Serenata de las mulas». Whiteman, director de orquesta y violinista, estrena en 1924 *Rhapsody in Blue*, que él mismo había encargado a George Gershwin. Su banda da a conocer al cantante Bing Crosby y al trombonista Tommy Dorsey.

El flamante presentador es una voz histórica de la radio en la ciudad y recibe numerosos premios a su intensa trayectoria. Fallece en Barcelona en 2008, a los setenta y siete años. Sin duda, el programa que le encarga Tarín tiene un tono personal que su condición de showman acentúa de un modo indiscutible. Lleva un título moderno muy propio de la época, *Radioscope*, con el que se consolida debido a la acogida inmediata y continua por parte de la audiencia. El espacio conecta con todas las emisoras de Cataluña y Mallorca y está dedicado básicamente a la música y la canción catalana. Empieza en 1964 y se emite hasta 1970.

Los amigos del conjunto de Serrat, quizá porque lamentan el fin de la aventura musical, le proponen que enseñe sus canciones a Escamilla. Él primero quiere que actúen todos juntos en la radio. Ir solo le da pereza, o siente timidez, o las dos cosas a la vez. Apenas tiene cuatro canciones propias en el repertorio. Pero el grupo, sobre todo Jordi Romeva, lo anima a dar el paso. A principios de 1965 pasa la prueba de fuego en el despacho del locutor y después en directo desde el estudio con presencia de público. Serrat canta los temas que ha compuesto hasta aquel día: «La guitarra», «El mocador», «Ella em deixa» y «La mort de l'avi», títulos que formarán parte de su primer disco.

A pesar de que el cantante sale desanimado de la primera intervención, Escamilla no duda de sus cualidades y lo contrata para que acuda a cantar en directo desde los estudios de la emisora. Cada semana le pagará por ello —250 pesetas por programa—, y así tendrá tiempo para componer nuevos temas. Serrat canta ante aquellos micrófonos durante tres años. El hecho de que sea un trabajo remunerado constituye todo un estímulo para un joven como él, porque hasta el momento ha desempeñado varios empleos para ganar dinero. Escamilla es la primera persona que catapulta la figura artística de Joan Manuel Serrat. Se convierte además en fan y amigo personal. El cantautor conservará siempre en el recuerdo al indispensable cómplice radiofónico de sus inicios.

Radioscope acoge también las voces de lo que se bautizará como Nova Cançó. Escamilla, no obstante, no circunscribe las actuaciones a los cantautores. El estudio Toresky, desde donde emite, se convierte en el escenario que enciende la rivalidad entre Los Mustang y Los Sírex, bajo la semblanza del choque que históricamente protagonizan The Beatles y The Rolling Stones. La disparidad se da más en el público que entre los miembros de ambos conjuntos, que siempre se comportan como buenos amigos. El fenómeno también se explica por una cierta provocación intencionada hacia los grupos de fans para obtener una publicidad suplementaria. Serrat ha seguido a estos conjuntos desde su más temprana juventud. En el cincuenta aniversario de Los Sírex en 2017, interpreta a dúo con su cantante, Leslie, «Muchacha bonita», un tema a paso de blues que elige entre el repertorio del grupo. De la actuación se edita un CD en el que también participa Santi Carulla, de Los Mustang.

La disputa que mantienen en la época estos conjuntos en Barcelona tiene paralelismos con los raptos de audiencia entre Los Bravos y Los Brincos en Madrid. Quien convierte a Los Brincos en ídolos de la juventud es su productora musical, Maryní Callejo, mujer pionera en España en este oficio. Callejo sale del Conservatorio de Madrid en 1950 a los diecinueve años, con la carrera de piano bajo el brazo, pero en lugar de adentrarse en el virtuosismo clásico funda el efímero conjunto Los Brujos, en el que el compositor asturiano Luis Gardey ejerce de vocalista. Callejo prosigue su labor en los estudios de grabación y se convierte en toda una experta. Trabaja también con Mari Trini, Marisol, Nino Bravo, Fórmula V, Los Relámpagos, Enrique y Ana, Rocío Dúrcal y Massiel. En los sesenta también destacan, entre otros, grupos como Los Canarios y Pop-Tops.

Ahora bien, Lone Star destaca por encima de todos ellos. Fundado por Pere Gené en 1958, después de cursar la carrera de piano en el Conservatorio del Liceu y de residir un año en Inglaterra, el conjunto empieza con versiones de Ray Charles y otros artistas y formaciones de actualidad. Cantan en inglés hasta que la discográfica les permite fabricar temas propios, algunos en catalán. Incluso se atreven con una versión de «El cant dels ocells». El grupo de Pere Gené, de raíz melódica, pone la primera piedra en España a la investigación sonora desde el jazz, que combinan con el soul, hasta que se adentran en el llamado rock progresivo.

Como pionera del pop rock en catalán, sobresale en los sesenta la formación Els Dracs con sus versiones de canciones inglesas e italianas. El escritor Ramon Folch Camarasa adapta para ellos buena parte de los títulos. Interpretan temas de The Beatles, Johnny Hallyday, Adamo y The Animals, con quienes coinciden en un concierto en Barcelona en 1965. El grupo británico se interesa por la versión catalana que Els Dracs hace de «The House of the Rising Sun» que Lone Star ha grabado en castellano en uno de sus discos. «La casa del sol naciente» es una pieza norteamericana folk del siglo XVI, que The Animals convierte en su canción insignia y que empieza a divulgar junto a Joan Baez.

Mientras, por el programa de Escamilla van pasando artistas como Raimon, Pi de la Serra, Sisa, Lluís Llach, Maria del Mar Bonet, La Trinca, Marina Rossell, Pere Tàpies, Guillermina Motta, Rafael Subirachs, Núria Feliu... El salto de Serrat de las ondas a los estudios de grabación es inmediato. Desde 1961 existe una compañía de discos en Barcelona, Edigsa, que nace como filial de un sello vasco, Ediphone. Escamilla acompaña a Serrat para que firme su primer contrato discográfico. En los primeros sencillos incluye el reducido repertorio, que crece paso a paso, y alguna versión ajena.

Un amigo de la calle es el primer sorprendido cuando se entera de que Serrat canta y graba discos. Tiene un tocadiscos, circunstancia poco corriente en los domicilios del barrio, y un día invita a una chica de Poeta Cabanyes a que vaya a su casa. Le pone un disco y le pregunta si conoce aquella voz. Se trata de la primera grabación. Todos los vecinos quedan sorprendidos por el hecho de que Joan Manuel —que continúa siendo Juanito— se dedique a cantar. Nadie puede creérselo. Jaume Sisa se entera del primer disco de su vecino por una carta que le envía su amigo Jordi Batiste —con quien coincidirá en el Grup de Folk, una formación musical efímera integrada por un sinfín de artistas de distintas procedencias—, mientras discurre su aventura musical por Francia. De regreso ya no vive en el barrio, pero cuando visita a su madre esta le confirma que el hijo de la maña (doña Ángeles) ha grabado una placa, según el lenguaje de la época.

La Nova Cançó se articula alrededor de un movimiento musical que aglutina poco a poco a los cantautores, los Setze Jutges. El grupo nace con la idea de construir un estilo de canción cantada en catalán para fomentar la cultura y la identidad. Un núcleo lleva a cabo actividades en el barrio de Sarrià de la ciudad. Se trata del escritor Lluís Serrahima, su esposa Remei Margarit y el catedrático y crítico de cine Miquel Porter Moix, amigo del matrimonio, que regenta una librería y dirige en Sants el grupo Teatre Viu desde 1956. Serrahima y Porter toman el tren de Sarrià cada día de regreso a casa. Aprovechan el trayecto para hablar de sus cosas, y ahí surge la idea de articular una crónica entre tierna e irónica de lo más cotidiano que los rodea. Así encuentran en la canción el vehículo adecuado a sus intenciones.

De repente empiezan a componer sus melodías, les ponen letra y las cantan. Les atraen la canción francesa de resistencia y cantantes como la parisina Barbara, que se inicia en los cabarets belgas tocando al piano piezas de Édith Piaf y Juliette Gréco y que recibe la influencia de Mireille Hartuch y Charles Trenet. Se reúnen los jueves por la noche con el propósito de no irse a dormir sin haber esbozado una canción. Desechan lo que oyen por la radio porque no les convence y empiezan a versionar temas de góspel norteamericano y a musicar poemas, básicamente de Joan Salvat-Papasseit y Pere Quart. Precisamente a partir de un prototipo de espiritual negro, «Jeepers Creepers», se articula el «Tema dels Setze Jutges», que el arreglista Francesc Burrull versiona en un disco de 1965. «Jeepers Creepers» es obra de Harry Warren, el primer compositor de canciones que se centra específicamente en el cine. El tema en cuestión forma parte del repertorio de Louis Armstrong y Frank Sinatra.

Así como entre los Setze Jutges prevalece el espíritu autodidacta, hay casos como el de Remei Margarit, cuyo padre es un gran melómano. Son diecisiete hermanos, ella la más joven, y todos tocan al menos un instrumento. Remei estudia piano con Maria Canals y cursa seis años de violonchelo en el conservatorio. A la rama de Sarrià se une otro miembro fundamental en el arranque del movimiento, Josep Maria Espinàs, prolífico escritor que se expresa exclusivamente en catalán. En 1954, de paseo por Biarritz, le llama la atención el anuncio de un recital de canción a cargo de un tal Georges Brassens. La actuación y el intérprete le impresionan.

Allí, en el casino, escucha por primera vez «Auprès de mon arbre», un tema cándido e inocente, lejos de otros títulos irónicos e incluso provocativos del cantautor francés. Al cabo de un año consigue un primer disco del artista occitano. Espinàs valora el nivel poético del intérprete e intuye que su repertorio puede ser fácilmente adaptado a la lengua catalana, sobre todo porque en sus versos abundan los monosílabos, tal como ocurre en el idioma al que deben ser trasladados. Pronto se pone manos a la obra y traduce varias canciones que graba en un disco sencillo en el que consigue incluir tres títulos en la cara A, «El vent» («Le vent»), «L'oca d'en Roca» («La cane de Jeanne») y «El paraigua» («Le parapluie»), y dos títulos en la cara B, «Marineta» («Marinette») y «La pregària». Brassens encaja en la música de esta pieza dos poemas distintos: «La prière», de Francis Jammes, e «Il n'y a pas d'amour heureux», de Louis Aragon. Espinàs publica el EP en Ediphone-Edigsa en 1962 con un precario acompañamiento de guitarra.

A raíz de este disco, surge la idea de que el intérprete occitano cante en catalán. Incluso personas próximas a él lo expresan en una carta a Espinàs, pero no pasa de ser un deseo. En cambio, Brassens canta en más de una ocasión en castellano y especialmente Paco Ibáñez interpreta numerosos temas del francés, traducidos por Pierre Pascal. Entre los títulos que el cantante valenciano incorpora a su repertorio destacan «La mala reputación» («La mauvaise réputation»), «Tengo una cita con usted» («J'ai rendez-vous avec vous»), «El testamento» («Le testament»), «Canción para un maño» («Chanson pour l'Auvergnat») y «La pata de Juana» («Le cane de Jeanne»). Ambos cantautores coinciden incluso en el estudio en 1980, durante la grabación del doble disco *Brassens chante les chansons de sa jeunesse*.

El debut de Els Setze Jutges puede situarse en 1961 en el Centre d'Influència Catòlica Femenina de Barcelona, aunque la Cova del Drac se convertirá en el local donde actuarán habitualmente. El pequeño escenario de los sótanos no es tan solo un escaparate para los miembros de la Nova Cançó, sino también para pequeños espectáculos de cabaret y para Albert Boadella que con los primeros Joglars ofrecen sesiones de pantomima. La mayoría de los cantantes no tienen demasiadas habilidades musicales, ni como compositores ni como instrumentistas. Cada uno busca su propio camino a partir de las aptitudes personales.

Serrat se une al grupo a través de Escamilla y de Edigsa. Para las grabaciones cuenta con arreglos de cierta apariencia a cargo de músicos profesionales, pero en los recitales en directo debe contentarse con poner el pie encima de una silla para acompañarse con la guitarra. El contraste con los demás reside en el magnetismo de su voz y la calidez de sus composiciones. Mientras Rafael Subirachs y Lluís Llach se esmeran en el dominio del piano, Quico Pi de la Serra ha empezado unos años antes, en 1962, como guitarrista de Miquel Porter Moix. Es el instrumentista más experimentado de la Nova Cançó. Ya es habitual que un vecino sea casi siempre quien enseñe los primeros acordes a los aprendices, y así ocurre cuando el joven agarra la guitarra que sus padres han regalado a su hermana y que a ella no le interesa para nada.

Pi de la Serra hace buenas migas con Serrat. Han cantado temas el uno del otro. El cantautor del Poble Sec tiene una versión de «L'home del carrer», que su compositor también graba con el guitarrista de jazz belga René Thomas. A Serrat y Pi de la Serra los une la misma complicidad vital y comparten gustos e ideales básicos. Pi de la Serra, quizá, exhibe un comportamiento más gamberro. En sus años de estudiante le expulsan de las academias, incluso del conservatorio donde sus padres lo matriculan al comprobar su inclinación artística. Cuando saborea la juventud, el inquieto cantautor vive a pleno rendimiento por la noche y duerme de día. También en sus letras se expresa de forma irreverente, con una crudeza de vocabulario.

Aunque no alcanza la popularidad de Serrat, el artista actúa por Europa y América. Admira de su amigo del Poble Sec la capacidad de aprovechar el tiempo, la habilidad demostrada a la hora de venderse como autor, y confiesa sin pudor que le gusta fijarse en él para aprender más sobre el oficio común. Los orígenes de Pi de la Serra también están en Brassens. De hecho, su primera canción la escribe en francés. Su interés por la música es ecléctico, desde la amistad que contrae con el italiano Paolo Conte —con quien actúa en 1985 en Barcelona— hasta el interés por el sitar, instrumento del que toma clases del célebre músico hindú

Ravi Shankar, o la pasión que siente por las investigaciones sonoras del alemán Stephan Micus.

No obstante, si un género distingue a Pi de la Serra es el blues, este lamento musical que los negros de África exportaron a Luisiana. El formato del blues no es sofisticado y resulta más accesible que el reggae o la salsa. El músico catalán se inclina por esta semilla que alimenta al jazz, del que se empapa asistiendo a los conciertos en la sala Jamboree de Barcelona. Durante un tiempo acostumbra a componer un blues semanal. Ninguno se parece a otro. Todo empieza para él el día que le llega el eco de un compositor de Misisipi, Big Bill Broonzy. Se fija en su «Hey, Hey, Baby», de 1952, año en que Broonzy ya está en Chicago con Papa Charlie Jackson, pionero del género.

El primer elepé de Pi de la Serra, de 1967, lleva por título estrictamente su nombre, pero la factura acústica es fruto de un trabajo que, de algún modo, repercutirá en los discos posteriores de Serrat. Primero, porque los arreglos son obra de Ricard Miralles, que pronto se montará en la locomotora del cantautor del Poble Sec y se convertirá en combustible crucial de su arranque. Y, después, porque este trabajo con Pi de la Serra supone para Miralles un giro en su carrera artística, de la que hablaremos detalladamente en un capítulo posterior. Que Pi de la Serra sea el puente entre Miralles y Serrat —puesto que un día los pone en contacto— no es anecdótico, teniendo en cuenta que en este primer disco se constata una madurez tímbrica del arreglista que alcanzará todo su esplendor en el transcurso del largo viaje junto al trovador catalán, que ya en sus inicios deja entrever su virtud natural como poeta y músico.

Guillermina Motta es de las pocas mujeres que se apuntan a los Setze Jutges. Sin precedentes musicales en la familia, desde que tiene cinco años, e inducida por los padres, estudia piano y solfeo con una profesora que acude a su domicilio, pero ella agarra la guitarra que le regalan de adolescente y empieza a componer. De pequeña aborrece a las monjas porque no la dejan hablar. Ya jovencita, todo empieza precisamente en casa de Pi de la Serra, donde en 1963 la invitan a cantar un día y automáticamente la incluyen en un recital del fin de semana siguiente.

La chica da un toque de sal y pimienta al movimiento con su mirada pícara y cuando aparece con pose de niña traviesa con calcetines de colores y trenzas, ante los canónigos de más edad como Espinàs y Porter Moix, que desprenden un aire profesoral. Guillermina Motta adapta temas de la francesa Anne Sylvestre —*alter ego* suyo sin duda—, y de Barbara y Brel. Es una cantante letrada, no solo porque estudia Filosofía y Letras, sino porque muestra preferencia al mismo tiempo por Joan Salvat-Papasseit y por Boris Vian, con toda naturalidad. De este destacado poeta y músico francés, versiona el tema «Fais-moi mal Johnny» («Fes-me mal, Johnny»). Serrat, entre algún otro tema musicado por ella, graba en 1996 «Cançó del desig farsant», sobre un poema de Josep Maria de Sagarra.

También son célebres títulos suyos como «Els esnobs» o «Digueu-me per què». Motta, que también hace incursiones en el teatro, la radio y la televisión, es el personaje heterodoxo de los Setze Jutges, por el hecho de que se lanza sin complejos hacia el cabaret y el rescate del cuplé catalán y porque imprime un estilo de dicción musical que la hace inconfundible. Rescata asimismo los populares cuplés «Remena nena», de Josep Maria Torrents, y «El vestir de Pasqual», de Joan Viladomat —popularizado también por Núria Feliu—, dos títulos que están en el repertorio histórico de la polifacética Mary Santpere. La ecléctica intérprete adora disfrutar indistintamente de Beethoven, de Leonard Cohen o de un tango.

Un cantautor que no se adscribe a los Setze Jutges pero que con el tiempo afianzará amistad y sintonía personal con Serrat es Raimon, a pesar de que cultivan estilos muy distantes, tanto de temática como de estructura musical. El cantautor valenciano valora desde su punto de vista la carrera musical del catalán y no sabe distinguir con cuál de sus canciones se queda. En una supuesta antología quizá estarían todas. Para fijar algunos títulos, destaca «Cançó de matinada» y, como amante de la poesía, el trabajo que dedica a Antonio Machado.

Como buen comunicador, Raimon abre el abanico de sus gustos sonoros hacia todos los ámbitos, desde los clásicos, con Mozart al frente, hasta los cuartetos de Beethoven y la música de cámara en general. También sigue con interés a sus compañeros de oficio, en catalán y castellano, y escucha todo tipo de canción moderna, sea francesa, americana, inglesa o portuguesa. Raimon empieza a ser conocido por un grito de juventud que compone mientras viaja en moto. «Al vent» dibuja unas sensaciones instintivas cargadas de adrenalina y contagia un idealismo extrovertido que enciende el aplauso de las juventudes universitarias.

En sus inicios, coincide un día con los impulsores de Edigsa, que lo invitan a grabar en sus estudios y tiene que apresurarse porque no dispone aún de suficientes temas para llenar en 1963 un disco sencillo de cuatro canciones. A Serrat le ocurre lo mismo dos años después, cuando tiene que ir incrementando la lista de nuevas canciones para sus primeros discos. El cantautor valenciano toca el flautín de niño en la banda municipal de Xàtiva, su ciudad natal, y mantiene un estilo propio a lo largo de su carrera, en la que destacan sus composiciones sobre poemas de autores diversos, de Ausiàs March a Salvador Espriu. Actúa por Europa, América y Japón y se retira de los escenarios en 2017.

Serrat alcanza la consagración dentro de los Setze Jutges en el Palau de la Música Catalana en 1967. Allí protagoniza toda la segunda parte. Para él el grupo ha significado una referencia porque le ha permitido el aprendizaje en el oficio, pero llega un momento en que se le hace pequeño y empieza a actuar solo por su cuenta. Este mismo año, Lluís Bonet Mojica, un periodista que sigue al cantautor desde sus inicios, lo entrevista en el piso fami-

Raimon y Serrat mantienen amistad y sintonía personal al cabo de los años,
aunque cultivan estilos distantes. Núria Feliu, en medio de ambos en los años sesenta,
fue de las primeras voces que versionó temas del cantautor del Poble Sec.
Foto de Oriol Maspons, © Archivo fotográfico Oriol Maspons, VEGAP, Barcelona, 2024.

liar de Poeta Cabanyes. Ya entonces, según escribe, Serrat es toda una figura. Lo es tanto que cobra tres mil pesetas por recital.

Un músico marca un cambio de rumbo en la carrera del cantante, Jesús Peyrón. Conocido con el nombre artístico de Jesús Moreno, se forma en los ambientes jazzísticos del Paral·lel en los años cuarenta y trabaja un tiempo en el cabaret Tropicana de La Habana, a partir de 1953. En 1968 se convierte en el primer director musical de Serrat durante una gira organizada por Ricardo Ardèvol que arranca en el teatro Principal de Lleida con un lleno total. Hasta el momento el cantautor tan solo se acompañaba con su guitarra. Moreno monta la orquesta con la que recorren Cataluña, con un cartel de artistas al que se suman Núria Feliu, Glòria, las Hermanas Ros y el propio Salvador Escamilla. El polifacético instrumentista los acompaña a todos. De regreso, a menudo se reúnen en su casa, a las dos de la madrugada, donde Peyrón cocina espaguetis para el elenco. Serrat conserva una imagen mágica de él, como hombre tierno y pícaro al mismo tiempo.

Aunque la Nova Cançó queda atrás, pasados los años, en 1996, a partir precisamente de una canción de Raimon, «D'un temps, d'un país», Serrat da a conocer uno de los trabajos más minuciosos de su trayectoria. Repasa en un doble disco lo que él llama «banda sonora de la canción catalana entre 1962 y 1975». Naturalmente, interpreta este emblemático tema del cantautor de Xàtiva, en esta ocasión acompañado por un coro infantil. El canto consigue simbolizar la consagración de una epopeya colectiva.

La mayoría de los treinta y dos temas de sus compañeros que Serrat graba expresamente pertenecen a los componentes de los Setze Jutges, grupo disuelto en 1968. De algunos ya hemos dado referencia. Del resto, cabe destacar «No trobaràs la mar» y «Què volen aquesta gent?» de su amiga y cómplice mediterránea Maria del Mar Bonet. Las primeras canciones de Serrat que escucha la mallorquina son «La tieta» y «Ara que tinc vint anys». Actúan juntos varias veces. En 1967, en una gira conjunta por Mallorca.

Después ella tiene la oportunidad de verlo en México y apreciar la calidez con que le trata el público. Maria del Mar Bonet, con su voz envolvente y sosegada, ha cantado diversos temas de Serrat, sola y en compañía de él, tales como «Cançó de l'amor petit» y «La rosa de l'adeu».

En el disco de repaso a la Nova Cançó, resulta atrevida, por destripada, la versión serratiana de «L'estaca» de Llach, mientras en «El melic» de Enric Barbat (a quien conoce durante las milicias), en «Quan érem infants» del psiquiatra Delfí Abella (que hizo sus pinitos como cantautor) y en «Blues en sol (cantat en mi)» de Guillem d'Efak (un guineano afincado en Mallorca) los arreglos responden a la ortodoxia. La gran mayoría los firma Josep Mas, Kitflus, que proyecta en la obra discográfica un ambicioso abanico de sonidos multicolor. Entre el resto de los amigos a los que rinde homenaje cantando sus temas, Serrat hace suyos «Perquè vull», del malogrado Ovidi Montllor, cantautor que sabía deambular por el vals y el tango con suma autoridad; «Noia de porcellana», del inclasificable Pau Riba, lamentablemente también desaparecido, y «El setè cel», de Sisa. Riba y Sisa forman parte de una galaxia ajena a la formalidad de la Nova Cançó. Mientras los veteranos de los Setze Jutges desprenden una imagen didáctica y se presentan en el escenario trajeados —incluso Serrat y Pi de la Serra usan corbata en aquellos recitales—, los intérpretes roqueros lucen melenas mal peinadas y consumen porros y otras sustancias, sin esconderse de nada. No obstante, Serrat mantiene con ellos una sintonía fiel, que es correspondida. A Sisa le gusta de su vecino «El horizonte», un canto a lo inalcanzable, que forma parte del álbum *Cada loco con su tema*. Además, canta y graba varios temas serratianos, «Me'n vaig a peu», «Perquè la gent s'avorreix tant»... Esta última, concebida en una inusitada pócima sonora rompedora. Riba elabora una versión personal de «Balada per a un trobador», en el triple álbum de cantantes catalanes titulado *Per al meu amic Serrat*, objeto de atención en un capítulo posterior.

Sisa y Riba han pertenecido al Grup de Folk, que se dedica un tiempo a rescatar melodías populares para darles un aire de fiesta y actualidad, a semejanza de lo que se hacía en otros países de Europa y de América. En este contexto debe entenderse la versión que el cantautor del Poble Sec incorpora en el doble disco de «Roseta d'Olivella», un tema que glosa el amor y el desamor, envueltos entre la expresión de un erotismo espontáneo y la inevitable ceremonia del adiós. El amplio espectro de músicos del Grup de Folk, que se reúnen para recuperar y versionar canciones folclóricas indistintamente en catalán y castellano, tiene un precedente en otra formación.

Se trata de Els 3 Tambors, que graban tan solo un par de discos sencillos, pero venden muchas copias. Lo forman los hermanos Jordi y Albert Batiste, Gabriel Jaraba y Josep Maria Farran. Jordi Batiste y Josep Maria Clua —bajo el nombre de Ia & Batiste— dejan huella en el pop y el llamado rock layetano catalán. Jaraba vive en el Poble Sec. A menudo, él y Serrat vuelven juntos a casa tras participar en el programa de Escamilla. Después se dedicará al periodismo escrito y desempeñará cargos directivos en la televisión autonómica catalana. Entre los primeros temas de Els 3 Tambors, destaca «Romanço del fill de la vídua», unos versos de Pere Quart en el que el grupo encaja la música de «Tombstone Blues», de Bob Dylan. Entre las rimas satíricas, el poeta cita a Serrat y Raimon como personajes populares de la época. No es su única caricatura de la figura del barcelonés pijo y acomodado. Pere Quart también es autor de «El burgès», cuyas cuartetas pasan por la trituradora de Pi de la Serra.

ESCRITURA Y MAGNETÓFONO

La recuperación del cancionero tradicional, sin duda, está asociado al arranque de la Nova Cançó y a todos estos grupos que hemos mencionado. Serrat también participará en esta tarea de reivindicación patrimonial, pero antes conviene seguir sus pasos como descubridor y aprendiz de un oficio, cuya arquitectura irá tomando cuerpo hasta dar el salto hacia el mundo profesional, con más rapidez que demora. Una cosa es incorporar el pasado folclórico y versionar obras de autores ajenos y otra es fabricar músicas y letras propias para ir alimentando el repertorio.

Aunque es arbitrario clasificar a los músicos por las tareas específicas que ejecutan, se puede hablar de tipos distintos según su función: el compositor, el arreglista, el instrumentista... Algunos son diestros en todos estos campos. Los cantautores, en general, no tienen formación académica de conservatorio, pero dominan con más o menos conocimientos las habilidades descritas. Los músicos de partitura escriben las ideas musicales en un pentagrama, mientras los otros toman notas en una libreta, cantan las melodías que les van surgiendo acompañándose con la guitarra y utilizan un magnetófono para fijarlas. Posteriormente, con los ordenadores, unos y otros experimentan un rápido avance con programas informáticos adecuados a cada necesidad.

Lo más interesante de la experiencia musical son los viajes transversales de una clase de músicos a otra, y de un estilo a otro; es decir, el interés simultáneo por Shostakóvich y Duke Ellington, por no decir Händel y Piazzolla. Una constante de este lenguaje que ilumina a toda la humanidad como los rayos del sol es la repetición. A menudo, en música, como en cualquier manifestación cultural o artística, las repeticiones cansan, pero en la canción son indispensables. Hay que dosificar, eso sí, la frecuencia con que los pasajes vuelven a nuestros oídos. Las repeticiones en el lenguaje musical son como las perífrasis de los narradores del boom sudamericano, que suministran la dosis de sal exacta que no transmite una frase corta y aséptica.

Una canción suele estar estructurada en estrofas separadas por la visita del estribillo. Es verdad que los cantautores, y especialmente Serrat, rompen a menudo esta prerrogativa, pero generalmente esta pauta se convierte en el camino que escogen para elaborar sus composiciones. El cantautor del Poble Sec empieza a escribir canciones cuando toca en aquel grupo efímero que comparte con sus amigos universitarios y de milicias. Espera un tiempo a que alguien cante alguno de aquellos temas hasta que empieza él, porque nadie se anima. Nunca siente la necesidad de estudiar música, aunque quiere entender y dominar las armonías, así como perfeccionar el manejo de la guitarra. Adentrarse solo en la teoría obstruye la imaginación y da lugar a un tipo de músico envarado. En cambio, el intérprete con conocimientos limitados transmite frescura. En todo caso, al que opta por estudiar los manuales de teoría le conviene respirar aire fuera de los conservatorios.

Fabricar una canción no es un trabajo entendido como tal para Serrat, aunque sí un juego trabajoso. Desarrollar una idea inicial puede comportar incluso cierto dolor. Y si no, paciencia. Para culminar una canción se necesitan años, quién sabe si toda una vida artística. Nada es fácil en este proceso. Al cantautor le resulta contradictorio que algo le salga demasiado rápido. No cree en las vacaciones, aunque le gusta descansar. Cuando se pone manos a la obra empieza sentado en una silla, enciende la cinta grabadora y va guardando una copia sonora de sus materiales. Al mismo tiempo ha escrito un esbozo de versos a partir de un tema determinado. La mayoría de las veces empieza por la letra y después acopla la melodía, pero no es inhabitual partir de una tonada perfectamente desarrollada para ir encajando las palabras precisas. Al final no hay dilema entre letra y música, siempre manda la canción. Los arreglistas de Serrat explican que cuando acudía a preparar la grabación de sus primeros discos tenían que modificar muy poco el esquema básico de las piezas que traía bajo el brazo.

Es temerario en arte hablar de creación porque, lejos de concebir una obra desde la nada, el artista descubre a partir de su mundo distintos elementos que ya forman parte de la naturaleza. Descorre un velo y todos los materiales están ahí. El arte consiste en seleccionarlos y combinarlos. Con la música ocurre lo mismo. Sí que es necesario, en cambio, establecer procedimientos, un cierto método, que en el caso de Serrat es personal e intransferible. El método debe conducir a alcanzar el fin que se persigue. Si no es así, hay que saltarse el método y buscar otro. Con los años, Serrat establece unos parámetros —melódicos y rítmicos— que le funcionan. Son fórmulas muy abiertas que le proporcionan una riqueza estilística en la que puede escoger el mejor molde para cada hallazgo.

Del mismo modo, la inspiración cambia de camisa. Básicamente se empieza por pegar los codos a la mesa y pasar horas de trabajo ordenando aquello que ha surgido en la búsqueda. Si al final todo cuadra, la inspiración habrá sido exitosa. Si no es así, hay que cambiar de inspiración. Es decir, empezar de nuevo con los codos sobre la mesa. Uno sabe que la canción tiene un principio y un final, y que se mueve en torno a los tres minutos de duración, aunque a veces estirando el hilo se consigue romper este corsé para construir historias deliciosas de siete minutos, como ocurre en buena parte del repertorio serratiano. Sabiendo esto, el cantautor ya tendrá una parte de camino recorrido. Dispone al menos de un recipiente en el que puede preparar cualquier receta.

Cuando la canción está perfilada, Serrat acostumbra a ponerla en tela de juicio. Esto consiste en enseñarla en pequeños círculos. Un día al atardecer Joan Manuel visita a Remei Margarit en su casa mientras ella da el biberón al hijo que acababa de nacer. Allí le muestra sus primeras canciones. Otro día, a ella y a su marido les canta «La guitarra» y «Sota un cirerer florit». En los conciertos de los Setze Jutges suelen intervenir en una misma sesión tres o cuatro de sus miembros. Los que no cantan están sentados al fondo del escenario. A Serrat le hacen cantar al final porque es quien recibe más aplausos. En una ocasión, mientras esperan el inicio del recital, Serrat conduce a Remei Margarit hacia un rincón del teatro porque quiere cantarle una canción que acaba de terminar. Gracias a este gesto, fue una de las primeras personas que oyó de sus labios «Cançó de matinada». Le pareció magnética.

Este tema formará parte del tercer disco del músico de Poble Sec. Jaume Sisa también recuerda que un domingo por la tarde estaban en el piso de los hermanos Batiste, donde ensayaban aprovechando que no estaban los padres. De repente se presenta Serrat y también les canta el nuevo tema. Otros oyentes privilegiados fueron Guillermina Motta y Pi de la Serra. Serrat los reúne en casa de ella y después de interpretarla les pregunta su opinión. A Guillermina le encanta, y Pi de la Serra le manifiesta sin rodeos que no le gusta nada. Al cabo del tiempo, la canción es objeto de varias versiones, entre las que destaca la del grupo de folk Falsterbo.

«Cançó de matinada» evoca la madrugada en un entorno rural. El paisaje descrito conlleva cierta carga costumbrista, pero las palabras del cantautor llegan cargadas de poesía. Se ha relacionado el origen de la canción con los amaneceres que Serrat contempla mientras monta guardia durante el servicio militar. Los versos tienden a los endecasílabos, un formato largo tratándose de una canción. Así describe la humedad del rocío, presente en otros temas suyos, el duro trabajo del pastor, la rutina del campesino y las ancianas de la aldea que van a misa mientras asoman los primeros rayos de sol. El breve estribillo se alterna con las meticulosas estrofas, cuyo sonsonete recuerda al desarrollo de un canto gregoriano. «Cançó de matinada» al cabo de su carrera es una de sus canciones preferidas.

5

La construcción de un estilo

Béla Bartók fue un pionero en la investigación de las raíces de la música popular, junto a su compatriota Zoltán Kodály. A partir de 1908 recorrió pueblos recónditos de Hungría con un rudimentario fonógrafo y anotando en el pentagrama lo que le cantaban los campesinos, a los que, si era necesario, les pagaba unas monedas. También extendió sus estudios sobre el folclore de Eslovenia, Rumanía, Turquía y parte de los países árabes. No rehuyó nunca ningún tipo de fuentes al recopilar melodías y canciones, solo procuraba que fueran limpias y sanas y que le llegaran con frescura. Serrat conoce los trabajos etnomusicológicos del compositor húngaro y tiene presente el camino que trazó porque se identifica en muchas de sus conclusiones.

Este interés corrobora la idea expuesta de que en arte no se inventa ni se crea nada, sino que las ideas surgen de materiales preexistentes y se transforman con más o menos gracia, conforme a las habilidades del artífice, en nuestro caso del cantautor. Bartók recuerda que ningún título de Shakespeare corresponde a un argumento fruto de su imaginación, de la misma forma en que Molière acude a obras ajenas e incluso copia versos íntegros de otros si le conviene. El dramaturgo francés no distingue entre apropiarse de un bien o encontrarlo, una circunstancia que considera secundaria. Más en su terreno, el músico húngaro asegura que un determinado oratorio de Händel no es más que una reelaboración —magistral e incluso superior— de una obra de Alessandro Stradella, un compositor barroco anterior. Johann Sebastian Bach, a su vez, trabaja con elementos empleados por sus predecesores, como pasa en la *Pastoral* de Beethoven y en piezas de Stravinsky, que ni se molesta en diferenciar si lo suyo es original o tomado, ya que lo define como propiedad espiritual. En todos los casos es necesario tener talento, si no el juego es infructuoso. El compositor ruso opinaba que las supuestas invenciones corresponden a imitaciones del canto popular llevadas a cabo con habilidad, en el sentido de que no es cuestión de copiar directamente, sino de adaptar el lenguaje en cuestión para conseguir la atmósfera deseada. Georges Bizet, pensando que se trataba de un tema popular anónimo, adaptó la habanera «El arreglito», del compositor vasco Sebastián Iradier, para su ópera *Carmen*. Iradier, autor asimismo de «La paloma», la había escrito años antes durante su estancia en Cuba.

La canción de cuna es uno de los susurros primigenios de la humanidad. Las madres cantan a los bebés recién nacidos para que se duerman. Joan Manuel Serrat escribe muy pronto una nana. Su «Cançó de bressol» es de 1967. En la pieza articula un canto a la tierra de su madre, a su abuelo enterrado en un barranco y a la lejana infancia. También es la primera canción en la que usa la lengua materna, el castellano. Estamos ante los pocos temas en que el cantautor incorpora los aires de la jota aragonesa, alternados con frases musicales de naturaleza más recitativa. No obstante, Serrat conoce un sinfín de jotas populares de la tierra de su madre. En la intimidad, se suelta sin freno y las canta una tras otra. «Cançó de bressol» es una nana tan envolvente como los cantos de las madres a los hijitos que están en la cuna. Después, cuando las civilizaciones tienen necesidad de festejar cualquier tipo de acontecimiento —unas nupcias, la cosecha…—, aparece la danza. Es una forma de expresión colectiva. En la danza confluyen ritmo y música. Estos son los principales ingredientes de un lenguaje que nace como sello de identidad cultural y, sobre todo, como sistema de relación social.

LA CANCIÓN TRADICIONAL

En el primer tercio del siglo XX cabe tener en cuenta a Agapito Marazuela como investigador pionero del folclore español, además de virtuoso de la dulzaina e intérprete de guitarra clásica. El folclorista rescata sobre todo en Castilla músicas en vías de extinción, desde rondas hasta romances, jotas, canciones religiosas e infantiles, además de realizar anotaciones de ritmos diversos. Después de él destaca la figura de Manuel García Matos, como músico integral y recolector de canciones de toda España. García Matos publica en 1960 una antología que recoge patrimonio de cada territorio: Castilla, Galicia, Canarias, Andalucía, Navarra, Valencia, Cataluña, Aragón, León, Extremadura, Asturias, Baleares y País Vasco. También merece atención la labor de Joaquín Díaz, folclorista que empieza cantando con su guitarra en ámbitos universitarios en los años sesenta y se interesa por la cultura popular y la música sefardí. Díaz divulga los hallazgos a través de conferencias por Europa y Estados Unidos.

Son trayectorias que se pueden comparar con la de Bartók. También con la tarea que llevó a cabo Felipe Pedrell en el campo de la musicología española, y con la de los folcloristas norteamericanos Alan Lomax y el padre de Pete Seeger, del que ya hemos hablado. Todos estos investigadores remiten a la figura de Joan Amades, etnólogo y folclorista catalán, que publica a finales de los años cuarenta un cancionero con un centenar de títulos del patrimonio musical popular de Cataluña. Tiene los primeros contactos con la cultura obrera en el barrio donde nace, el Raval de Barcelona. Ejerce de librero de segunda mano en un mercado de anticuarios, lo que le brinda una formación autodidacta.

Como miembro activo del legendario Centre Excursionista de Catalunya, empieza a anotar versos y canciones a partir de testigos orales. Con el tiempo, Amades configura a partir de 1952 el *Costumari català*, un compendio de cinco volúmenes en los que recopila las tradiciones del país. Además, es un destacado defensor del esperanto, esta especie de idioma utópico universal, que puede asimilarse a este otro lenguaje nada utópico —la música— que consigue hermanar fronteras de forma natural.

El espíritu de Amades revive años después, desde 1976 y hasta la actualidad, en el investigador musical Artur Blasco, que rescata la labor de los acordeonistas del Pirineo y se sumerge en la recopilación del patrimonio musical de montaña con trabajos de campo debidamente publicados en una serie de volúmenes. El pedagogo y compositor Joaquim Maideu, asimismo, es autor en 1992 de una crestomatía de canciones populares bajo la óptica de la Escola de Pedagogia Musical, fundada en 1974 por el padre Ireneu Segarra de Montserrat, que impulsa un método propio de aprendizaje basado en las pautas que sentó Zoltán Kodály en Hungría. En su momento, al director coral Oriol Martorell también le llama la atención este pasado musical y escribe el prólogo del disco que Joan Manuel Serrat dedica a las canciones tradicionales en 1967. Martorell es hijo de un reputado pedagogo y forma parte del movimiento Scout. Realiza estudios musicales con Eduard Toldrà, con quien mantiene una estrecha relación a partir de los años cincuenta. Toldrà a su vez es maestro de Antoni Ros Marbà, que firma los arreglos del álbum de Serrat.

Aunque el concepto de canción catalana es amplio —si juntamos las aportaciones de los Setze Jutges con los tradicionales villancicos, las sardanas cantadas más populares y algunas tonadas folclóricas de culturas vecinas—, el cantautor del Poble Sec se sumerge tan solo en el cancionero popular, del que se seleccionan diez temas a partir de un fondo patrimonial infinitamente rico. Además, afronta el reto desprovisto de intenciones arqueológicas y sin ningún ánimo de trascendencia. Por definición no existe autoría en las canciones arraigadas en los tiempos pasados. Serrat consigue en el disco este matiz de anonimato que convierte el repertorio en una propuesta creíble, es decir, culta y asequible al mismo tiempo. El disco no solo obtiene un notable eco popular, sino que cuaja entre los compañeros de profesión. Maria del Mar Bonet reconoce que la recopilación es como una biblia para ella.

Serrat continúa ofreciendo algunos temas del álbum en sus recitales a lo largo de los años, como es el caso de «El ball de la civada», una danza cantada que supone todo un descubrimiento en el momento en que aparece el disco. Entre los títulos de canciones tradicionales destacan «La presó de Lleida» y «La cançó del lladre». Las demás basculan entre el desengaño y el lamento, además de transmitir la autenticidad de antaño. Los arreglos de Ros Marbà consiguen vestir el trabajo sin resplandecer por encima de las canciones, cualidad óptima en una orquestación de este tipo, ya que la musicalidad que desprenden no está reñida en absoluto con la modestia buscada en el planteamiento.

Serrat tiene una vena como compositor que entronca con la canción y la música tradicional catalana. Ha crecido con las coplas de la radio, pero pronto este otro legado le resulta familiar. Compositores anteriores han dejado constancia de tal raíz autóctona. Partiendo de cierto estilo que inaugura Clavé en el siglo XIX y que continúan Enric Morera, a partir del nuevo siglo, y Eduard Toldrà, después, el cantautor del Poble Sec maneja con propiedad el dibujo melódico tranquilo y descriptivo que puede homologarse a ellos. El ejemplo más ilustrativo está en «El falcó», sobre un poema de Josep Carner. También sucede en las músicas con las que viste a poetas como Josep Palau i Fabre y Pere Quart, e incluso en dos piezas exclusivamente suyas como «Els falziots» o «Pare». El cantautor se siente cautivado por la capacidad de volar de las aves en varios de estos temas, mientras que «Pare» constituye un desgarrado lamento por una naturaleza en la que ya no habrá ni pájaros, ni bosques, ni ríos. Serrat elabora el canto con saltos de cuarta y quinta sobre una doceava, que, como curiosidad, el pianista puede ejecutar solo con las teclas blancas.

«Vaig com les aus» —poema de Palau i Fabre que también respira el aire de Toldrà en la composición de Serrat— llama la atención de Pep Sala e Ia Clua, guitarrista artífice del pop rock catalán, que la ofrecen en una versión a dúo. Sala y Carles Sabaté, en el momento que integran el grupo Sau, famosos por su «Boig per tu», cantan junto a Serrat «Pare», que también ocupa un surco en un disco recopilatorio con la voz atractiva de Marina Rossell, una de las pocas artistas que se emancipa de la etiqueta de la canción militante en catalán. Sílvia Pérez Cruz, cálida voz de una nueva generación, interpreta el tema en un acto público en presencia de Serrat, y la jovencísima Queralt Lahoz, nacida en Santa Coloma de Gramenet y de familia granadina, sorprende con «Pare», en un acto público de reconocimiento al cantautor, desde su raíz flamenca aliñada de boleros. Los fraseos de estas canciones dibujan el arquetipo de tonada apuntado. En algunos casos el formato recuerda el lied clásico y, en otros, al canto tradicional de la tierra.

Otros autores de la Nova Cançó rinden homenaje al cancionero popular. El más destacado es Rafael Subirachs, nacido en Vic, cuyo padre fue alumno de Lamote de Grignon en el Liceu y dirigió la banda municipal de su ciudad. De niño recibe formación clásica en la Escolanía de Montserrat. Subirachs dedica todo un álbum a rescatar piezas patrimoniales. Se le conoce por la versión de «Els segadors», que constituye el himno de Cataluña, aunque él lo presenta en la versión original, «Catalunya, comtat gran», en el memorable Festival de Canet de Mar de 1975. A pesar de la utilización patriótica, en un origen, «Els segadors» fue una canción de contenido erótico. En este disco, donde recupera piezas desconocidas como la minuciosa crónica del combatiente Bac de Roda, el cantante versiona, desde otro tratamiento, varios temas que había interpretado el trovador del Poble Sec.

MANEJO DE TEMAS Y GÉNEROS

En el primer disco de Serrat, que se publica en 1965, el estilo de las canciones parte de la sencillez de la balada y de los ingredientes más suaves de la canción francesa, que ha sido objeto de atención minuciosa por parte del cantautor. No obstante, el segundo disco, en 1966, rompe estas barreras al incluir «Ara que tinc vint anys», un himno en el que expone sus principios de juventud, y «El drapaire», cuya cadencia rítmica evoluciona para dibujar con más garbo al recolector de andrajos. Al cabo de los años, el tema llama la atención de Miquel Gil, miembro en su tiempo del grupo valenciano Al Tall, que graba una versión algo desastrada. Pronto, la paleta de colores se irá ampliando como ocurre en el tercer disco, editado el mismo año. Ahí Serrat incluye una rumba con todas las de la ley: «Me'n vaig a peu». La interpretación resulta algo contenida, pero examinando la marca de nacimiento de la pieza sale a la luz el cimiento de las soleares, el palo trianero de flamenco que tanto gustaba a los hermanos Machado. Como veremos más adelante, en versiones posteriores, y en las de otros artistas amigos, esta rumba brilla con total intensidad.

El cantautor del Poble Sec escribe en su madurez «Toca madera», que adopta una forma híbrida entre la rumba y la salsa. Este tema merece una atención especial por parte de los artistas cubanos Vania, antigua cantante del grupo Bamboleo, y Tata Güines, percusionista que ha actuado junto a Chico O'Farrill. El arreglo de Emilio Vega, con la conga muy bien colocada, saca lustre a la rumba salsera de Serrat. En el disco *Utopía*, que da a conocer la composición en 1992, Josep Mas, Kitflus, comparte la instrumentación con Eduardo Leiva, el cubano Óscar Gómez y el dominicano Manuel Tejada. «Toca madera» no solo inspira a todos estos músicos, sino también al estadounidense de origen puertorriqueño Willie Colón, conocido como el rey de la salsa urbana. Al cabo de seis años, Serrat articula otro tema rumbero en «Los macarras de la moral», aderezada con voz flamenca y sabrosas palmas, donde arremete contra las amenazas y prohibiciones que el catolicismo disemina a través de su ejército de curas.

Jacinto Guerrero fue, a partir de los años veinte del siglo pasado, un compositor de zarzuelas muy popular: *El huésped del sevillano*, *Los gavilanes*, *La rosa del azafrán*... Es poco conocido que, entre la variedad de géneros que llega a dominar, compone al menos un ragtime. La pieza forma parte de la opereta *La reina de las praderas*, que también incluye un foxtrot. El ragtime —que Scott Joplin cultivó minuciosamente— constituye un formato precedente del jazz, pero también puede considerarse que deriva en la rumba. De hecho, la semilla musical afroamericana expande patrones que bajo nombres distintos responden a un esquema rítmico común, basado en la síncopa. Rag, rumba, charlestón, foxtrot y dixieland forman parte de un mismo tronco familiar de origen urbano. El cine, los discos y la radio los expanden desde un primer momento.

El cancionero de Serrat no es ajeno a ninguno de estos envoltorios. En «Los fantasmas del Roxy», donde los versos parten de un cuento de Juan Marsé, nada mejor para contrastar la nostalgia por la pérdida de un cine de barrio que el ritmo de un foxtrot que invita a dar unos pasos de claqué de sabor americano. Los títulos van creciendo en formatos variados, y al dominio de la rumba y el foxtrot sumará el del pasodoble y el cultivo de ciertas formas de flamenco. Las audiencias a las que se dirige marcan la gestión de los géneros que visita. Esto hace que combine con total normalidad la influencia catalano-francesa con la hispanoárabe.

Además, algunos de estos géneros son primos hermanos. El pasodoble nace como melodía a finales del siglo XVIII para poner el punto final a la representación de entremeses, hasta convertirse en marcha militar, en reclamo ceremonial durante las corridas de toros y, cómo no, en el baile predilecto de las fiestas populares. Por su parte, la sardana surge a mediados del siglo XIX en Cataluña, como danza en corro, de origen ancestral y universal. Cuando aún no ha cristalizado, se alimenta de las arias italianas de ópera y de los cantos populares. Incluso muchos de sus títulos están en castellano.

Se baila de forma salvaje, corriendo cogidos de la mano a izquierda y derecha, hasta que los novecentistas la domestican a principios del siglo XX. Así limpian aquel baile horizontal y sucio para que los grupos la dancen en vertical, de puntillas, y las chicas con la falda almidonada. Musicalmente se puede afirmar que la sardana y el pasodoble comparten una estructura idéntica, un dos por cuatro, entre la danza y el pasacalle. Otra cosa es que ambos formatos ilustren paradójicamente inflamaciones nacionalistas de distinto signo cuando en realidad son básicamente lo mismo. Los extremos musicales también se tocan.

Cuando escribe un tema, no es que Serrat pretenda de entrada utilizar un género u otro. Lo que ocurre es que, de repente, una idea y sus versos correspondientes encuentran acomodo en un formato o una sonoridad concreta. En varias composiciones, por ejemplo, el músico catalán recurre al timbre sonoro de la sardana. De un modo selectivo pero determinante, incorpora en bastantes grabaciones la tenora de Aureli Vila, el instrumento distintivo de la cobla. Este es el caso de «Por las paredes (mil años hace...)», donde narra la historia de Cataluña, entre la épica y el testimonio personal, en un crescendo de siete minutos y medio que concluye en un final reivindicativo.

Lo mismo ocurre con el pasodoble. El título más característico de su repertorio que adopta este formato es «Qué bonito es Badalona». Llega a compartirlo a dúo con Manolo Escobar, bajo el arreglo inconfundible de guitarras que le imprime Josep Maria Bardagí. También existe una versión cuadrada y rockera del grupo La Cabra Mecánica. El tipismo de esta pieza, más allá del estereotipo, incorpora unos rasgos humorísticos que no posee el Serrat de los inicios. La capacidad de descripción humana y urbana que demuestra en esta letra confluye en la síntesis utilizada, la mantilla y la barretina, prendas que simbolizan el mestizaje de músicas que acabamos de comentar.

La ironía ya es total en otra canción con sello inconfundible de pasodoble, «Yo me manejo bien con todo el mundo». Aquí satiriza a un individuo avispado e hipócrita, que asegura convencido que es aceptado por sus semejantes, aunque el oyente intuye que todo lo que cuenta sucede al revés. Los versos endecasílabos le permiten desarrollar un juego melódico, dilatado y garboso a la vez. Las historias que Serrat encuentra para encasillarlas en pasodobles conllevan aire de fiesta y, si no, las presenta en forma de pequeños y delicados melodramas.

Un buen ejemplo lo constituye «De cartón piedra», una fantasía que explica el deseo de hurtar el maniquí de un escaparate, de quien el cantor se enamora. El final, a pesar de ello, es triste. El cuento idílico está barnizado con una mano de rondó, aderezo que Serrat utiliza en otra idealización, esta sí alegre, en la que imagina a su abuelo materno como encargado de tiovivo. «El carrusel del Furo» (apodo que tenía su antepasado en Belchite, que, en realidad, era secretario del ayuntamiento) es un tema vital que gira gracias a la rueda musical que mueve el cantautor. El público ve los caballitos de feria tan solo con poner el oído.

Ya hemos comentado en un capítulo anterior que Serrat, de joven, tomaba cada día una ducha de copla. También ha quedado descrita su querencia tanto por el flamenco como por la canción andaluza. Estos ingredientes, naturalmente, están en la cocina del cantautor. Los emplea como condimentos de uso esencial en la elaboración de sus platos. Por proximidad a estos formatos, un tema ilustra la sabiduría con que los utiliza. Se trata de «Romance de Curro el Palmo», donde Serrat articula una desgarradora historia de siete minutos que encaja en las costuras de su amado estilo sureño. Ahí reluce como minucioso letrista.

No se pueden describir con más autenticidad las desventuras de un palmero de segunda fila por el desamor con la chica del guardarropa del tablao. Sin ella encuentra la cama demasiado grande, como la de «La tieta», y la ausencia lo empuja al manojillo de escarcha, metáfora de la autosatisfacción. Curro muere, pero no la poesía: camino del cielo también hay un tablao y él sigue dando palmas. Las rimas de factura lorquiana encuentran un abrigo impecable en un elaborado cante jondo. La contundencia de esta obra —una de las predilectas del trovador catalán— la convierte en tema requerido por múltiples artistas que se acomodan a ella como la mano a un guante. Al maestro de la copla, Juanito Valderrama, le va que ni pintado. En ocasión de un disco de tributo al artista andaluz en el que participan varios cantantes, junta su voz a la de Serrat. Es una de las versiones más sentimentales de «Romance de Curro el Palmo». Valderrama la sirve perfectamente acoplado al cantautor del Poble Sec, con dicción nítida, desprovista de afectación.

Otro dueto de signo totalmente dispar es el de Serrat con Alejandro Sanz, en ocasión de la antología que publica en 2014. En este caso, el juego a dos voces sobrevuela un arreglo comedido al servicio de la solemnidad del drama que van tejiendo los versos. El hilo narrativo desemboca en unos compases marcados por palmas y, cuando no, la caja rítmica señala un aire de marcha. En otras recopilaciones, el quejío se vuelve insistente. Así ocurre con Pasión Vega, intensa y melódica, y con los flamencos Mariángeles Fernández y Josemi Carmona, que la desgranan capciosamente buscando la ortodoxia del género como si la hubieran parido. La almeriense Mariángeles Fernández, hija de Tomatito, se tiene como cantaora paya. Empieza a foguearse en las peñas y actúa por toda Europa. Carmona es guitarrista desde los cuatro años. El hecho de ser hijo de Pepe Habichuela ratifica que de casta le viene al galgo. Forma parte de Ketama y colabora con Niña Pastori. También asume «Romance de Curro el Palmo» el malogrado

Antonio Vega, excomponente del grupo Nacha Pop, que la devuelve como canción pop.

Siguiendo los caminos hermanos del ragtime y el foxtrot, Serrat explora en varias composiciones el swing. Este peculiar formato distingue a solistas y directores, nacidos en la primera década del siglo pasado, como Benny Goodman, Glenn Miller y Count Basie. Cada uno con su *big band* divulga este derivado del jazz que se impone en las salas de baile norteamericanas en los años treinta. Goodman toca el clarinete desde los dieciséis años y llega a ser distinguido como el rey del swing. Bartók y otros compositores como Aaron Copland y Paul Hindemith le escriben piezas para solista. Miller despunta con el trombón. Entre los éxitos con su orquesta destaca «In the Mood» (En forma), tema basado en una melodía preexistente. Los padres de Basie son músicos, así que le abren un camino que él sigue como alumno de Fats Waller. El pianista acompaña a artistas de vodevil, antes de montar su formación y trabajar, entre otros artistas, con Ella Fitzgerald.

El cantautor del Poble Sec se acoge indistintamente al swing y el dixieland, ritmos hermanos que adopta en un par de piezas tempranas, «La Carmeta», de 1968, y «Conillet de vellut», un par de años después. En la primera, aborda el personaje a través del retrato tierno de una cupletista de su amado Paral·lel, venida a menos. Vieja y gibosa hoy, quién sabe si ayer vendía su cuerpo como complemento del oficio artístico. La pieza cumple el canon del género, en donde sobresalen los instrumentos de viento, especialmente en el característico glissando.

Una estructura musical similar, con guiños al charlestón, puede apreciarse en la segunda canción, aunque sobre el carril de una delicada batería que calla en los compases conclusivos de una tuba, con el deslizamiento de quinta del trombón. Serrat acaricia en los versos el amor inocente hacia una modelo de revista, amante a su vez de un fotógrafo mucho mayor que ella. Para no someterse a un *ménage à trois*, el joven imagina que se convertirá en un experto detrás del objetivo de una cámara para conquistarla. La tentativa es tan inocente como el hecho de dar su número de teléfono en la canción, aunque en conjunto es una de las canciones primerizas más entrañables de Serrat. El catalán Miqui Puig, miembro en sus días de Los Sencillos y colaborador de Alaska, versiona «Conillet de vellut» con aire de fanfarria. Existe también una versión macarrónica en castellano, aunque musicalmente curiosa, del grupo argentino Comodines Rock.

En 1983 cabe situar un tema plenamente maduro que se pasea también por el balanceo del dixieland: «Algo personal». Aquí, Ricard Miralles introduce unos compases previos que saben a twist, un baile que nace tomando como base el rock and roll, del que el cantautor bebe ocasionalmente y siempre de un modo muy selectivo. Con el tiempo, el mundo musical serratiano adquiere el dominio absoluto de los formatos que necesita para sus historias. En este twist dibuja a unos tipos oscuros, de doble moral, que aparentan ser ejemplares y en el fondo no tienen escrúpulos para la corrupción. A menudo, esos prohombres enarbolan las banderas que les convienen, tal como cambian de ideología sin rubor alguno. Como en tantas otras canciones, Serrat viste el tema con una melodía risueña, cuyas frases largas, tan buscadas y trabajadas, le permiten dar un cierto aire de emoción al desenlace.

RIMAS Y RITMOS DE SUS POETAS

El abanico de ritmos y melodías descrito constituye el nervio del cancionero del cantautor, que adquiere una nueva dimensión con el recorrido que emprende, a finales de los años sesenta, a través de la obra de poetas cercanos. Sintoniza con ellos por su sensibilidad. Entre la poesía y la canción no hay barreras divisorias, porque el poema contiene en su interior ritmo, melodía y entonación. Es decir, en sí mismo ya es una canción. En la antigua Grecia, no se podía ser poeta sin ser músico. Los versos no se leían, sino que se recitaban con el acompañamiento musical de una lira, de donde procede precisamente el calificativo de lírico. La poesía expresa belleza y emoción a través de sus rimas y cadencias.

Antonio Machado es el primer poeta que entra en el taller musical del maestro del Poble Sec. Nacido en Sevilla en 1875, forma parte, como alumno destacado, de la Institución Libre de Enseñanza cuando la familia se traslada a Madrid. Esto significa toda una declaración de principios. El padre realiza trabajos de investigación del folclore y de algún modo influye en la vocación del futuro poeta. Las estancias de Machado en París y su trabajo de maestro en Soria anteceden a toda una vida de penalidades, hasta su muerte en 1939, exiliado en Colliure, muy cerca de la frontera. Siempre fue pobre, humilde y algo descuidado, aunque de íntimas convicciones, transparente y auténtico. El poeta proyecta una mirada dolorosa sobre el país partido. Su obra en este sentido simboliza el drama que le toca vivir. Liberal y libre a la vez. Escribe desde sus raíces cantos enamorados, diapositivas de paisajes castellanos, filosofías de tipos pintorescos, fiel a un destino que le va cayendo del cielo como lluvia fina.

En el disco de Serrat dedicado a Machado en 1969 sobresale el cordón umbilical con el flamenco. Una de las piezas más cortas, y la más contundente sin duda, es «La saeta». El timbre andaluz de la pieza crea un clima que va tomando cuerpo lentamente hasta alcanzar el mensaje evangélico que presenta a un Cristo accesible, el que anda sobre las aguas, y no el nazareno de Semana Santa. De nuevo, la paradoja entre música y acción. Serrat, de la mano de Machado, predica el principio de decir las cosas al revés para que se entiendan. La religión como verdad interna y no como superstición o carcasa folclórica. «La saeta» cosecha un sinfín de versiones a lo largo de los años, la de Carmen Linares —ya

mencionada— y, entre otras, las de Montserrat Caballé, Camarón de la Isla junto a Tomatito, Manolo Escobar, El Niño de El-
che, Rocío Jurado, algo sobreactuada, además de artistas de Brasil y Argentina.

Un tema hermano del álbum, que no comparte estilo aunque
sí geografía, es «Llanto y coplas». Machado, maestro en el retrato
de individuos estrafalarios, presenta a un tal don Guido, señorito
seductor, aficionado a los caballos y a los toros, descreído, aunque
cofrade para disimularlo, al que las campanas fúnebres ponen
punto final. Para la tragicomedia, Serrat fabrica un vals desenfa-
dado que desarrolla la ironía de los versos. La música camina
desde una calmada exposición hacia el ritmo ternario —poco
habitual en el compositor— al que en algún pasaje pone el freno.
La elegancia del tema concluye en la contundencia de un final tan
resolutivo como la irreparable pérdida de don Guido.

En contraste con estas piezas, la construcción más emblemática del disco se encuentra indudablemente en «Cantares». Estamos ante un formato musical (el himno) muy estimado por el
cantautor cuando tiene necesidad de promulgar ideales propios.
Más de la mitad de la canción, no obstante, es expositiva, a partir
de un arranque tranquilo. Después, los metales y las cuerdas
—correlativos y dialogantes, al paso que marca la batería— desembocan en una explosión de intenciones. De nuevo, los sende-
ros sobre la mar retoman la metáfora del caminante y el camino,
es decir, del poeta y sus versos.

Artistas de todo pelaje incorporan «Cantares» a sus repertorios, desde el insigne Juanito Valderrama, en una versión limpia
y solemne, a Miguel Ríos, que sorprende situándose fuera de la
ortodoxia serratiana, exhalando vigor propio, bañado en el insobornable aire rockero que le caracteriza. Un clásico como Raphael no duda en su momento en abrazar el tema que interpreta
en solitario, con su habitual firmeza, además de cantarlo junto a
Serrat en el estudio. El cantautor del Poble Sec también lo inter-

preta a dúo con el compositor e instrumentista brasileño Raimundo Fagner, que abre las vocales de un modo exótico. David DeMaría y Diego Carrasco visitan igualmente «Cantares». El joven cantautor jerezano ofrece una visión suave y personal. Carrasco, nacido también en Jerez, cantaor y guitarrista, lo plantea a golpes de rumba audaz, en la que solloza más que canta. La composición viaja incluso a la otra orilla del Atlántico. En las voces del puertorriqueño Andy Montañez y del colombiano Yuri Buenaventura adopta aires de salsa, mientras los cubanos del Trío Taicuba le inyectan un tranquilo ritmo caribeño con guitarra y flauta.

La España de Goya —onírica y negra a la vez, cortesana y castiza— conforma una galería de personajes variopintos de los que consciente o inconscientemente Machado se empapa. El ejemplo más evidente son las oscuras figuras del «Duelo a garrotazos», preámbulo de las dos Españas del poeta, un estereotipo identificable hasta nuestros días. El disco de Serrat presenta hilvanadas orquestalmente dos poemas del maestro sevillano. En un formato sonoro cercano al recitativo elabora en «Del pasado efímero» el croquis de un tipo melancólico, aburrido e insustancial, producto de un país viejo. Cuando la melodía amaina sin desaparecer del todo, emerge «Españolito», donde en poco más de un minuto Machado y Serrat resucitan al fantasma goyesco, que también ha cavado una trinchera entre las dos formas de entender el país durante la Guerra Civil.

Una de estas dos Españas es la que ha robado el corazón al cantautor desde que sus padres perdieron la contienda ante la otra España, de espada redentora. La balanza del poder siempre se inclina hacia el bando voraz y, a pesar de los poetas, la reconciliación parece una meta imposible. Sin abandonar a Machado, la antología serratiana incluye dos temas de un compositor ajeno, con quien comparte amistad y sintonía artística: Alberto Cortez. El cantautor argentino, nacido en La Pampa en 1940, da los primeros pasos musicales en la escuela donde se imponen las canciones militares. A los seis años aprende a tocar el piano. Siendo universitario actúa con su guitarra en los clubes de Buenos Aires. Después da el salto a Europa y Estados Unidos.

Cortez es un autor ecléctico, desde «Me lo dijo Pérez» hasta «Cuando un amigo se va». Maneja además un amplio repertorio, de Atahualpa Yupanqui a Jacques Brel. En Francia graba con Paul Mauriat, cuya lista de títulos contiene una versión sinfónica de «Penélope». La estancia le aproxima a Édith Piaf, quien le invita a un recital y después a su casa. Hay un amago de flirteo entre ambos que ni siquiera arranca debido a la muerte de la artista. Asimismo, el argentino protagoniza una gira con Facundo Cabral, en la que disfruta de los acompañamientos de Ricard Miralles. El arreglista trabaja en varios discos del cantautor argentino, entre ellos los cinco de *Canciones desnudas*. Cortez admira a Miralles como estratega de los sonidos, porque sabe combinarlos para dar con la mejor solución.

El cantautor argentino fallece en Móstoles (Madrid) en 2019. Serrat, que conoce a Cortez durante una comida en la que le canta «La tieta», reproduce fielmente «Retrato» y «Las moscas», musicadas por el argentino. Machado hubiera sido más exacto presentando el retrato como autorretrato. El uso de la primera persona le permite un recorrido desde la niñez hasta la muerte inexorable, al tiempo que da fe del amor, los ideales, el oficio… La melodía de Cortez plantea un fraseo, lo aúpa y lo hace retornar a puerto. «Las moscas», aparentemente, constituye un tema insustancial. Muchas veces la poesía u otras formas de literatura se detienen sobre realidades pasajeras a las que el lector no suele conceder la mínima atención. Los recuerdos que encienden estos prolíficos insectos no van más allá de la aventura de cazarlas al vuelo cuando de pequeño uno se aburre en la escuela. Cuando somos mayores, en cambio, tan solo causan molestias. A pesar de la inocuidad, tanto Machado como Cortez urden a partir de estos bichos una especie de epopeya en miniatura.

Los arreglos, sobre una base que establece Waldo de los Ríos en el disco primigenio de Cortez, en el de Serrat son perfeccionados por Miralles. Las cuerdas establecen un paralelismo mimético que remite al zumbido de las alas. Además, el oyente puede identificar este acompañamiento con los compases de *El vuelo del moscardón* de Nikolái Rimski-Kórsakov. Es un interludio que el compositor ruso escribe en 1899 para la ópera *El cuento del zar*, para describir el momento en que un personaje recibe instrucciones para convertirse en insecto. No es improbable que Bartók, a su vez, encontrara alguna similitud entre esta pieza clásica y alguna danza popular de cualquier cultura caucásica que hubiera recolectado. Lo que da una mosca de sí.

Una tercera composición de Cortez enlaza los trabajos de Serrat con los poetas. En el disco que dedica a Miguel Hernández, que aparece en 1972, incorpora «Nanas de la cebolla». El origen de la composición, cómo no, lo podría haber escrutado Bartók. El cantautor argentino pasea un día por el puerto de Alicante mientras percibe el tarareo, casi indescifrable, de un pescador que prepara la barca para salir al mar. De regreso a la estancia donde se aloja, tira de un libro de Hernández que tiene a mano y escribe la melodía de corrido. Es un poema de piel, que derrama ternura hacia el hijo hambriento. La madre no tiene leche y lo amamanta con pan y cebolla. Tan solo la sonrisa del bebé consuela al poeta encarcelado.

De nuevo una canción de cuna, un quejido que invade los oídos del espectador, testigo de un drama que, en el caso de Hernández, multiplica las penurias que sufrió Machado. Francesc Burrull firma los arreglos del disco de Serrat y en «Nanas de la cebolla» las coplas se columpian en los aires de una habanera que va progresando al compás de la negra con punto del bajo y los adornos de violín, clarinete y piano. Miguel Hernández nace en Orihuela en 1910. Es hijo de una familia de ganaderos y él mismo se convierte en pastor de cabras, por lo que tiene que abandonar los

Francesc Burrull, aquí con Serrat en 2016, realizó los arreglos del primer disco
dedicado a Miguel Hernández e intervino decisivamente en «Mediterráneo».
Foto © Juan Miguel Morales, VEGAP, Barcelona, 2024.

estudios cuando aún es muy joven. El interés por la poesía lo empuja a participar en la tertulia literaria de su ciudad y a adquirir formación por su cuenta, leyendo sobre todo a los clásicos.

Empieza a publicar a partir de 1930. En Madrid conoce a Pablo Neruda. Durante la Guerra Civil se alista como voluntario en el ejército republicano. Su matrimonio, la muerte del primer hijo en 1938 y el nacimiento del segundo un año después marcan el enfoque de su obra poética. En 1939 le condenan a muerte, y, aunque le conmutan la pena, muere de tuberculosis en 1942 en la prisión de Alicante, a los treinta y un años. Hernández centra sus poemarios en la desdicha bélica que le toca vivir. Cultiva la elegía, la canción y el romance, razón por la que su material resulta idóneo en manos de Serrat. El estilo del poeta de Orihuela es nítido y austero, construido sin artificiosidades, apto para expresar sentimientos hondos y sinceros.

Las ediciones sudamericanas de las obras de Machado y Hernández y el acercamiento previo a ellos de Paco Ibáñez abren al cantautor el acceso a sus versos. Mientras el poeta de Sevilla es descriptivo y lírico, el de Orihuela se sitúa claramente en el combate, y por añadidura resulta arrollador. «Menos tu vientre» es el preludio poético de las nanas de Cortez. En la cavidad mágica de la mujer gestante reside el futuro que Hernández ansía desde la cárcel y que su condición de vencido le impedirá conocer. El juego tímbrico y rítmico logra una atmósfera cómplice entre cuerdas, viento y percusiones. El tema distintivo del álbum, que muy pronto pasa a formar parte del repertorio habitual del cantautor, es «Para la libertad». Apta para ser adoptada por los públicos como canto común, esta especie de proclama sacrificial ensalza el renacimiento vital del ser humano libre. Los metales marcan el brío indispensable de este himno serratiano, tan solo contrastados por flautas y violines de paso.

Entre los artistas que adoptan el tema sobresale Manolo García, de voz mestiza y aflamencada, a caballo entre el pop y el rock de sus orígenes. El cantante respeta el eje de la pieza, tanto la melodía como el texto, pero se permite alguna licencia en los arreglos en los que prescinde de la batería. A las guitarras, acústica y eléctrica, añade violín y viola, arropados por el fuelle de un acordeón, quién sabe si para restar drama al desangrado poema de Hernández. El cofundador de El Último de la Fila se toma el trabajo como una deuda emocional con Serrat. Reconoce en él la ayuda en la transición de cantar en inglés a escribir canciones en castellano. Al mismo tiempo se identifica con la lírica del cantautor del Poble Sec porque está matizada por el baño de los poetas.

A su vez, el grito poético de Hernández fluye a un ritmo entre chacarera y salsa refinada en el tándem que el cantautor catalán ofrece en 2014 junto al músico y activista Rubén Blades, uno de los artistas panameños más fecundos y aplaudidos. El compositor escucha casi siempre a los mismos artistas y Serrat está en sus preferencias porque encuentra paralelismos entre los trabajos musicales de ambos. Ya en 1999 se interesa en conocerle personalmente. Entre los cantautores que sienten una sintonía mutua es habitual encontrarse para charlar del oficio. También asume «Para la libertad» el cantautor argentino Juan Carlos Baglietto, fundador de la Trova Rosarina. Lo comparte con Jaire, compatriota suyo natural de Córdoba.

En 1937, en plena tragedia civil, Hernández publica «El niño yuntero». El retrato del menor sometido a los duros trabajos del campo, con tanta o más crueldad que los bueyes de tiro, es digno de Charles Dickens. Bajo las rimas de largo recorrido, nuevamente, el mendrugo que no mata el hambre, la guerra como forma de vida, el sol implacable, el sudor que empapa la frente… El arreglo de Burrull, expositivo, mozartiano y airoso, desdramatiza la aspereza de la historia que Serrat desgrana desde un esquema melódico que repite cada dos estrofas hasta que en la tercera toma un desenlace ascendente.

Ramón Sijé es un escritor nacido en 1913, también en Orihuela, hijo de un comerciante de tejidos. Hernández es un asiduo de la biblioteca pública y no tarda en sumarse a una peña de amigos que discuten de libros. En estas reuniones conoce a Sijé y llegan a hacerse amigos. Se admiran mutuamente, además de compartir gustos literarios e ideales políticos. El compañero fallece aún más joven, a los veintiún años, en 1935, y al cabo de un año el poeta le dedica unos sentidos versos a los que Serrat pone música en su disco. «Elegía» es un tema intenso, grave y amoroso a la vez, en el que el predominio del piano y los violines basta para establecer la profunda sencillez del lamento. El dolor, las lágrimas, el deseo de desenterrar al camarada para darle un beso en la cabeza y para seguir hablando, todo transita en el poema, de la muerte ajena a la vida propia.

Del álbum del cantautor, finalmente, merece la pena destacar el breve pero rotundo juego que esconden las estrofas de «Llegó con tres heridas», en las que los versos van intercambiándose. Hernández concibe la herida como un hado. En este caso, lo que está escrito en el porvenir de las almas es el paso por la vida, el amor y la muerte. Nada más perecedero y nada más eterno a la vez. El cantautor prácticamente no ha de añadir nada al juego poético, así que tras la introducción de un bajo eléctrico redundante y sincopado expone el tema. De repente, un giro rítmico y orquestal nos ofrece solemnidad hasta alcanzar el clímax final. Joan Baez graba una versión folk del poema que ha musicado Serrat, cálida y bajo el compás de habanera.

El trovador catalán visita por segunda vez al poeta de Orihuela, casi cuarenta años después, en 2010. La recopilación cuenta con los arreglos de Joan Albert Amargós, aunque Miralles participa como pianista. *Hijo de la luz y de la sombra* constituye un álbum extenso de Serrat que reúne trece temas de Hernández. El que lleva el título de la obra es un hermoso poema de amor que resplandece tanto en los versos como en el desarrollo melódico.

La continua referencia al vientre femenino de la esposa, que asoma también en «Canción del esposo soldado» como en tantos otros temas, sitúa a la mujer en el centro poético, como ocurre asimismo en «Tus cartas son un vino», un llanto delicado en el que suplica que nunca se interrumpa la correspondencia que mantienen.

Parece hecho a medida que, en dos piezas, el cantautor apunte a lo más alto en su vertiente flamenca. En «Del ay al ay por el ay», la mala racha, el destino adverso, el parto doloroso, el grito angustiado y el llanto de la muerte prefiguran el arte sureño de la queja, mientras que en «Dale que dale» el canto a la naturaleza, al hombre del campo y a la fe ansían el sendero de la pureza. Los palos musicales en ambos temas adquieren una personalidad propia, al margen del sustrato implícito. «Uno de aquellos», finalmente, es un vibrante himno épico en el que se adivina esto que se ha dado en calificar como sonoridad serratiana. Hernández dedica el poema original al prototipo de brigadista internacional que se alista como voluntario en la Guerra Civil y muere en el combate.

El internacionalismo, las vanguardias, el hombre de alma anarquista que no reconoce fronteras ni categorías los encarna un poeta al que Serrat dedica también todo un elepé, Joan Salvat-Papasseit. El disco se publica en 1977. Salvat es autodidacta como Hernández y como Serrat. Aprender desde la nada no es una audacia, es una necesidad. El arte los cría y ellos se juntan. Nacido en 1894, la prematura muerte del padre en alta mar obliga a Salvat a vivir en un asilo naval y en distintos barcos anclados en el puerto. Recibe algunas clases de escultura, pero a raíz de frecuentar una parada de libros antiguos se suma a una reunión de autores con quienes forma un núcleo de activistas contestatarios, bajo la influencia de Maxim Gorki y Friedrich Nietzsche. Publica en distintas revistas sus artículos y poemas, que evolucionan del interés social hacia el futurismo y el uso de caligramas. Instalado en la poesía amorosa como playa final de su recorrido, Salvat muere de tuberculosis —como Hernández— en 1924, y también a una edad temprana, cuando aún no ha cumplido treinta años.

Serrat da pistas de que Salvat será un pilar importante de su obra con una canción propia que le dedica en 1970, siete años antes de la aparición del álbum. «Cançó per a Joan Salvat-Papasseit» —bajo la cadencia de un compás que deja en suspenso al siguiente para que continúe el dibujo del personaje— describe al poeta desde su óptica. Así, nos ofrece la imagen de la mujer pura que Salvat acaricia con los dedos, los ideales, en fin, de un hombre soñador. En 1977 recupera el tema en el disco *Res no és mesquí*, recopilación que dedica al poeta. Los arreglos de Josep Maria Bardagí aportan frescura a los aires sonoros del cantautor.

La canción que da nombre al trabajo musical parte de una melodía calmada y sinuosa, crece en busca de su propia altura y se resuelve con naturalidad en un juego en el que intervienen prácticamente tan solo guitarras y violines. «Res no és mesquí» canta al rocío, el sol, el mar, la primavera y la muerte como renacimiento. La fuerza de Salvat como taumaturgo nos habla del pétalo que cae y del pecho de una joven virgen, henchido repentinamente de leche. Los amores del poeta son eróticamente platónicos, por esta razón llegan más directamente al corazón del lector. En labios de Serrat, el espejismo crece, tal como la magia que desprende. El poema cuenta con una delicada versión de la cantante y folclorista catalana Rosa Zaragoza.

Bajo el ritmo animado y los saltos airosos de la música del compositor, «Cançó de l'amor efímera» ensalza la contemplación de la belleza femenina en una mujer que viaja en autobús. Tan solo el placer de admirar a una pasajera desconocida e imaginar que la mirada del poeta le conmueve justifica la elección del tema. En «Pantalons llargs», Salvat rememora la dulzura de la infancia desde el caballito de cartón, antes de entrar en el amor adolescente. El cantautor coloca los versos sobre la montura de una danza marchosa, contrapuesta a la nostalgia de los pantalones cortos. En

«Quina grua el meu estel», el poeta articula una larga metáfora que describe la pasión amorosa a través de una ensoñación. El deseo ferviente toma forma en el taller de Serrat a través del columpio musical de una habanera en la que las cuerdas mediterráneas de Bardagí dan paso a una elegante tenora que construye el puente entre estrofa y estrofa. Si aquí se puede entrever al pescador de amores, en el cuento de «Si jo fos pescador» Salvat lo deja fuera de toda duda.

Para la ocasión, Serrat incorpora la composición original de Rafael Subirachs con unos arreglos disruptivos respecto a los del músico de Vic, que también se inclina por poner música a diversos poetas como Ausiàs March, Jordi de Sant Jordi y Jacint Verdaguer. No obstante, Salvat-Papasseit es quizá el autor más musicado por los cantantes catalanes, entre los cuales también sobresalen Ovidi Montllor, Lluís Llach y Guillermina Motta. De ella, precisamente, Serrat elige para su disco *Visca l'amor* un exultante himno de celebración del amor erótico, al que añade las melodías que compone él sobre los versos carnales y apasionados de «Ulls clucs», «Blanca i bruna» y «Si la despullava».

La nómina de poetas que reciben el bautismo musical de Serrat es amplia, tanto en catalán como en castellano, de Josep Vicenç Foix a Joan Margarit, y de Luis Cernuda al nicaragüense Ernesto Cardenal, su primer literato hispanoamericano. En el tema «Epitafio para Joaquín Pasos» no hay concesiones. Los versos rinden homenaje a Pasos, compatriota suyo, poeta vanguardista. Serrat los trata con música seria y voz sobria y Miralles los embellece con cierta osadía tonal. Diez años después de este experimento, en 1985, publica *El sur también existe*, un álbum fabricado al alimón con Mario Benedetti. En esta ocasión, poeta y músico juegan a proponer y poner, a quitar y reemplazar, a reelaborar y pulir. El uruguayo aprecia la calidad humana de Serrat, un artista que nunca defrauda porque es original, comunicativo, sincero y riguroso.

El tema que da título al trabajo constituye un discurso específico para Latinoamérica, pero también para Europa. Naturalmente, Benedetti enseña las estampas continentales que tiene a mano: la del norte industrial, contaminante, bélico, cinematográfico y miedoso; y la del sur hambriento, esperanzado, astuto, luminoso y pacienzudo. En fin, tal diferencia parece establecer que los de abajo casi han de pedir permiso a los de arriba por el mero hecho de existir, aunque, de hecho, solo puede entenderse la existencia desde la igualdad. El cantautor catalán orquesta un himno para la ocasión en el que resplandece un arsenal de instrumentos sinfónicos alineados al ritmo de un bajo mandón que deja paso momentáneamente a los pasajes de pesadumbre sureña.

El poeta uruguayo está acostumbrado al tira y afloja con los cantautores porque ha vivido experiencias similares. Un poema es una canción y una canción es un poema, pero el punto medio que engarza los lenguajes requiere los ajustes adecuados, sobre todo cuando en la tarea intervienen cuatro manos. «Una mujer desnuda y en lo oscuro» entraña el mensaje erótico y amoroso más candente del disco. El punto de vista, naturalmente, es masculino y parte del poeta y el cantante. De repente, irrumpe el cuerpo femenino, que ilumina esta oscuridad desconcertante, mientras el hombre se debate en el juego de imaginar cómo sus sentidos se proyectarán sobre ella al mirarla, tocarla, besarla y amarla. La narración musical alcanza una generosa amplitud sonora. El timbre inconfundible de la tenora, que recorre otros rincones del álbum, confiere al tema un aire pletórico mediando entre las estrofas.

Sin dejar la atmósfera de sensualidad que el poeta expande en toda su obra, «Los formales y el frío» desgrana la cotidiana historia de un hombre y una mujer que quedan para cenar, hablan, fuman y terminan en casa de ella, toman café y, de repente, les asiste el amor. Serrat viste la narración de los pasos minuciosos que dan con una melodía juguetona, bajo un ritmo picado y contumaz. Todo ocurre en una sola noche en que el tiempo se alarga, aunque va precipitándose hacia la alegría final, una alegría que asoma en dos piezas más del poeta y que en boca del artista llegan como una explosión de intenciones optimistas. «Vas a parir felicidad» y «Defensa de la alegría» hay que entenderlas como sendos manifiestos. En el primer tema, la alegría aparece como fruto directo de los sembrados y, en el segundo, como pancarta contra el llanto y la desdicha. La exposición lírica en un caso se complementa con la explosión rítmica del otro.

Entre los temas del disco, hay que consignar la mirada sobre Cuba que poeta y cantante ejecutan en «Habanera». Aquí, al norte y al sur se suman el este y el oeste para consignar que todos los puntos están ocupados por chicas mulatas. El rastreo sonoro paladea los mares de la isla, saborea el ron de sus cañas, insinúa amores furtivos e incluso un imaginario baileteo de Karl Marx. Benedetti muere en 2009, pero ha sido el único poeta con quien Serrat ha confeccionado de tú a tú el repertorio de un disco. No pudo ser así en los álbumes dedicados a Machado, Hernández y Salvat-Papasseit, por lo que el tratamiento de los materiales es distinto.

Serrat abraza con el autor uruguayo toda el alma de un continente que ya ha explorado y que aún adquirirá más determinación a lo largo de su carrera artística.

6

Un oficio compartido

El artista nunca camina solo porque el arte se nutre de múltiples aportaciones individuales. Indudablemente, la música, el teatro, la danza y el cine son oficios colectivos, a pesar de que siempre hay alguien en cabeza. También la labor del pintor, el escultor o el escritor comporta la confluencia de otras personas. Que no se perciban públicamente no significa que no existan, se trate de coautores o de simples colaboradores. En música, incluso si consideramos la expresión de una voz humana en solitario, esta voz responde a estímulos de coetáneos o antepasados. Lo más interesante del juego coral está en la interacción de disciplinas y especialistas.

La lista de músicos que han colaborado con Joan Manuel Serrat, en su condición de arreglistas, directores musicales o instrumentistas, es más que centenaria. Pero en el recuento de profesionales, más que la cantidad, sobresale la calidad de todos ellos, empezando por los maestros que han articulado el alma sonora del cantautor. La simbiosis funciona mejor cuanta más química pueda encontrarse entre ambos. Partir de una canción desnuda y dar con el atuendo adecuado requiere oficio y compenetración. El esqueleto que aporta Serrat al arreglista ya está muy concebido y trabajado. En él, comparten espacio al 50 por ciento la letra y la música. El profesional de la partitura tan solo debe incidir sobre la segunda mitad.

Con Ricard Miralles al piano y Josep Maria Bardagí, dos músicos
que han proporcionado un sonido singular a la obra de Serrat,
cada uno con un sello personal inconfundible. Foto Álbum / Cesar Malet.

Del registro de arreglistas y directores musicales, media docena destaca sobre el conjunto: Antoni Ros Marbà, Francesc Burrull, Ricard Miralles, Josep Maria Bardagí, Joan Albert Amargós y Josep Mas, Kitflus. No es un orden aleatorio, sino dictado más o menos por el momento en que irrumpen en la vida musical del cantautor. Todos son compositores, directores e instrumentistas, y trabajan a partir del piano, alrededor de cuyas teclas giran los planteamientos melódicos y armónicos. También el ritmo sale de ahí si tenemos en cuenta que los martillos sobre el arpa del instrumento actúan a modo de percusión.

El germen de un tema necesita agua y alimento hasta convertirse en canción acabada. No es cuestión de coser y cantar. El proceso de fabricación requiere al menos dos meses de dedicación, entre retoques y momentos de reposo. A veces hasta un año. El sentido de la musicalidad es inherente a la sensibilidad de la persona y no está sujeta a los estudios académicos. Uno de los directores de orquesta más destacados del siglo pasado, el rumano Sergiu Celibidache, que desarrolla su carrera sobre todo en Alemania, era partidario de no encorsetar la lectura de las partituras, en sintonía con Wilhelm Furtwängler y más apartado de la ortodoxia de Arturo Toscanini. En una ocasión, estando de vacaciones en Cadaqués, comentó a un alumno que se fijara en cómo cantaba la chica de la limpieza, para concluir que sus labios desprendían más música que muchos músicos.

ANTONI ROS MARBÀ

El alumno con quien hablaba era un joven estudiante de dirección de orquesta, Antoni Ros Marbà, el arreglista de las primeras canciones de Serrat. Ros Marbà nace en 1937 en un barrio popular de l'Hospitalet de Llobregat. Siendo un niño, le perturba la audición de *La Pastoral* de Beethoven y se entretiene con un listón de vidrieras mirando un periódico como quien dirige. La cercanía de Barcelona facilita que de la escuela de música de su ciudad se matricule en el conservatorio de la calle Bruc. Entonces la entidad acoge a músicos y pedagogos de primera división: Antoni Nicolau, Lluís Millet, Enric Morera, Joaquín Zamacois... No obstante, como Celibidache años después, allí su maestro de cabecera es Eduard Toldrà, violinista y compositor.

A los diecisiete años se convierte en discípulo devoto de este músico de pelo desordenado, de semblante serio, pero con sólidos conocimientos. No asiste a muchas clases de Toldrà, pero sus lecciones son decisivas. Le observa de cerca cuando ensaya con la orquesta municipal. La relación académica entre ambos se expande durante ocho años. Con Celibidache conecta por primera vez en ocasión de un curso que el director rumano imparte en Siena, a partir del cual los encuentros se van sucediendo. El músico de L'Hospitalet también recibe alguna lección del director francés Jean Martinon, ante quien dirige parte de la *Quinta sinfonía* de Beethoven durante un breve encuentro veraniego. Toldrà recoge la tradición musical novecentista y acentúa su mediterraneidad. Celibidache posee un espíritu libre por naturaleza que le despierta el interés por la filosofía y las matemáticas, y que no le importa dar un golpe de timón a los treinta años al ver que se ha equivocado.

Cuando Ros Marbà —ya en posesión de la batuta— conduce música de Mozart o Ravel, se adivina la huella de Celibidache, y, cuando interpreta a Falla, detrás sobresalen las enseñanzas de Toldrà. Celibidache se sabe de memoria las obras de Stravinsky, mientras Toldrà compagina el gusto por Brahms con el interés por las corrientes wagneriana y mediterránea. El músico de L'Hospitalet tiene ocasión de dirigir dos obras de ambos maestros, *El giravolt de maig* de Toldrà y *Der Taschengarten* (*El jardín de bolsillo*) de Celibidache.

Llega a conocer al compositor Joaquín Nin-Culmell y se relaciona con Frederic Mompou y Xavier Montsalvatge, que siempre se arrodilla cuando pasa por delante de la casa de Ravel. Además del repertorio clásico en general, también la música contemporánea de Schönberg, Berg y Webern le despiertan interés. La carrera de Ros Marbà asciende peldaño a peldaño, desde el viaje profesional a Estados Unidos en 1960 para acompañar a una compañía de música española. En Nueva York tiene oportunidad de seguir a Leonard Bernstein, Karl Böhm y Charles Munch, además de otros directores.

Entre la lista de orquestas de las que ha sido titular, figuran la sinfónica de RTVE, la Ciutat de Barcelona (OCB), la Nacional de España (ONE), además de las nacionales de Holanda y México, de la que en su momento es principal director invitado. Su última plaza la ocupa en la Real Filharmonía de Galicia entre 2001 y 2012. Pero Ros Marbà, aparte de todo esto, ha tenido contacto con la música popular. Empieza tocando el armonio en la parroquia del barrio. Acompaña bodas y funerales, escribe sardanas para cobla, pero también toca en las fiestas mayores.

Sus profesores habían contado asimismo con antecedentes similares. Celibidache fue pianista de jazz y música ligera y su admirado Toldrà había actuado en el salón Doré de la Granja Royal y en el Oro del Rin, en la calle Pelai de la ciudad. También Pau Casals tuvo un pasado similar. Así, Ros Marbà actúa con orquestas de baile, escribe boleros, acompaña a Antonio Machín y Raúl del Castillo y, además de óperas, dirige y graba zarzuelas como *Doña Francisquita* y *Bohemios* de Amadeu Vives, que representa en Ámsterdam. En el recuerdo permanecen las sesiones de zarzuela en el Paral·lel, a las que le llevan sus abuelos siendo él un niño. Mientras el abuelo paterno es tan solo adicto al género, el abuelo materno constituye su único precedente en el oficio, como acordeonista aficionado.

Un músico es transversal por interés artístico, pero también por necesidad. Atender lo que el público reclama proporciona el *modus vivendi* indispensable que después se acrecenta con el dominio de una especialidad. Ros Marbà alcanza con su trayectoria un destacado puesto como director de orquesta, pero mientras tanto invierte esfuerzo y rigor en el desarrollo de lo que fue la Nova Cançó en los años sesenta. Entonces, ejerce de director musical de la discográfica Edigsa, en la que también colaboran los músicos Salvador Gratacòs y Claudi Martí. El tocadiscos no es aún un electrodoméstico corriente. Pocas familias disponen de un aparato. Ros Marbà no disfruta de uno hasta sus dieciocho años. Mientras su primer vinilo contiene la *Segunda sinfonía* de Brahms dirigida por Furtwängler, observa que en el mercado va floreciendo una cierta demanda de música popular.

Ros Marbà (bajo el seudónimo de Marc Blond) firma en 1965 los arreglos del primer disco sencillo de Serrat en el que el cantante ya exhibe las posibilidades de su amplia tesitura. La instrumentación es canónica, con visos de modernidad. El director de orquesta recuerda a un Serrat curioso y simpático. Pronto se da cuenta de que allí existe un sustancioso caldo de cultivo. Es un chico de barrio, como él mismo, cuyas canciones invitan a la sonrisa y la complicidad. El personaje, además, desprende sencillez y espontaneidad y llega a un público heterogéneo de amplias capas sociales. El arreglista, según concibe Ros Marbà, debe vestir la melodía, pero nunca a costa de situarse por encima del cantautor. Sugerir, sí, pero si es posible no modificar demasiado la materia prima.

Por naturaleza, la estructura de una canción es simple. El instrumentista no debe disociar el texto de ella, porque necesita tener en cuenta la fonética, es decir, la vocalización, en especial los sonidos de las vocales que funcionan a modo de música dentro de la música. Una parte importante del éxito de Serrat se basa en el fraseo, que da personalidad a sus interpretaciones. El público identifica sus versos por cómo suenan, o sea, por la forma de cantar y por su voz característica. Se ha escrito mucho sobre la inconfundible vibración de sus cuerdas vocales, el timbre que le identifica. Espinàs, compañero de la Nova Cançó, pensaba que, si esto era un defecto, Serrat lo convirtió en su principal virtud sonora.

Un trabajo específico de Ros Marbà para el cantautor del Poble Sec confluye en el álbum *Per al meu amic* de 1973. Serrat tuvo que esperar para materializar el disco porque el director de orquesta tenía compromisos anteriores. Algunos de los nueve temas, sin duda, respiran el aire de Toldrà, como hemos comentado en un capítulo anterior. Serrat bebe de esta fuente con naturalidad. La exaltación de la amistad que bautiza este trabajo continúa el largo recorrido que abre con «Amigo mío» en 1970 y que retoma en 1974 con «Decir amigo», en cuyos versos rememora su época universitaria en Tarragona, con las disputas para ligar con chicas de Cambrils y Salou.

La canción «Per al meu amic» glosa la figura de Marià Albero, cantautor valenciano afincado en Cataluña que participa en el movimiento musical Ona Laietana y colabora con Serrat en producciones musicales. En esta ocasión el músico catalán construye un vals expansivo para destripar su alma, que tan solo frenan los compases en los que expresa su ternura hacia el amigo. Hay una versión del tema de la cantante Big Mama Montse, acompañada con la guitarra que aprendió a tocar como autodidacta, y de forma tan precoz como sus inicios en la música a los seis años. La inclusión en el disco de dos canciones de amor como «Helena» y «Menuda» contrasta con «La primera», crónica realista de la visita del adolescente a un prostíbulo.

En los tres temas Serrat vierte su habitual delicadeza, desde esperar asomado al balcón a que pase su Helena hasta suplicar a la chica menudita que le atrae que piense en él. Finalmente, describe el desengaño del aprendiz sexual que satisface las apetencias con lo primero que encuentra por la calle. «Helena» cuenta con una versión apasionada del guitarrista Jofre Bardagí, hijo de Josep Maria Bardagí, del que hablaremos más adelante. Con «La primera», Refree, músico y cantante, aborda tan solo con voz y piano el tema, recluido en una intimidad que eclosiona a media canción.

El disco de Serrat desde un punto de vista musical es un espejo de la ortodoxia clásica de Ros Marbà. Esto explica que el arreglista establezca una introducción de los temas a partir de una base en la que domina el piano como amo y señor, que pronto da paso a la sección de cuerdas, especialmente los violines. No obstante, el punteo de guitarras y la irrupción de las percusiones dispara las piezas hacia una explosión épica cuando la canción lo requiere. Ros Marbà ha tenido bajo su batuta a Yehudi Menuhin, Arthur Rubinstein, Montserrat Caballé, Narciso Yepes, Victoria de los Ángeles, Alicia de Larrocha y los hermanos Claret. Como compositor, el último trabajo de envergadura que ha realizado es la ópera *Benjamin in Portbou*, de 2016, con libreto en inglés de Anthony Madigan, que está previsto estrenar en el Liceu durante las próximas temporadas.

FRANCESC BURRULL

En 1966, Serrat graba «Cançó de matinada» junto a tres canciones más en un disco sencillo. El tema se convierte rápidamente en número uno en ventas en España, algo insólito en aquellos momentos para un título en catalán. Los arreglos son de Francesc Burrull, que lleva a cabo trabajos de encargo para Edigsa. Burrull nace en Barcelona en 1934. A los seis años ya extrae canciones con las escasas siete teclas de un pianito que le traen los Reyes. La madre es una violinista que ha tocado con Toldrà, y el padre, un entusiasta de Beethoven. Son amigos de Pere Vallribera, profesor del Conservatorio del Liceu, que los anima a que el niño se matricule. Vallribera —profesor también de Montserrat Caballé y Lleó Borrell— le da clases de piano y composición. El arreglista debuta con la orquesta que ameniza el salón Rigat, que funciona de 1941 a 1960, donde también toca Ros Marbà. El recinto ocupa la planta baja de un edificio de la plaza de Cataluña, justo en el lugar que albergará la primera sede de El Corte Inglés de Barcelona.

El salón Rigat acoge fiestas privadas de empresas, entidades y familias acomodadas. El público, en las sesiones abiertas, acude para escuchar música latina como la de Los Panchos y el Trío Calaveras, pero la orquesta ofrece conciertos y bailes de otros estilos. Burrull descubre allí la música de Duke Ellington y Cole Porter. Escuchándola se da cuenta de que en el conservatorio no le han enseñado aquel tipo de armonías y busca por su cuenta los acordes en el piano. La experiencia le abre los caminos de la improvisación. A partir de 1957 graba sus primeros discos con el nombre artístico de Frank Martin, porque le dicen que el de Francesc Burrull no suena bien para vender. El músico actúa en Suiza con la Orquesta Tropicana y con parte de sus músicos forma un cuarteto que, de vuelta a Barcelona, se da a conocer como Latin Combo, grupo que después pasa a denominarse Latin Quartet.

Durante una actuación en el Jazz Colón de la ciudad conoce a quien será su mujer, Gina Marcel, que a partir de entonces pasa a ser la cantante de la formación. El combo toca música de moda, éxitos de películas, canción italiana, chachachás y twists. Además de Ellington, Burrull tiene como referente a George Gershwin. En uno de sus discos más personales: *Blanc i negre*, de 1997, se adivina la atmósfera del músico negro y del músico blanco que tanto le influyen, porque es a partir de ellos que encuentra la síntesis del estilo musical que adora. Además, la edición lleva el sello de la fugaz discográfica Pequeñas Cosas que impulsa Serrat.

Ellington nace en Washington en 1899. Sus padres tocan el piano, de forma que él empieza con el teclado a los siete años. Triunfa en Nueva York con la orquesta que dirige en el Cotton

Club. Actúa por todo el mundo, varias veces por Sudamérica y por Europa. En Madrid y en Barcelona, con Ella Fitzgerald en los años sesenta. Experimenta con atrevimiento en sus orquestaciones y a menudo fabrica los temas con tan solo dos o tres notas. Fallece en Nueva York en 1974. Por su parte, Gershwin es un neoyorquino nacido en 1898, hijo de una familia de inmigrantes rusos. Consigue con su obra la simbiosis perfecta entre la estructura clásica y la jazzística. Aprende a dominar el piano de oído, y, aunque su primer profesor le inculca a Chopin y Liszt, él se fija más en Jerome Kern e Irving Berlin, compositores aclamados por sus musicales en Broadway. No obstante, se interesa por las trayectorias de Maurice Ravel y Arnold Schönberg. Muere en California a la temprana edad de treinta y ocho años.

A menudo la música es un cajón de sastre en el que proliferan las etiquetas hasta alcanzar el sinsentido, pero Burrull descubre en estos compositores la coherencia lógica de este arte. Así, comprende cómo los acordes disonantes resultan útiles para crear tensiones. El jazz entra en su vida de una forma definitiva, sin abandonar la práctica de la transversalidad. Llega a imaginarse un concierto ideal: Glenn Gould y Chick Corea, interpretando juntos un blues y una pieza de Beethoven. Es amigo y cómplice de Tete Montoliu. Comparten piso en Madrid y actúan juntos en los clubes nocturnos. En 1958 se une un tiempo a su cuarteto tocando el vibráfono.

Burrull ocupa el puesto de director musical de la discográfica Concèntric, que nace de una escisión de Edigsa. Su labor marca un estilo propio. El nuevo sello se abre al pop rock catalán, que representa la figura naciente de Pau Riba. Además, el arreglista tiene un estudio propio por donde pasan desde Raimon a Guillermina Motta y Lluís Llach. Allí imparte unos talleres que define como de asistencia a la creación. Es consciente de la precaria formación musical de los cantautores y les ofrece técnicas adecuadas a sus necesidades. Que se olviden de grabar sus inspiraciones con el magnetófono y se acostumbren a otros procedimientos. Congenia con todos, también con Sara Montiel —a quien acompaña en giras con el emblemático «Fumando espero»— y con el Dúo Dinámico y Julio Iglesias, para quienes realiza encargos. Como docente imparte enseñanzas en la escuela de Zeleste y en el Instituto del Teatro, entre otros centros.

No obstante, Burrull despliega su pasión en los arreglos. Siempre trabaja —como es propio en la época en todos sus colegas— con papel pautado, lápiz y goma de borrar. Por la proliferación de pentagramas rellenos llega a bautizar el oficio como el de pintar partituras. Durante el verano de 1950, toca el piano para los clientes del hotel La Gavina en la Costa Brava gerundense. Ava Gardner se aloja allí debido a un rodaje. Cuando ve que baja las escaleras al anochecer le dedica su canción favorita, «Lullaby of Birdland», un standard de George Shearing, compositor británico emigrado a Norteamérica. En los años sesenta, se convierte en el pianista habitual del Panams, un conocido cabaret de la Rambla que suele ser visitado por los marines de Estados Unidos cuando atracan en Barcelona. En los noventa, imparte una *master class* en Estados Unidos, invitado por el Berklee College of Music.

Burrull acompaña a Serrat en diversas giras por España y Sudamérica. Durante los años setenta, las actuaciones coinciden con el trabajo que el cantautor prepara sobre Miguel Hernández y que cuenta con las aportaciones del arreglista. Entre concierto y concierto, mientras viajan de una ciudad a otra, ambos aprovechan el tiempo para encajar los versos del poeta con las melodías del cantautor, y estas con la armonía e instrumentación del futuro elepé. Las incursiones de Burrull en los temas de este disco denotan un gusto natural y, lejos de ocultar la personalidad del cantautor, le extienden una alfombra para que discurra cómodamente.

El estilo general de los arreglos es de matriz clásica, pero la rompe sabiamente debido a un doble contraste. Por un lado, dentro de un mismo tema, con el juego instrumental y, por el otro, con la variedad estilística en los arreglos de cada uno de los temas. En síntesis, Burrull es un músico autodidacta, intuitivo, sabio y elegante. Domina la improvisación a la hora de innovar, pero al mismo tiempo demuestra una capacidad original a la hora de ordenar el trabajo de los demás. El arreglista fallece en 2021.

RICARD MIRALLES

Tete Montoliu ejerce de pianista de Serrat durante un breve tiempo en 1968, después del conflicto de Eurovisión. Ha sido alumno del conservatorio de la ciudad, como su padre, instrumentista de corno inglés en la banda municipal. Toca el piano en una orquesta venezolana que triunfa en España. Se casa con Pilar Morales, cantante cubana que conoce en Barcelona. Desde inicios de los años sesenta, en la sala Jamboree —que en zulú significa «reunión de tribus»— confluyen músicos de distintos ámbitos. El antiguo bar Brindis de la plaza Real de la ciudad funciona como cava de jazz. Allí Ricard Miralles conoce a Montoliu. Tiene que fijarse mucho en su técnica pianística, porque cuando le pregunta al maestro, áspero y poco complaciente, no se entretiene en dar explicaciones.

Miralles cuida mucho a Montoliu. El pianista ciego ha estudiado las fugas de Bach en el conservatorio con una partitura escrita en el sistema braille para invidentes. Cuando van a comer juntos, es tanta la confianza que el joven le corta la carne al maestro para que solo deba acompañarse con el tenedor. Por la calle, aflora el sentido del humor. No hay que pasar por las calles donde hay demasiados sostenidos, le dice Montoliu a Miralles, en referencia a los signos que indican dificultad en las partituras. Que sea invidente no le impide prevenir divertidamente a los demás de no caer en los socavones que conoce.

Tete Montoliu acompañó un tiempo a Serrat tras el conflicto de Eurovisión
y le dedicó todo un CD con versiones jazzísticas de temas suyos.
Foto © Pep Puvill, VEGAP, Barcelona, 2024.

Llega un momento en que Montoliu deja de acompañar a Serrat porque quiere dedicarse exclusivamente al jazz y propone al cantautor que Miralles le sustituya. Entonces el joven pianista ya ha escrito algún acompañamiento por encargo de Burrull, a quien considera también un referente indiscutible. Al cabo de los años, cuando se escucha a Serrat en su plenitud expresiva y sonora, se adivina con total claridad el minucioso oficio que despliega el músico sobre buena parte de su obra. Sin duda, se trata de su arreglista vertebral. Si la personalidad de Serrat como compositor y vocalista desprende un timbre característico, que solo le pertenece a él, las partituras de Miralles suenan también con un timbre inconfundible que, disco a disco, denota un estilo propio.

Miralles nace en Barcelona en 1944. Hay precedentes musicales en la familia. El abuelo proviene de Les Borges del Camp, un pueblecito de Tarragona. Allí regenta una barbería y toca la tuba como aficionado. El padre domina la trompeta con tanto acierto que es apodado como el Harry James español, un trompetista norteamericano que había tocado en la orquesta de Benny Goodman y que fue director de *big band*. Colabora con las orquestas de Augusto Algueró padre, Ramón Evaristo y Jaime Camino, antes de fundar su propia formación: Jaime Miralles y su Orquesta. El hijo se curte al lado de su padre amenizando bailes, y también junto al abuelo, cuando tocan juntos en pasacalles y procesiones.

Matriculado en el Conservatorio de Barcelona, Miralles realiza seis cursos de trompeta y la carrera de piano. Aunque empieza tocando la trompeta con los Blue Stars, un conjunto pasajero de juventud, para él toda la vida supone una lucha con el otro instrumento porque, más que definirse como pianista, considera que es un músico que toca el piano. Piensa que Beethoven también tenía que ejercitarse tocando escalas y arpegios, como dejan entrever sus sonatas. El abuelo, a menudo, le acompaña a clase. Conoce a Toldrà y quiere hablarle del nieto. Entonces, quien manda allí es un peculiar director que también ha influido a Ros Marbà. Este músico, Joaquín Zamacois, proviene de una dilatada familia de artistas vascos y en su juventud había compuesto cuplés. «Nena» es un título suyo que alcanza el éxito en los labios de Raquel Meller y Sara Montiel. Cuando da un giro a su vida, sin dejar de cobrar derechos como autor frívolo, Zamacois toca con Pau Casals y Lamote de Grignon, escribe tratados de teoría musical y se convierte en un severo profesor de armonía y contrapunto.

Al principio, al joven alumno, aquellas obligaciones le suponen una imposición, pero poco a poco se interesa por la materia y adquiere el sentido vocacional. Un sentido que crece fuera del útero académico, cuando emprende un camino paralelo por el que no ha recibido educación. Pero los músicos de verdad se adaptan pronto a los nuevos mundos. Su padrino de boda, Paco Ortega, es propietario de Discophon, y gracias a él asume la dirección musical de la discográfica que entonces ya tiene en catálogo a Peret, Machín y Guardiola. Además de Serrat, en la nómina del arreglista confluyen artistas de todo pelaje: Mari Trini, Pepa Flores, Soledad Bravo, Pablo Milanés, Rocío Jurado y Amancio Prada, además de Pi de la Serra, Alberto Cortez y Facundo Cabral, ya mencionados.

Prácticamente todos los arreglistas de Serrat viajan de la formación clásica al pop y al jazz, de modo que la artesanía con la que Miralles viste el armazón del cantautor se asemeja a la que utilizan sus colegas. En el teclado del piano es donde reside cada uno de los instrumentos que después darán color a un arreglo determinado. La variedad de temas serratianos que pasan por sus manos es tan rica y diversificada que le permite ensayar fórmulas de todo tipo, unas más efectivas que otras, e incluso adentrarse en la experimentación. Ambos artistas trabajan en perfecta comunión. En el tema «Per què la gent s'avorreix tant?», Miralles cambia de tonalidad en un interludio entre estrofas y Serrat agarra sin problemas el tono original, tras la modulación. Algunos colegas inquieren al arreglista sobre este atrevimiento, pero el pianista no tiene duda de que el cantante entiende a la perfección la excursión tonal.

En el taller, el punto de partida se basa en la melodía que presenta el cantautor. El proceso hasta el despliegue instrumental del arreglista es complejo. Primero escribe las partituras a mano y las pasa al copista, después utiliza el Finale, un software ideal para verter en los pentagramas la música escrita. No obstante, a pesar de que la informática ahorra tiempo y facilita el trabajo, Miralles prefiere aquellos arreglos que no se pueden corregir, porque piensa que rectificar sobre los materiales acabados es demasiado fácil. Al analizar la relación artística que mantienen es muy difícil distinguir dónde empieza el uno y termina el otro, y viceversa. Por esto funciona.

Aunque la mayor parte de la proyección profesional de Miralles se basa en la colaboración con los cantantes que se lo solicitan, ya mencionados, también realiza incursiones en la composición de música clásica contemporánea y en algunas bandas sonoras cinematográficas, además de ejercer como profesor en la Escuela de Música Creativa de Madrid, ciudad en la que fija su residencia. En 1978 firma la instrumentación de la *Fantasía para guitarra y orquesta* de Manolo Sanlúcar. En 2020 escribe varias versiones de pasajes de zarzuela que graba el Trío Mompou. Repite la experiencia en 2022, pero esta vez por encargo del Trío Arbós. En el CD, titulado *Zarzuela Miralles*, visita de nuevo los temas, pero reescritos para la ocasión. Entre otros títulos, reinterpreta fragmentos de *Doña Francisquita* de Amadeu Vives, *La verbena de la Paloma* de Tomás Bretón y *La Revoltosa* de Ruperto Chapí. Un año después, acomete una adaptación de boleros para el mismo trío clásico —piano, violín y chelo—, a los que pone voz la cantaora flamenca Sandra Carrasco. En esta ocasión reelabora la partitura de temas como «El reloj», «Alma mía», «Solamente una vez», «Mira que eres linda» y «Como un milagro», entre otros. Miralles se sienta cada día frente al piano. Por la mañana escribe para él, al margen de cualquier encargo. Se trata de un ejercicio rutinario que no cesa hasta que consigue un esbozo de melodía. Y por la tarde se dedica a estudiar.

En lo alto de sus preferencias sitúa a Bach y a Beethoven. En los últimos años, ha vuelto a considerar a Mozart, y reivindica sus partituras más ligeras, una simple romanza, por ejemplo, que no tiene empacho en calificar de comercial, para él un aspecto positivo en cualquier artista. El arreglista abraza una amplitud estética envidiable, desde aspectos puntuales de Verdi a cosas de Wagner, las óperas de Händel, el *Réquiem* de Rossini, el lied *Morgen* de Richard Strauss, además de Rimski-Kórsakov, Stravinsky y Messiaen, al que vio en directo en el Palau de la Música de Barcelona. Y, entre los grandes del jazz, Miles Davis, John Coltrane, Charlie Parker, Bill Evans y Brad Mehldau. Como pianista, Miralles admira a Liszt, Chopin y Rajmáninov, y como compositores de bandas sonoras, sin desdeñar a Ennio Morricone y a Bernard Herrmann, su preferido es John Williams.

El corpus entre Serrat y Miralles ya ha sido explorado en capítulos anteriores y, naturalmente, será objeto de atención en páginas venideras, porque constituye un episodio esencial en la vida artística del cantautor. Ambos unen de un modo particular su trayectoria en la gira *100 x 100 Serrat* a partir de 2005. Para la ocasión ofrecen el repertorio escogido en un buscado clima de intimidad en el que la voz, básicamente, está asistida por el piano. Los saltos de aquel Serrat de los inicios, solo con su guitarra, a una banda de acompañamiento que oscila entre los cuatro y los siete u ocho músicos, hasta la gran orquesta, y la ductilidad con que sus temas son adaptados por cantantes de todo el mundo, e incluso el hecho de que sus canciones sean aptas para ser interpretadas solamente a partir de las melodías, indican que su obra es susceptible de asociarse a cualquier formato, estilo y tamaño interpretativo.

JOSEP MARIA BARDAGÍ

Todos los arreglistas de Serrat tienen en su cartera a otros intér-pretes de la Nova Cançó, como Raimon, Maria del Mar Bonet o Pi de la Serra. Este es también el caso de Josep Maria Bardagí, guitarrista por excelencia que, con el peculiar tañido de sus cuer-das, confiere a las músicas del cantautor un tintineo distintivo. El músico nace en Barcelona en 1950. Su padre, Bartomeu Bardagí, fue tenor de ópera y corrector de catalán. Cantó asiduamente en el Liceu desde los años cuarenta. En este escenario actuó junto a Ingrid Bergman en el oratorio *Jeanne d'Arc au bûcher* de Arthur Honegger, que dirigió Roberto Rossellini. También acompañó a Montserrat Caballé en su debut en Valencia con la *Novena sinfo-nía* de Beethoven.

Así que en casa de los Bardagí suena música clásica a todas horas. No es extraño que, con estos precedentes, los hijos fueran empujados a cursar estudios musicales. El hermano de Josep Ma-ria, Pere, es un violinista profesional de reconocida trayectoria que también ha colaborado con Serrat. El arreglista abandona la escuela a los doce años y se matricula en el conservatorio de la ciudad, justo para realizar los cursos de solfeo y un instrumento de percusión, requisitos con los que obtiene el carnet de músico. Sigue las lecciones de guitarra del maestro Graciano Tarragó tan solo durante unos meses, porque se aburre y no le aportan nada. Al mismo tiempo descubre la bossa nova en los discos de Baden Powell y João Gilberto y, de hecho, se convierte en un autodi-dacta total.

El joven guitarrista brega con la música desde los dieciséis años con el grupo Gratsons, en la época en que también triunfan Los Catinos. Es autor de los arreglos del primer disco del cantau-tor valenciano Joan Baptista Humet. En los años ochenta forma parte de Teverano, un fugaz grupo que integra junto con su her-mano y tres músicos habituales en los recitales de Serrat: Josep

Mas, Kitflus; Jordi Clua y Francesc Rabassa. Sus miembros han pasado por grupos reconocidos de la época como Iceberg y Barcelona Traction, cuyo primer álbum produce Serrat. Tocan música instrumental, explorando las fronteras entre el jazz y el rock. Bardagí cultiva una estética alejada de los cánones clásicos. No obstante, Cordes Invisibles, otro grupo que aglutina a su alrededor, emana un sonido acústico, a partir de su guitarra y un cuarteto de cuerdas. Como sus colegas arreglistas, prepara las partituras a un sinfín de intérpretes. Desde Sisa a Antonio Carmona, Rosario, Pasión Vega, Joaquín Sabina y Ana Belén. A diferencia del resto de los arreglistas de Serrat, Bardagí no es pianista. No obstante, se esmera en tocar el piano, aunque sea de forma elemental, porque, cuando se dispone a componer o a instrumentar, el teclado supone un punto de partida inexcusable. Está acostumbrado a terminar rápidamente los encargos. A veces acaba un arreglo en el taxi que le conduce hacia el estudio.

Bardagí efectúa trabajos de todo tipo, bandas sonoras, sintonías publicitarias, melodías para teatro y eventos, etcétera. En su haber está la experiencia de grabar en los míticos estudios de Abbey Road en Londres, casa habitual de The Beatles. En el momento en que muchos compañeros de profesión se decantan por el jazz, Bardagí se rinde ante el conjunto de Liverpool. También es un devoto de Stephen Sondheim, compositor exquisito de teatro musical, así como rehúye los clichés que impone Andrew Lloyd Webber en el género.

Interrumpe el interés por la música clásica de joven, pero vuelve a ella en la madurez. Al igual que ha ido estudiando el esqueleto armónico del pop y el folk moderno, de repente analiza los cuartetos de Beethoven y los acordes de Wagner. Ecléctico por naturaleza, en la vida y en el arte, degusta a Puccini y a Bernstein, a Bartók y a Bach. Tiene cimientos académicos y experiencias que ha asimilado en sus búsquedas. Estudiar consiste en relacionar los conocimientos adquiridos con las definiciones que recogen los manuales. Además, un músico nunca deja de asimilar enseñanzas nuevas, incluso amenizando bailes en los locales habituales donde toca Bardagí, sea La Cabaña del Tío Tom (una sala de fiestas situada en el barrio de Pedralbes de la ciudad) o La Pérgola, un conocido restaurante de celebraciones de Montjuïc.

Pero no solo de música vive el hombre. Para Serrat, las artes construyen vasos comunicantes. Naturalmente, sus principales fuentes de alimentación son la poesía y las melodías. A ellas hay que añadir el rico universo cinematográfico, que penetra no tan solo en su catálogo de gustos, sino también en su cancionero. «Disculpe el señor» es un tema que emula la estructura de un plano secuencia que haría las delicias de cualquier realizador. Del mismo modo hay que entender «Malson per entregues», que compone a dúo con Bardagí. La materia prima la suministra una pesadilla que le explica el guitarrista. Durante una persecución onírica, el músico se siente perseguido por el cantante que intenta alcanzarle con la mala intención de acabar con su vida.

Quién sabe si una explicación psiquiátrica que situara la relación Bardagí-Serrat en su contexto serviría para entender el juego de la canción, un ir y venir del sueño a la realidad. Los versos saltan del dormir al despertar, y entre fase y fase no se sabe si una escena ocurre o no. La película acaba bien, de modo que la angustia de las persecuciones y los asesinatos que se narran, de hecho, no suceden porque todo acontece en brazos de Morfeo. Tras abrir los ojos, el soñador se siente aliviado, sobre todo teniendo en cuenta que viaja en tren y ha entrado en Francia, país de la libertad. Serrat sirve el relato en un traqueteo trepidante, aunque melódico, mientras Bardagí marca los pasos con percusiones y cuerdas insistentes.

El tema, adornado con puntuales subrayados vocales de Ana Belén, termina con un dulce dueto que interpretan a modo de coro infantil Maria y Jofre, hijos del cantante y el arreglista, respectivamente. En el mismo disco, *Material sensible* de 1989, Bardagí toca a dúo con Paco de Lucía en el tema «Salam Rashid», un personaje creado por Joan Barril. El guitarrista flamenco se exhibe en un solo en el que se suelta a su aire. Paco de Lucía ha tocado con Tomatito, Camarón de la Isla, y también con Carlos Santana y John McLaughlin, un guitarrista admirado por Bardagí. No es la primera vez que el cantautor del Poble Sec recurre a la fantasía del sueño para fabricar una canción. En 1980 pone música al poema de J. V. Foix «És quan dormo que hi veig clar», y en 1989 publica «Per construir un bell somni».

Entre cantante y músico existe una total confianza. Bardagí ve en Serrat a un hombre valiente y cobarde, fuerte y débil al mismo tiempo. Descubre pronto sus procedimientos. Se fija en que toma notas constantemente, como un pozo de información sin fondo. Es como si sacara el mono de trabajador del armario, dispusiera el material sobre la mesa y lo fuera seleccionando. Después de la labor, le presentará una maqueta o le cantará un esbozo de canción. Bardagí es conocido por el sobrenombre de *capgròs* (cabezón). De carácter campechano, todos le aprecian por su capacidad multidisciplinar, como inventor de historias, y por ser gracioso en sus ocurrencias. Le gusta comer, beber y fumar a sus anchas.

En 2001 le sobreviene un infarto y fallece de forma repentina. Nadie contaba con ello, porque cincuenta años no es una edad para morirse. En 2006, Serrat compone la segunda parte de aquella pesadilla, que titula precisamente «Capgròs». Ahora habla delicadamente con el amigo, que dejó instalado en Francia, imaginándose que volverá a la hora de cenar, pero lo hace hilando los versos íntimos en una sucesión de compases sosegados.

JOSEP MAS, KITFLUS

Mientras unos descubren la pasión por la música de forma tardía, a otros parece que el destino les indica la senda de manera precoz.

Josep Mas, conocido con el sobrenombre de Kitflus, nace en Mollet, cerca de Barcelona, en 1954. Cuando aún no ha aprendido a andar, ya queda impresionado por la magia de la orquesta de baile que toca en el Club del Ritmo, una sala de la vecina ciudad de Granollers. Sus abuelos regentan la guardarropía del local y cuidan de él, aunque no se dan cuenta de que el niño gatea hasta debajo del escenario para escuchar aquella música y contemplar de reojo a las parejas que bailan. El abuelo es aficionado a escuchar clásica y jazz. Así es como de chico descubrirá al pianista canadiense Oscar Peterson.

A los seis años empieza a estudiar solfeo en Mollet con Mercè Suñer y con su padre, Antoni Suñer, director de El Clavell, una formación que pertenece a los populares coros Clavé que cantan las famosas Caramelles por Pascua. Entonces, los jóvenes estudiantes concurren a los exámenes libres que convocan los conservatorios, en su caso el del Liceu. Después Kitflus culmina los cursos de piano y los estudios de armonía y contrapunto en el Conservatorio Municipal de Barcelona. Los catedráticos que forman los tribunales en las pruebas de fin de curso son extremadamente rígidos e infunden aprensión. Son gente mayor, de mentalidad cerrada, cuyo rictus es incompatible con una media sonrisa.

El padre de Kitflus es amigo de Frank Dubé, que dirige una orquesta en la sala Emporium de Barcelona. Esto facilita su debut a los quince años, justo cuando termina el bachillerato. Comparte habitación con un colega batería en la plaza Real de la ciudad. Frank Dubé es un tipo peculiar de la noche barcelonesa, polifacético, que llega a experimentar con la música conceptual. Es a partir de entonces que el sobrenombre de Kissguy (el chico del beso), con el que se le conoce en el local, deriva en Kitflus. Incluso a veces Serrat le llama Kit.

Conoce a Tete Montoliu, a Bardagí y a Miralles, de quien toma buena nota en las giras para sentar las bases de su experiencia. Desde aquella temprana edad, Kitflus ha vivido de la música

Serrat con Josep Mas, Kitflus, un músico que, con los teclados electrónicos,
experimenta nuevos timbres y los incorpora a la sonoridad del cantautor.
Foto © Juan Miguel Morales, VEGAP, Barcelona, 2024.

en sus múltiples facetas. Además del Modern Jazz Quartet, queda prendado por los saxos de Gerry Mulligan y Johnny Hodges, mientras en el número uno del podio encumbra a Bill Evans, apóstol supremo del jazz desde el piano, que empieza a volar alimentado por las semillas clásicas de Debussy y Ravel, y que influye en intérpretes posteriores como Keith Jarrett y Herbie Hancock. Aquellos referentes se erigen en maestros porque, fuera de algún manual perdido que compra en Argentina, no encuentra métodos de aprendizaje más allá de extraer de oído los acordes y las melodías de los discos.

A pesar del rigor académico de los conservatorios, el arreglista no olvida nunca las enseñanzas adquiridas. El lenguaje musical es una vía de intercambio que abre caminos y supone una ayuda en el oficio. Tal como siente atracción por el universo novedoso del jazz, selecciona entre los clásicos a sus preferidos. Así, se proclama seguidor indiscutible de Gustav Mahler, pero también de Händel. De Wagner, se queda con la profética obertura de *Tristán e Isolda*, que propone en el acorde inicial —comentado tan a menudo—, el preludio de un evolucionismo que quién sabe si también desemboca en el Misisipi. Finalmente, en la antología de gustos del arreglista sobresale Frederic Mompou, a quien bautiza como a un Granados mediterráneo. El formato sinfónico no es ajeno a Kitflus, porque también lleva a término encargos para gran orquesta.

El músico es tan precoz que, con apenas dieciséis años, acompaña a Tony Ronald en una gira por Sudamérica con su arreglo de «Help». El cantante y productor musical, de origen neerlandés, triunfa en Barcelona y España a finales de los años cincuenta. Los artistas que ha atendido Kitflus son legión. Se atreve con todos los géneros: Mari Trini, Lolita, Joan Baptista Humet, Mecano, la Orquesta Mondragón, Moncho, Pedro Guerra, Sabina... Y además se adentra en el flamenco con arreglos para Manolo Escobar, y con aportaciones en el último disco de Camarón de la Isla.

Asimismo, Kitflus conoce en profundidad la rumba, como demuestran sus trabajos con Peret, Los Amaya y El Petitet.

Ha colaborado con su mujer, Amaro, que cuenta con cinco discos de heavy metal. El arreglista posee una rica trayectoria en grupos estrictamente musicales. Después de Iceberg, ya mencionado, nace un significativo conjunto que se adentra en el llamado jazz fusión, Pegasus. En distintas fases, el grupo toca durante casi treinta años, desde su fundación en 1982. Al teclado de Kitflus se unen la guitarra de Max Sunyer, el bajo de Rafael Escoté y la batería de Santi Arisa. Además, escribe bandas sonoras para el cine, adapta unos ochocientos temas para el popular espacio de TVE *Mira quién baila*, compone la música para la ceremonia de clausura de los Juegos Olímpicos de Seúl y, entre sus últimos trabajos, destaca la adaptación de temas propios para piano y cuarteto de cuerda en la obra que titula *Kitflus ensemble*, estrenada en noviembre de 2023. Las herramientas informáticas del arreglista se basan en el manejo de Logic Audio y Pro Tools, un tipo de programas que inciden especialmente en el tratamiento del sonido. Si algo ha cambiado de las cualidades de la música (armonía, ritmo, intensidad y timbre) es esto último, el timbre; es decir, los efectos que llegan al oyente en la percepción del sonido. Josep Mas estaba acostumbrado a escuchar la música como tal hasta que con Serrat se da cuenta de que, además, le comunica historias, sensaciones, emociones. Todos los arreglistas, en mayor o menor medida, son amigos del cantautor del Poble Sec. En muchos casos, la colaboración les ha ocupado toda la vida, aunque la forma de trabajar ha cambiado con el tiempo. Con Kitflus, el uso de ordenadores supone entrar en una fase avanzada. Al fin y al cabo, arreglar es confeccionar un traje a medida que dé potencia a una base de versos y melodía.

Kitflus toca con Serrat a partir de los años ochenta y posteriormente se hace cargo de una parte significativa de los arreglos, a partir del álbum *Utopía* en 1992. Invierte dos años en el doble álbum *Banda sonora d'un temps d'un país*, que, además, tan solo se interpreta en dos conciertos únicos, tras los cuales se quema la escenografía como si fuera una falla. A partir de cierto momento, comparte con Miralles la labor de las adaptaciones, como sucede en *Mô*, un disco en catalán de 2006, y en *Antología desordenada*, un minucioso trabajo en el que Serrat revisita sus temas. Miralles y Kitflus colaboran al cabo de dos años en *Las canciones de Serrat sin Serrat*, un duelo entre los dos instrumentistas que se publica poco después en formato de disco. El repertorio del cantautor funciona incluso sin sus letras, lo que da muestra de que, al margen de ser un poeta total, es un músico total. En el insólito concierto, ambos pianistas juegan al gato y el ratón, se persiguen y se dejan atrapar, sonríen y lloran, ofrecen, en suma, una versión diferente del universo serratiano.

JOAN ALBERT AMARGÓS

Y si Serrat funciona con dos pianos, también funciona con toda una orquesta sinfónica detrás. En esto consiste el trabajo de instrumentación, arduo y minucioso, de Joan Albert Amargós, que tarda tres años en tener listas las partituras. El CD *Serrat sinfónico* contiene dieciséis temas del artista, pero Amargós versiona casi otros tantos —que podrían integrar un segundo CD— porque en muchos conciertos se programan canciones que no se incluyen en la grabación. Para la orquestación utiliza el Cubase, un software informático que le permite visionar la partitura y escuchar cómo suenan las partes. En 2003 se estrena el proyecto, en el que interviene Ricard Miralles al piano, en el Palau Sant Jordi de Barcelona. La Orquestra Simfònica de Barcelona i Nacional de Catalunya, conocida como OBC, acompaña al cantante. La gira se expande durante más de tres años por España y Sudamérica, con la particularidad de que en cada plaza es la orquesta de la ciudad correspondiente la que se somete, entre otros directores, a la batuta de Amargós.

Varios factores empujan al arreglista a materializar la idea de Serrat: elabora música sin etiquetas, toca una pluralidad de géneros envidiable y su obra resulta más natural que el pop, el rock, la lírica o la canción popular. Además, la materia prima es inmejorable, cercana a la limpieza del lied. El respeto que ambos se dispensan ayuda al planteamiento. Amargós piensa que el sonido orquestal, en definitiva, nunca pasa de moda porque suena igual ahora que dentro de cien años; en cambio, el sonido de las grabaciones, con sus mezclas y experimentaciones, es perecedero. En el proceso para el traspaso sinfónico de los temas, empieza por desnudarlos, dejarlos en la melodía y la armonía básicas, porque el revestimiento que conviene aplicar es complejo. En una formación sinfónica hay una gran variedad de fórmulas para configurar un acompañamiento, todo ello combinado con la riqueza tímbrica de las maderas, el metal, la cuerda y la percusión.

Todas las canciones de Serrat tienen un barniz que permite al arreglista expandirse, cosa que no pasa con otros cantautores. En el resultado sinfónico, esto se aprecia claramente en «Mi niñez», «Aquellas pequeñas cosas» y «La bella y el metro». Escribir para una formación de setenta, ochenta o noventa músicos exige acomodar el repertorio a las funciones de cada uno de ellos. Para Amargós, lo importante es que toda la orquesta pueda participar e implicarse de tal modo que al tocar se sientan como en casa. Resaltar la felicidad, la lírica, los aspectos emotivos, intimistas o épicos de las canciones le resulta fácil al arreglista, porque a la orquesta sinfónica todo ello le va de maravilla. Como mucho se atreve a cambiar algunas armonías, pero no las introducciones o contestaciones melódicas que están fuertemente ensambladas a las versiones originales.

Joan Albert Amargós nace en Barcelona en 1950 en el seno de una familia de artistas. Su abuelo, Joan Altisent, es compositor,

El cantautor, en medio de Joan Albert Amargós y Miguel Poveda en septiembre de 2009.
Amargós firma, entre otros, los arreglos para orquesta sinfónica de las canciones de Serrat,
a la vez que se adentra en el flamenco del cantaor badalonés.
Foto de Carlos Gracia Escarp.

organista y docente, aunque hereda una fábrica de guantes y no puede dedicarse únicamente a la música. El nieto recuerda que con cinco años le acompañaba a la ópera. También son músicos su tío Antoni Altisent, su primo Feliu Gasull, su mujer Elisabet y sus hijas Carlota, destacada violinista, y Úrsula, intérprete de viola en distintas formaciones que acompañan a Serrat. Una de las artistas destacadas de la familia es su tía, Aurora Altisent, pintora y escultora de destacada trayectoria. Amargós, que de pequeño sacaba las melodías de las teclas y las memorizaba, se matricula en el Conservatorio del Liceu y prosigue los estudios en París. Ejerce de concertista de piano y clarinete. En 1976 funda Música Urbana. Este fugaz pero influyente grupo —que reúne, entre otros, al contrabajista Carles Benavent y al guitarrista Jordi Bonell— ensaya un estilo de jazz-rock alejado de los parámetros anglosajones. La formación bucea sin complejos por la música española, la ópera popular y la música contemporánea para obtener resonancias mediterráneas y mozárabes.

El arreglista escribe música y óperas de cámara, sardanas, conciertos y bandas sonoras. Entre sus obras cabe destacar el *Concierto para clarinete y orquesta* y el *Northern concerto*, composición clásica contemporánea nominada a los Premios Grammy 2008. En 2010 firma la adaptación de dieciocho temas para el álbum *Lax'n'Busto Simfònic*, que graba una orquesta clásica de veinte músicos. Asimismo, compone la partitura de clausura de los Juegos Olímpicos de Barcelona'92. Y experimenta un giro importante en su vida artística cuando su amigo Benavent le invita a acompañar a Paco de Lucía y Camarón de la Isla.

Así como trabaja con Alfredo Kraus y Plácido Domingo, también colabora con Estrella Morente y Jorge Pardo y se convierte en eje fundamental en la carrera de Miguel Poveda, como arreglista y como pianista. Ha dirigido orquestas de España, Suecia, México, Argentina y Chile. Su última composición, bajo el título *En libertad*, estrenada en la ciudad alemana de Duisburg, está planteada para orquesta sinfónica, guitarra, percusión flamenca y voz. En este caso, Amargós cuenta con la colaboración de la cantaora Marina Heredia y la guitarra flamenca de José Quevedo, coautor de la obra.

Los referentes musicales de Amargós son muy diversos, como su obra y la estética de los artistas con los que ha trabajado. Dentro de la música popular destaca el peso cultural de los cantantes franceses, desde Yves Montand, Claude Nougaro o Michel Legrand. También manifiesta un gusto personal por el cantautor norteamericano James Taylor y, cómo no, por The Beatles bajo el refinamiento de George Martin. Finalmente, ve a Bob Dylan y a Leonard Cohen como Serrats en otros idiomas. La llamada música clásica tiene como antecedente el primer disco de su vida, *Preludio de la siesta de un fauno*, de Debussy, y después se interesa por Falla, Albéniz, Turina y Guridi, además de Bartók, Khachaturian, Bernstein y, de un modo particular, Hindemith. Es tanta la fascinación que el arreglista siente por el compositor y musicólogo alemán que durante largos años estaba convencido de que provenía de otro planeta.

El recorrido profesional de Joan Albert Amargós abarca estilos que pueden parecer contrapuestos. No es habitual encontrar a alguien que, después de instrumentar la obra de cantautores de la Nova Cançó como Pi de la Serra, Ovidi Montllor, Guillermina Motta o Maria Dolors Laffitte, emplee a fondo sus conocimientos clásicos al servicio del flamenco de una forma tan decidida. Conoce a Serrat en 1976 cuando se incorpora a una gira del artista del Poble Sec. A la vuelta, tras el episodio de exilio del cantante en México, le acompaña con su grupo, Música Urbana, en una serie de recitales por los barrios de Barcelona y una actuación en París.

Amargós atribuye a Serrat el instinto natural de los intérpretes de flamenco, que a pesar de no haber estudiado música tienen una intuición natural. El cantautor demuestra además la capacidad de confiar en los profesionales que se han movido alrededor suyo, gente del mundo de la música y del mundo de las letras. Solo así es posible que una maqueta inicial recorra el camino del diamante en bruto que alcanza el máximo esplendor. Muchas de las primeras canciones de Serrat no han notado el paso del tiempo, mientras ha ido adquiriendo la sabiduría y la técnica a base de acumular conocimientos. Para Amargós, el arte en general y la música en particular poseen un orden natural interno. El buen hacer consiste en que cuadren los ingredientes. El músico ilustra este pensamiento con la reacción que experimentaron los impresionistas franceses (Ravel, Debussy…) que enloquecieron al descubrir la estética japonesa. Entonces la gente no viajaba como ahora, pero las artes sí, hecho que convertía a los artistas en esponjas. Aunque Amargós y Serrat trabajan juntos de forma discontinua, mantienen una relación personal periódica.

OTROS COLABORADORES MUSICALES

Junto a estos seis músicos que sobresalen en la obra de Serrat, algunos más han intervenido ocasionalmente en arreglos de sus temas. Entre ellos, cabe destacar al cántabro Juan Carlos Calderón, arreglista de referencia en el panorama del pop español que se inicia en un cuarteto de jazz y alcanza notables éxitos como compositor y productor. Entre las canciones que pasan por sus manos, sobresalen «El titiritero» y «Mediterráneo», tema en el que también interviene Burrull. En el álbum emblemático que lleva el título de la canción, trabaja asimismo el italiano Gian Piero Reverberi, formado en el Conservatorio de Génova, compositor de música para cine y televisión, además de instrumentista de pop y rock. El argentino Horacio Icasto dirige la gira musical de *Nadie es perfecto*, y Manel Camp se hace cargo en 1992 del tour de *Utopía* y escribe algunos arreglos.

La figura del productor musical en el caso del cantautor del Poble Sec tiene una incidencia relativa. En España, esta función es asumida en un principio por los arreglistas y los directores musicales. Después, toma importancia el técnico de sonido, labor que en el *summum* de la sofisticación pasa a ser desarrollada por los llamados ingenieros de telecomunicaciones. Su cometido consiste en plasmar en el estudio lo que suena en directo. Miralles y Burrull contemplan la tarea de estos especialistas con socarronería. Se suelen referir al trabajo rutinario simplemente con la expresión de «hacer cabina». En una ocasión, a Miralles no le gusta la grabación de las trompas y conduce al técnico hacia el estudio para que escuche *in situ* cómo quiere que suenen.

Con todo, entre la larga lista de colaboradores de estudio que han participado en discos de Serrat, puede citarse a Plinio Chiesa, que interviene en Milán durante la grabación del álbum dedicado a Machado y de *Mediterráneo*, Raúl Cuevas, que trabaja en el primer disco de Hernández, y Juan Manuel Vinader, en el segundo, además de constar como técnico de sonido de *Mô* y *El sur también existe*. Otros asistentes de estudio que han colaborado con Serrat son Franco Maurizi en *La paloma*, J. J. Moreno en *Tal com raja*, *Per al meu amic* y *Para piel de manzana*, y Pepe Loeches en *Cada loco con su tema* y *En tránsito*. En los discos primitivos del cantautor figura el compositor Salvador Pueyo, supervisor de Edigsa, un señor educado, aunque a los jóvenes músicos de entonces les resulta algo anticuado. En la grabación de *Serrat sinfónico*, realizada en L'Auditori de Barcelona en 2002, interviene como técnico José Luis Crespo.

7

El intercambio hispanoamericano

«Penélope» es una canción que sale a la luz en 1969. Serrat trabaja en una historia a partir del personaje de Homero y Augusto Algueró tiene una melodía que quiere llevar al IV Festival Internacional da Canção de Río de Janeiro. Acoplando letra y música nace un tema que el cantautor, desde entonces, incorpora a su repertorio. En la *Odisea*, la esposa espera veinte años a que Ulises vuelva de la guerra, tejiendo y destejiendo un sudario para no atender a los hombres que la pretenden. En la canción de Serrat, el lugar del palacio lo ocupa una estación de tren, donde la chica aguarda al caminante que la ha abandonado, mientras se abanica.

El certamen de Río congrega a un revoltijo de artistas. Entre otros, Al Bano, Frida Boccara, Luis Aguilé y Rika Zaraï, conocida por su versión de «Casatschock», además de Serrat. No menos variopinto es el jurado, presidido por el brasileño Wilson Simonal e integrado por el cantautor italiano Sergio Endrigo, el director de orquesta alemán James Last, la cantante española Conchita Bautista, etcétera. Serrat se clasifica en sexto lugar, pero «Penélope» le supone el pasaporte de entrada en América, junto a Ricard Miralles, su fiel escudero musical. Con la puerta de Brasil, se abren sucesivamente las de Argentina, Chile, Uruguay, México, República Dominicana, Puerto Rico, Perú, Cuba, Ecuador, Colombia, Bolivia, Panamá, Paraguay, Venezuela...

Algueró conoce el mercado. El año anterior, había acompañado a Salomé en el certamen brasileño con el tema «La feria», que había escrito para ella. Como director de orquesta es un asiduo del Festival de Eurovisión, al frente de la representación española. A lo largo de su carrera explora las sonoridades modernas desde el dominio de la llamada música pop. Sus composiciones alcanzan éxito en la voz de los cantantes del momento: Jaime Morey, Ana Belén, Rocío Jurado, Los Cinco Latinos, Rocío Dúrcal, y especialmente Marisol con «Tómbola» y Concha Velasco con «La chica yeyé».

El apellido está asociado a una dinastía familiar de músicos. El abuelo, Manuel Algueró, es pianista, compositor y director de compañías de zarzuela. En su tiempo había acompañado a Raquel Meller en una gira mundial. El padre, que también se llamaba Augusto, es autor de varias bandas sonoras de las películas de Ignacio F. Iquino y editor musical. La madre, Rosa Dasca, pertenece a una familia de empresarios de espectáculos que tuvieron pleno auge durante los años dorados del Paral·lel. Todos ellos constituyen la correa que transmite el esplendor lejano de los felices veinte.

El compositor de «Penélope» nace en Barcelona en 1934. Recibe formación en el conservatorio de la ciudad y a los dieciséis años ya destaca en el oficio. Tiene tanto trabajo que Ros Marbà le asume encargos desde el anonimato. Triunfa con rotundidad en España y América. Se casa con Carmen Sevilla, con quien tiene un hijo, Augusto José, el cuarto músico de la estirpe. Compone para su mujer «Te quiero, te quiero», que también interpreta Nino Bravo. Es autor además de varias bandas sonoras para el cine y también trabaja para la televisión. Augusto Algueró fallece en Torremolinos en 2011.

El desembarco en Río es una iniciativa de José María Lasso de la Vega, el primer representante de Serrat. El cantautor recuerda la aparición en un bar contiguo a Radio Barcelona de un individuo alto y fortachón, calvo y de ojos salidos, que se le acercó cojeando. Llevaba un pañuelo de dandi al cuello y un enorme anillo brillante. Lasso de la Vega gestiona con Ricardo Ardèvol una de las primeras giras de Serrat en Cataluña. Ardèvol tiene una empresa de espectáculos y representa al artista en varias actuaciones posteriores. Ha trabajado como locutor, rapsoda y actor de radioteatro en la emisora donde debuta el cantautor. Lasso de la Vega procede de una familia acomodada de Granada. Prueba suerte en el negocio taurino, pero pronto emigra a Barcelona y se sumerge en el Paral·lel, donde empieza su vida como representante de artistas. No suele formalizar contratos escritos más allá de estampar su firma en la servilleta de un restaurante.

Por su parte, José Emilio Navarro, Berry, nacido en Valencia, empieza tocando el bajo y la guitarra cuando deja los estudios y, de 1966 a 1970, forma parte de Adam Grup, un conjunto que toca soul y versiona a James Brown. Lasso de la Vega los contrata para que acompañen al Dúo Dinámico en varias giras. Al mismo tiempo, Berry va aprendiendo las primeras nociones de sonido e iluminación. Durante estos años conoce a Serrat, pero no es hasta 1972, cuando vuelve de Ceuta donde ha cumplido el servicio militar, que Lasso de la Vega le propone incorporarse al equipo del cantautor como técnico en uno de los viajes a Sudamérica. Al cabo de dos años empieza a ocuparse de las cuestiones logísticas. Lasso finaliza poco después la relación con Serrat y Berry se convierte, plenamente desde 1980, en mánager del cantante hasta su despedida de los escenarios.

BRASIL Y MÉXICO

El contacto continuado con la diversidad de pueblos sudamericanos abre una nueva perspectiva al cantautor, que ya en su época universitaria había empezado a escuchar los discos que le llegaban de la otra orilla del Atlántico. Él acude para dar a conocer su obra, indudablemente, pero al mismo tiempo absorbe raíces y variantes del rico folclore de cada país. Serrat demuestra una capacidad innata de convertirse instantáneamente en esponja ante cualquier estímulo artístico exterior. Y estos estímulos los incorpora de oficio a sus composiciones. El cantautor es capaz de llegar a un lugar desconocido y, de repente, identificarse con sus habitantes, sus costumbres e, incluso, hablar como ellos. Así, las tierras de ultramar constituyen un nuevo mundo para el juglar explorador que primero da pero que después anhela recibir. Sudamérica, para Serrat, constituye un intercambio incesante de experiencias y cantares.

Las bases de la música popular de Brasil (primer país que visita el cantautor) las establece Dorival Caymmi, nacido en 1914 en Salvador de Bahía, de madre negra, originaria de la misma ciudad, y de padre inmigrante italiano. Aunque su vida transcurre sobre todo en Río, donde fallece en 2008, sus fuentes musicales nunca dejan de ser bahianas. De ahí surgen sus versos sobre el paisaje natal, las historias de pescadores y los lamentos por los infortunios del mar. Caymmi empieza a cantar en el coro de la iglesia y aprende a tocar la guitarra por su cuenta. Así se empapa de la samba, género que en sus manos adquiere plena madurez. Los orígenes del formato hay que buscarlos a finales del siglo XIX en las danzas de los esclavos africanos liberados, que entran en contacto con la polca y la machicha. A lo largo del primer tercio del siglo XX, se afianza sobre este baile el peculiar mosaico de ritmos cariocas.

Sin Caymmi, que Serrat anota en su cuaderno de bitácora, porque siempre hay que fijarse en el patriarca, no se entiende la generación de cantautores brasileños que siguen sus pasos: Vinícius de Moraes, Tom Jobim, João Gilberto y su mujer Astrud Gilberto, Maria Bethânia y su hermano Caetano Veloso, Toquinho, Milton Nascimento y el polifacético Chico Buarque.

Estos intérpretes, partiendo del legado del maestro, fabrican música con aires de jazz, a la que añaden contratiempos que sobrevuelan la caída natural del compás. Así nace la bossa nova a finales de los años cincuenta. «Chega de saudade» y «Garota de Ipanema», compuestas por Jobim y De Moraes, señalan el punto de partida. Este estilo crea escuela, derivando en una suerte de jazz autóctono del que incluso beben los músicos norteamericanos.

En 1969, cuando llega a Río de Janeiro, el cantautor del Poble Sec ha divulgado en Portugal un disco sencillo con dos temas propios que canta en portugués: «O ferro-velho» («El drapaire») y «O saltimbanco» («El titiritero»). «O ferro-velho» goza de una adaptación del poeta Alexandre O'Neill, fundador del movimiento surrealista lisboeta, que el cantante Carlos do Carmo —que alcanza prestigio internacional como intérprete de fados— incorpora a su discografía. O'Neill transcribe asimismo la mayoría de los títulos del elepé *Joan Manuel Serrat... e as suas canções*, que se edita el mismo año en Portugal. El cantautor aborda entre otros temas «Canção de madrugada», «Minhas gaivotas», «Pouco antes que batam as dez», «Como faz o vento» y «Palavras de amor».

En Brasil, además de hacia Caymmi, dirige la atención sobre el resto de los cantantes. Algunos de ellos colaboran estrechamente en sus proyectos. Así ocurre en *Sinceramente teu*, el álbum que el cantautor del Poble Sec graba en portugués en 1986 en Río de Janeiro, con once temas de su cancionero, de los que tan solo cuatro conservan el castellano original. Los demás cuentan con una adaptación de los versos a cargo de Santiago Kovadloff, poeta argentino, traductor de literatura portuguesa. Serrat canta a dúo con varios artistas brasileños. En la canción que da título al disco interviene junto a Maria Bethânia, que hace gala de su amplio registro vocal. Bethânia ha grabado cincuenta álbumes de estudio, de los que ha vendido millones de copias. Caetano Veloso también participa con «Cada qual com sua mania», una versión de «Cada loco con su tema». La dicción dulce del cantante contrasta con el piano saltarín de Miralles y el brío de la guitarra de Bardagí. Un Bardagí que, como se ha consignado, empieza a puntear las cuerdas escuchando los discos de estos artistas brasileños. Veloso forma parte junto a Gilberto Gil, también destacado cantautor, de un movimiento cultural que se marca como objetivo la reivindicación de la música tradicional de Brasil. Serrat no encuentra a un intérprete tan dúctil como él. Con su voz hace lo que quiere, hasta rozar incluso cierta cursilería, sin caer en ella, porque nunca llega a dar esta sensación.

El guitarrista y cantautor Toquinho se une al disco con «Aquellas pequeñas cosas». A su vez, Serrat participa en el tema «En tournée» del guitarrista en un álbum del brasileño. Toquinho comparte escenario durante años con Vinícius y con Chico Buarque, y se relaciona con Astor Piazzolla, Mercedes Sosa, Paco de Lucía, C. Tangana, Diego el Cigala y Sílvia Pérez Cruz. Finalmente, en el CD portugués, Serrat canta «Não faço mais do que pensar em ti» («No hago otra cosa que pensar en ti») junto a la vocalista Gal Costa. Cuando el cantautor del Poble Sec plantea grabar el disco, no obstante, tiene interés en invitar a Chico Buarque, artista por quien siente admiración, del que damos referencia detallada en el próximo capítulo. Debido a problemas de agenda, el encuentro no es posible. En cada país, Serrat encuentra un aliciente particular. Las playas brasileñas, para él, son una fuente de explosión festiva, de noche y de día. Además de proporcionar el baño, la gente baila, enciende velas y esparce flores por la arena y el agua.

Si Brasil está marcado a fuego por sus ritmos y sus músicas, ocurre lo mismo con México. Los géneros en este país crecen a partir de una rica raíz sonora. Entre los más primitivos se encuentra el corrido, un modo de expresión popular que se expande en 1910, durante la revolución, aunque Cervantes ya utiliza el término en sus novelas, lo cual indica que en su base se encuentran los romances españoles. El corrido toma cuerpo en México, tras la conquista en el siglo XVI, como formato idóneo para narrar batallas, historias de bandoleros y tragedias humanas de todo tipo. Puede ser recitado, cantado o bailado, según se trate de una poesía, una balada o una danza. La evolución natural conduce el corrido hacia la ranchera y el mariachi, cuya cuna folclórica se encuentra en el estado de Jalisco.

Serrat tiene como referente del género a José Alfredo Jiménez, nacido en Dolores Hidalgo, estado de Guanajuato, en 1926. De niño se traslada a Ciudad de México y siendo adolescente ya escribe sus primeras canciones. Se gana la vida como futbolista y camarero. Canta por la radio y pronto sus primeros discos lo lanzan a la fama hasta el punto de que Jorge Negrete y María Dolores Pradera incorporan temas suyos a sus respectivos repertorios. Conocido por su ranchera más popular, «El rey», Jiménez muere en la capital en 1973. El cantautor del Poble Sec llega a tratar en persona al artista mexicano y, por esta razón, años después, a finales del siglo XX, estampa un tema sentimental de Jiménez, «De un mundo raro», donde la melodía abriga una historia de amor, entre la mentira y el llanto ausente.

El cantautor en otra ocasión invita a la cantante mexicana Paquita la del Barrio, célebre asimismo como intérprete de rancheras, a participar en una edición antológica de su obra con una versión sui géneris de «No hago otra cosa que pensar en ti», al son de acordeón y marimba. Ella, con marcado aplomo, distinto y distante al del cantautor, desgrana la parsimonia del tema con toques personales que sobresalen fuera de los cánones esperados, llegando incluso a cambiar la letra a su modo. Paquita la del Barrio gasta una voz contundente, cautivadora, de una singular naturaleza. Conocida en todo el planeta por su interpretación de «Rata de dos patas», la artista anuncia su retiro en abril de 2023. El culto al país azteca culmina con la grabación que Serrat realiza de «La maquinita», una ranchera popular de contenido rocambolesco, a paso de vals, que destila el delirante surrealismo mexicano.

CHILE Y CUBA

En 1970, poco antes de las elecciones presidenciales chilenas que gana Salvador Allende, Pablo Neruda invita a Serrat a la casa de Isla Negra donde reside. Comen juntos en un restaurante de pescadores cerca del mar. El cantautor recuerda los platos: machas y congrio. La tarde se les hace corta en la biblioteca del poeta, decorada con motivos marinos. Hablan del oficio, de España y de Miguel Hernández. La esposa del anfitrión, Matilde Urrutia, cantante y escritora, interrumpe discretamente el diálogo para servirles un té. Serrat es obsequiado antes de irse con un caballito de cerámica negra. Aunque el cantautor no llega a componer música sobre versos de Neruda, canta en varias ocasiones y graba en un disco el popular «Poema 20», que empieza con el conocido verso «Puedo escribir los versos más tristes esta noche», con música original del cantautor argentino Ramón Ayala.

Chile, como México, también adopta elementos del corrido, especialmente en los entornos rurales del sur. No obstante, la voz que recoge mejor la canción tradicional es la de Violeta Parra, nacida en 1917 y cuya infancia transcurre en el campo. Su padre es músico, maestro y folclorista de la región, y su hermano, el poeta Nicanor Parra. Durante un viaje a Europa, la cantante graba temas de su país para el sello Le Chant du Monde de París. Compone «Gracias a la vida» en 1966, que su compatriota Víctor Jara y Joan Baez comparten en sendos discos. Al cabo de un año se quita la vida en Santiago. Tiene cuarenta y nueve años.

Serrat siente una especial adoración por la artista, tanto por su labor de investigación como por su capacidad de emocionar a los públicos de plazas y entoldados. El cantautor incluye ocasionalmente temas suyos sobre todo en los recitales que tienen lugar en Chile. Este es el caso de «Volver a los diecisiete», una composición de la artista fechada en 1962, inspirada en los patrones folclóricos de su país, en un formato de sirilla, una danza antigua chilena basada en la seguidilla española. En los labios de Parra, los versos desprenden un lirismo suave y, en los de Serrat, un acercamiento sumamente respetuoso al tema.

El cantautor del Poble Sec, en el álbum *Cansiones*, que recopila temas hispanoamericanos, sorprende con una versión de «Mazúrquica modérnica» de la autora chilena, un juego versificado en palabras esdrújulas inventadas que lo obliga, como en gran parte de los temas latinoamericanos, a utilizar el tres por cuatro, tiempo elegante y salado para este tipo de narrativas. En el mismo disco adopta «El cigarrito», un tema de Víctor Jara que describe en breves estrofas el gesto fugaz de prender un pitillo. Víctor Jara nace en 1932 de padres campesinos. Su madre le enseña a tocar la guitarra. Queda huérfano a los quince años y estudia en una escuela de teatro en Santiago. Desarrolla una fructífera carrera como dramaturgo y cantautor. El compromiso político alrededor de Salvador Allende le marca un final trágico a raíz de la instauración de la dictadura de Augusto Pinochet. Es torturado y asesinado en 1973.

Completan la nómina de cantautores chilenos arraigados en el paisaje Osvaldo Rodríguez —nacido en Valparaíso y divulgador de la obra recogida por Violeta Parra— y dos grupos corales que expanden a conciencia el folclore popular: Quilapayún, surgido en los sesenta, que cuenta precisamente con la dirección artística de Víctor Jara, e Inti-Illimani, nacido unos años después, apóstoles de la llamada Nueva Canción Chilena. Cuando sobreviene el golpe militar están fuera del país y tienen que permanecer en Italia hasta su regreso en 1988.

En Cuba, poco después de los inicios de la Nova Cançó que propulsó a Serrat, emerge la llamada Nueva Trova, inspirada en la Revolución cubana de 1959. Cantautores como Leo Brouwer, Silvio Rodríguez —objeto de atención en el próximo capítulo—, Pablo Milanés, Noel Nicola y Amaury Pérez fabrican un cancionero propio de contenido político, aunque de singular arquitectura musical y poética. Estos artistas encuentran una figura referencial en Carlos Puebla, intérprete de temas románticos en sus inicios, que, con la guaracha «Y en esto llegó Fidel» y con «Hasta siempre, comandante Che Guevara», imprime un cambio en la orientación de su repertorio tradicional.

En la base de la Nueva Trova está la música tradicional cubana. No obstante, la isla acuna un sinfín de corrientes sonoras que, mares a través, llegan no solo del continente americano, sino de África y Europa. Estas aportaciones se mezclan con formas de rumba rudimentaria y confluyen en el son, el característico estilo musical autóctono, que nace a finales del siglo xix en la parte oriental del país y crece durante los años treinta, dando lugar a la llamada salsa cubana que conquista el mundo entero.

Cuba y España disponen históricamente de billetes de ida y vuelta respecto a las expresiones musicales. Los boleros de Antonio Machín y Olga Guillot ya están presentes en la España de Franco, mientras en la isla caribeña se afianza la popularidad de Bola de Nieve y Benny Moré a partir de su variedad estilística. Machín abandona Cuba para viajar a Nueva York, Londres y París. Llega a Barcelona en 1939 para huir de la Segunda Guerra Mundial y pronto fija la residencia en Madrid. Al cabo de los años destaca la labor del folclorista californiano Ry Cooder, que en los noventa resucita a los viejos músicos del Buena Vista Social Club de La Habana. Santiago Auserón, compositor, cantante y filósofo aragonés, ha realizado minuciosas investigaciones de campo sobre la evolución del son desde Compay Segundo (patriarca de los cantautores históricos), y también ha documentado el viaje expansivo del género hacia España. En ningún otro rincón del planeta, un país tan pequeño aglutina una mayor riqueza sonora.

Serrat visita el país caribeño a partir de los años setenta y desde entonces establece con sus gentes una relación afectuosa muy particular. El afecto se lo devuelven los cubanos en el doble CD *Cuba le canta a Serrat*, de 2004-2005, en el que versionan veintiún temas suyos. El homenaje musical constituye una ducha a chorro de la variedad expresiva cubana espolvoreada sobre el repertorio serratiano. Un trabajo redondo, variopinto y de una exquisitez notable.

Pablo Milanés (autor de la exquisita «Yolanda») une su delicada voz al proyecto en una versión de «Mensaje de amor de curso legal». En 2014, graba a dúo con Serrat «Te guste o no», un tema que pone el dedo en la llaga de las diferencias culturales para construir un canto a la igualdad. Por su parte, en 1986, Serrat interpreta a dúo con el cubano «Yo pisaré las calles nuevamente», que Milanés compone para denunciar la dictadura chilena. El cantautor caribeño da una pátina personal a la Nueva Trova, a partir de una sensibilidad propia de corte romántico y jazzístico.

Dos destacados artistas de Buena Vista Social Club se suman a la fiesta con sendos temas serratianos, Ibrahim Ferrer, cristalino e impecable con su versión de «Te guste o no», y Omara Portuondo, intensa y sensible con el tema «Por dignidad». Y aún otro miembro del grupo, Pío Leyva, se lanza sobre «Me gusta todo de ti (pero tú no)», a base de bongos, trompetas y coros. Entre los artistas cubanos que rinden admiración al cantautor del Poble Sec, sobresale Pancho Amat, hábil instrumentista del tres cubano, con «Tarrés», retrato de la personalidad oculta del cantautor que Serrat escribe en colaboración con Tito Muñoz. El grupo de Pancho Amat, el Cabildo del Son, le da un aire tan cubano al tema que llegan a pensar que el artista catalán pretendía hacer un son y no le salió.

Un ejemplo más corrobora que las formaciones cubanas absorben toda melodía ajena con compases autóctonos de vaivén que inyectan una atmósfera renovada, vital, pegadiza. No puede verse de otro modo el resultado de «No hago otra cosa que pensar en ti» que la Orquesta Aragón convierte en un sabroso chachachá. El arreglista, Rafael Lay, conoce la canción por la radio de modo que, cuando se le confía la grabación, ya se ha aprendido la melodía y la letra. No obstante, el paso para encajarla en el estilo y la métrica del grupo no es inmediato. Al cabo de cuatro madrugadas cantándola y soñándola una y otra vez aparece la idea rítmica para la primera oración y a partir de ahí nace toda la versión. Lay aprecia en Serrat una lograda belleza melódica y ve en su lenguaje una picardía muy particular.

Es natural que todos los artistas cubanos, versados en la captación de fuentes sonoras, encuentren que las tonadas del cantautor caminan por su universo guajiro y son aptas para improvisar. Así les dan un toque latino que calienta aún más el ritmo inicial que deriva hacia el infinito en forma de salsa bailable.

URUGUAY Y ARGENTINA

El periplo por los países sudamericanos durante la dilatada carrera de Joan Manuel Serrat coincide con episodios de luces y sombras, de aclamaciones y vetos. Prácticamente todos los estados del Cono Sur experimentan vuelcos políticos que los trasladan de la democracia a la dictadura, y viceversa, sobre todo Brasil, Chile, Uruguay y Argentina, sin tener en cuenta que durante la agonía de la dictadura franquista el cantautor permanece exiliado en México por unas declaraciones contra las últimas penas de muerte del régimen en 1975. Las primeras giras que realiza en 1969 recalan en un par de puertos determinantes, Montevideo y Buenos Aires, unidos por el Río de la Plata, cauce de comunicación de culturas y músicas como todos los ríos y todos los mares del planeta.

Serrat traba amistad con los cantautores de Uruguay Alfredo Zitarrosa y Daniel Viglietti. Zitarrosa, que despunta como locutor de radio en los años cincuenta, cultiva como músico y cantor la milonga. Serrat canta en 2016 «Milonga de ojos dorados» del artista uruguayo en un acto de homenaje celebrado en Argentina. Viglietti, de madre pianista y padre guitarrista, salta de la música clásica a la canción social en los años sesenta. Permanece exiliado en Francia un tiempo. Realiza numerosos recitales con Mario Benedetti, recogidos en el disco *A dos voces*, editado en 1985. Serrat y Viglietti comparten en 2014 «Aquellas pequeñas cosas» en un recital celebrado en Montevideo.

Pedrito Ferreira es otro músico y compositor uruguayo destacado. En los años veinte canta en clubes nocturnos de Buenos Aires. Funda una orquesta de música brasileña y dirige comparsas de carnaval en su país. Se le considera un experto en candombe, mezcla cultural de ritos religiosos y danzas africanas que hacen mella en la época colonial. Serrat rescata un formato de candombe poco conocido de Ferreira, «La llamada», del que realiza una grabación en Montevideo con dirección musical de Kitflus y arreglo de Hugo Fattoruso acompañado por músicos del país. El canto ensalza las percusiones durante el baile de las rúas paganas propicias para el disfraz y la máscara. Un escritor del país, finalmente, establece lazos con el cancionero del maestro del Poble Sec, Eduardo Galeano, que empieza como periodista en los años sesenta. Persona relevante en el panorama literario iberoamericano y traducido a varios idiomas, Galeano también es dibujante y pintor. La autoría de los versos de «Secreta mujer», con música de Serrat, la comparten escritor y cantautor. Vuelven a colaborar al cabo de unos años en «La mala racha».

Cuando Serrat entra en Buenos Aires, el público ya conoce al artista por los discos que se han editado en el país. Las primeras canciones que se oyen son «Tu nombre me sabe a yerba», los poemas de Machado, «Balada de otoño» y «Manuel», que difunden las emisoras de radio. Con los años, Serrat experimenta un sentimiento de pertenencia respecto a Argentina. En repetidas ocasiones se define como un porteño nacido en Barcelona. Desde 1962, Nicolás «Pipo» Mancera conduce un programa de ocho horas en la televisión, *Sábados circulares*, que obtiene grandes audiencias. Los musicales de la pequeña pantalla imitan entonces a la radio. El espacio de Mancera, además, se puede sintonizar en directo o diferido por todas las televisiones de Sudamérica.

Sandro es un cantante y actor de masas que se distingue como intérprete de rock. Se hace llamar gitano por sus orígenes. Sus espectáculos son todo un fenómeno, aunque el artista autóctono que conecta mejor con el público es Leonardo Favio, cineasta y cantautor, conocido por sus baladas románticas. No obstante, Pipo Mancera a quien lanza al estrellato televisivo es a Sandro. Serrat se convierte también en un invitado asiduo del programa. Junto a «Penélope», temas como «Fiesta» y «Se equivocó la paloma» rayan los discos de las jovencitas que aguardan a que el catalán aparezca de un momento a otro en *Sábados circulares*.

No se puede calibrar la médula musical de Argentina sin hablar del tango. El tango es primo hermano de la habanera, nacida de la contradanza británica y francesa que llegan a la capital cubana. El candombe, que se ha desarrollado en Uruguay con origen en el África bantú, convive en el estuario del Plata con la milonga, conocida también como la habanera de los pobres, que anida en la cultura de los gauchos que han abandonado la pampa para emigrar hacia las grandes ciudades, hasta convertirse en un género folclórico profundamente sentimental. De todas estas semillas emerge el tango. El cantor argentino por excelencia de milongas es Atahualpa Yupanqui, referente enorme para Serrat, que analizamos detenidamente en el próximo capítulo.

La primera vez que se habla de tango en un periódico argentino es en 1866 para referirse a la canción «La coqueta». Al cabo de diez años, «El merenguengué» obtiene un éxito inesperado en los carnavales de Buenos Aires. A finales del siglo XIX, el género ya está consolidado. Se le añade además la costumbre de las parejas de seguir sus compases agarrados, transformando el baile en un encuentro apasionado, casi sexual, que se ve empujado a recluirse en los burdeles de la capital, donde los arrebatos de bandoneón parecen lamentos de ultratumba. A pesar de todo, el tango no es reconocido mundialmente hasta después de una serie de viajes de ida y vuelta entre París y Buenos Aires, como tantas manifestaciones exóticas que —igual que con el flamenco, aspecto ya comentado— tienen que triunfar primero en la capital francesa para no pasar desapercibidas.

Carlos Gardel es el compositor y cantante de tango más distinguido. Renovador y divulgador del género por Europa y América, además. Nacido en 1890 en Toulouse, a pesar de que se especula sobre si procede de Uruguay o Argentina, países a los que se traslada siendo aún un niño. Se cría en los barrios porteños, cerca de los teatros y locales nocturnos, donde empieza a cantar payadas, aunque no es experto en improvisar versos cantados como exige el oficio de payador. A partir de las canciones camperas, las napolitanas y los pasajes de ópera fabrica su estilo tanguero. Prueba suerte en el cine, pero en el imaginario quedan títulos imborrables como «Mano a mano», «Por una cabeza» y «Volver». Carlos Gardel muere en 1935 en un accidente de aviación en Colombia.

Serrat afirma que su padre conoció, saludó o vio de lejos a la estrella argentina en Can Peret, un local nocturno de Barcelona. Gardel grabó en la ciudad varios temas con el sello Odeón, algunos con la colaboración de letristas catalanes. El matiz y el gusto que el tanguista imprime a su canto cautivan para siempre al cantautor del Poble Sec. Tiene todos sus discos y de tanto ponerlos se sabe de memoria las emotivas inflexiones de voz. La adoración por el tango que cultiva a lo largo de su vida se la transmite Josep Serrat, aficionado al género que, a su manera, cantaba profusamente los títulos de esta moda recién llegada. La entrada del formato en el taller del artista le abrirá aún más las puertas con el intercambio directo respecto al folclore argentino, factor que influye sin duda en su obra.

Tanto le influye que algunos títulos suyos llevan el sello del tango de un modo inequívoco. Así, el canto a la amistad de títulos anteriores se transforma en retrato irónico cuando no profundamente descarnado en «Las malas compañías», un tema de 1981. El giro hacia el tango se lo proporcionan sus compañeros de Les Luthiers, con quienes el cantautor ofrece una versión desenfadada de este tema en su antología de 2014. Serrat se hace amigo de Daniel Rabinovich en la primera gira del grupo por España. A partir de 1979, la relación se afianza cuando Roberto Fontanarrosa se incorpora al grupo. Aunque la liturgia escénica disparatada de Les Luthiers no se asemeja al universo de Serrat, en el terreno personal mantienen una sintonía mutua. Las mismas malas compañías de esta pieza pueden corresponder a los personajes que el cantautor dibuja en «La aristocracia del barrio». En este caso, los versos ponen frente al espejo al chulo repeinado barriobajero. En ocasión de la gira de 1984, que recoge el álbum *En directo*, Miralles forja una pauta sonora cien por cien tanguera que le va que ni pintada al tema.

Asimismo, son numerosas las ocasiones en que Serrat agarra el micrófono para derramar un tango. El ejemplo más palpable, que incluye en esta misma gira y en su repertorio, es «Cambalache», de Enrique Santos Discépolo, a quien se le atribuye la etiqueta de compositor de tangos fundamentales como «Yira, yira», «Esta noche me emborracho» y «Cafetín de Buenos Aires». Discépolo, notable dramaturgo, es además un maestro nato en el uso del argot lunfardo. El porteño Osvaldo Pugliese acompaña en 1988 al cantautor en una versión de la gardeliana «Melodía de arrabal» con su orquesta de tres bandoneonistas, cinco violinistas y un bajo. El maestro tiene entonces ochenta y dos años y el concierto se celebra en Madrid.

En 1970, el bandoneonista y compositor Aníbal Troilo, compañero de juergas de Pugliese, durante una actuación solicita la presencia de Serrat en el escenario del viejo local Caño 14 para interpretar juntos «Sur», un tango del músico argentino. El cantautor del Poble Sec admira a tangueros de un amplio espectro, del fraseo de Roberto Goyeneche a la singular tesitura de Edmundo Rivero. Del amor por el tango nacen grabaciones de Serrat interpretando títulos como «Taconeando», «Malena», «Margot», «Amablemente»...

La relación profesional más categórica de Serrat con un instrumentista argentino la establece con Rodolfo Mederos, autor de los arreglos de dos tangos que el cantautor incluye en su CD de recopilación de canciones sudamericanas: «El último organito», de Homero y Ancho Manzi y «Fangal», una obra inacabada de Discépolo que concluyen los hermanos Virgilio y Homero Expósito. El músico también interviene con su bandoneón en «Historia de vampiros» y «Benito» del álbum *Nadie es perfecto*. Mederos toca un tiempo en la orquesta de Pugliese. Se le considera un virtuoso del bandoneón. En sus inicios queda deslumbrado por la figura de Astor Piazzolla e incluso actúa con él, pero quiere buscar un estilo propio. Quizá con esta intención funda el conjunto Generación Cero, que intenta fusionar la canción bonaerense con el jazz y el rock.

Piazzolla entra en la vida de Serrat en Argentina o, más bien, Serrat entra en el capítulo de admiradores del maestro cuando él y Ricard Miralles, al poco de llegar al continente, en 1969, en su afán de contemplar desde la primera fila a un mito viviente, se convierten en espectadores asiduos del teatro Regina, donde el tanguista toca con frecuencia. El músico argentino acompaña con el bandoneón a la cantante Amelita Baltar, pareja sentimental de entonces, junto al pianista Osvaldo Manzi, el violinista Antonio Agri, el guitarrista Cacho Tirao y el contrabajista Kicho Díaz. Un día tienen ocasión de conocerse personalmente. Están los tres. Piazzolla, de repente, le suplica a Miralles que interprete para él la introducción de *Balada de otoño* al piano. Al arreglista le sorprende que el compositor argentino no tan solo conozca el tema de Serrat, sino que recuerde la entrada musical.

Argentina es un país melómano. Este hecho se puede comprobar con la predisposición del público, que, según el artista y el estilo de música, suele cambiar de actitud e incluso se transforma. En general, mientras en España la reacción es lineal, en Latinoamérica todo es más efusivo. En los conciertos, la gente no solo espera la salida del cantante. También aguarda a los músicos para comentarles sus impresiones sobre el concierto. Miralles llega a vivir un tiempo en Buenos Aires. Nunca en otra ciudad le han expresado tanto afecto por su actividad artística.

Piazzolla nace en Mar del Plata en 1921. Sus primeros pasos musicales los da en Nueva York. En principio, rechaza la rigidez del solfeo, pero descubre la música de Bach. La familia vive en la ciudad norteamericana de 1925 a 1936. Empieza a tocar el bandoneón a los ocho años. Entabla amistad con Gardel antes de regresar a Argentina. Toca en la orquesta de Aníbal Troilo, en la que también asume arreglos. Gracias a una beca del Gobierno francés estudia armonía clásica y contemporánea en París con Nadia Boulanger, que reconoce el valor de sus obras eruditas, pero le insta a seguir profundizando en el tango.

A pesar de esto, cuando regresa, manifiesta que las enseñanzas recibidas sobre Stravinski, Bartók, Ravel y Prokofiev también las trae en la maleta. Gershwin —a cuya música se aproximó el argentino durante los años neoyorquinos— también había buscado el magisterio de Boulanger. Piazzolla forma el Octeto Buenos Aires, cuyas versiones influyen en la evolución del género. Entre sus composiciones sobresalen varios conciertos, suites y los tangos «Adiós Nonino» y «Balada para un loco». Está considerado uno de los compositores más destacados del siglo xx, no solo de tango, que combina cuidadosamente con formas de jazz, sino también de música clásica. Actúa por todo el planeta hasta que fallece en 1992 en Buenos Aires.

Otro músico de corte clásico que cultiva el género es Horacio Salgán, nacido en 1916. Es pianista, compositor y director de orquesta, pionero del llamado tango de vanguardia, en el que profundiza en la estructura rítmica a la que da un toque negro. Empieza amenizando en las salas las películas de cine mudo, hasta que alcanza con el dominio del instrumento las obras de Bach, Beethoven, Chopin, Debussy y Ravel. Salgán forma su propia orquesta, y, aunque él y Piazzolla corren caminos paralelos, la mirada es distinta. Esto no impide que los oídos de Serrat y Miralles le presten atención y también les entusiasme. El músico muere cumplidos los cien años en la capital argentina.

Junto al tango, la chacarera es un formato propio del rico folclore argentino. Nace como danza por los aledaños del Río Dulce, de donde proceden las primeras letras cantadas en idioma quechua, y como todos los géneros autóctonos en su base están los ingredientes de la época colonial. Grupos como Los Fronterizos y Los Chalchaleros, que proceden de Salta, una zona del norte del país, cultivan el género. Este último conjunto graba con Serrat «Zamba del grillo», una pieza de elegante y solemne narrativa, en un disco editado en el año 2000.

En la mirilla de folcloristas argentinos también está Gustavo «Cuchi» Leguizamón, especialmente adorado por Miralles, por su condición de pianista. Con una quena que le regala el padre a los dos años, empieza a sacar las notas de *El barbero de Sevilla*. Cuchi compone ochocientas obras entre chacareras, zambas y vidalas, especímenes bailables propios de los entornos de Salta, donde había nacido. Su «Zamba de Balderrama» en labios de Mercedes Sosa, la Negra, desprende una intensidad contenida, espejo de la expresividad de esta artista con la que Serrat establece lazos afectuosos.

La relación que mantienen Serrat y Mercedes Sosa es más o menos continua desde que ella lo invita una noche a cenar a su casa junto a otros amigos. La admiración que se manifiestan tam-

Serrat con los cantautores Víctor Heredia y Mercedes Sosa, haciendo un brindis en una fiesta de cumpleaños en Buenos Aires. Foto de Marisa Bonzón.

bién persiste. La cantante, nacida en 1935, representa el modelo de intérprete que expande con más exactitud el folclore argentino. En 2005 enferma a raíz de una depresión y el cantautor acude a visitarla. En 2009 graban juntos «Aquellas pequeñas cosas» durante una sesión en la que estampan varias versiones del tema, que Serrat publicará en su antología de 2014. Ya no vuelven a verse. La Negra fallece ese mismo año en Buenos Aires.

Existe otro trabajo conjunto anterior, pero de naturaleza distinta. En 1997, Alejandro Dolina logra grabar una versión de *Lo que me costó el amor de Laura*, una opereta de la que es autor como escritor y músico. Mercedes Sosa interpreta al personaje de la pitonisa y Joan Manuel Serrat el del portero del barrio donde transcurre la acción. La obra cuenta además con la participación de Les Luthiers, Sandro y del cantante rosarino Juan Carlos Baglietto. La partitura corre a cargo de la Orquesta Sinfónica Nacional. El trabajo ocupa un doble CD del que se venden diez mil copias por todo el país en una semana. Serrat esboza en otra ocasión algún proyecto de canción partiendo de textos de Dolina, sin llegar a materializarla, y Dolina le invita a participar en un álbum suyo, a lo que el cantautor accede.

Mercedes Sosa solía compartir los recitales con Víctor Heredia, un joven cantautor al que dejaba tocar algunos temas antes de que ella interviniera. Serrat también entabla vínculos artísticos con Heredia. Se conocen en un avión que parte de la capital en dirección al norte del país, Córdoba. Comparten asientos contiguos pero no hablan demasiado. El tiempo los convierte en colegas y colaboradores. El trovador de Buenos Aires incorpora la figura de Pablo Neruda a su obra y su cancionero se distingue por la defensa de los derechos humanos. Con Serrat interpretan juntos temas como «Todavía cantamos» y «Solo le pido a Dios», además de «Mara», que dejan impreso en un disco del artista argentino en 1998.

La poetisa y cantante María Elena Walsh, escritora de canciones y relatos infantiles, hija de la tradición oral, vive un tiempo en París, donde empieza a componer sus primeros versos. Serrat se convierte pronto en divulgador de su obra musical. En un disco de homenaje, el cantautor del Poble Sec aporta una versión de un tema de la artista argentina, «Orquesta de señoritas», un derrame de nostalgia porteña en forma de vals. El abanico de cantantes y grupos de este extenso país latinoamericano es infinito. De Adriana Varela a León Gieco, y de Fito Páez a Palito Ortega.

En Argentina, Serrat se relaciona en varias ocasiones con Miguel de Molina, nacido en Málaga en 1908, pero exiliado en Sudamérica. Durante el ascenso de Franco al poder no solo sufre censuras como cantante, sino que es objeto de palizas y torturas por parte de la policía hasta que es encarcelado. El coplero huye de España en 1942 y es acogido por Eva Perón, que se ocupa personalmente de su situación. En Buenos Aires, donde fallece en 1993, Serrat coincide con él, unas veces en el restaurante Fechoría, otras veces en algún recital del cantautor al que asiste un Molina ya anciano.

El país proporciona a Serrat otras coincidencias, como el conocimiento del fenómeno de los Montoneros, un grupo guerrillero peronista que nace en Argentina en los años sesenta bajo el espejo de la Revolución cubana. Fruto de la vivencia, Serrat escribe «La montonera», una dulce y a la vez intensa canción de amor, inspirada en una militante del movimiento que fue asesinada por las bandas paramilitares anticomunistas. Existen varias grabaciones furtivas, pero nunca ha formado parte de ninguna recopilación discográfica ni se ha publicado en ningún cancionero. El cantautor cree que la intención de fondo con que compuso el título dio lugar a equívocos y prefirió en su momento dejarla archivada en la memoria de una historia personal vivida en un tiempo determinado.

rat con Miguel de Molina en el restaurante Fechoría de la capital argentina en 1993. En medio, Alejandro Salade, sobrino nieto del cantante de copla. Foto Fundación Miguel de Molina.

OTROS PAÍSES

No hay rincón del continente huérfano de las excursiones artísticas del cantautor. A lo largo de su carrera, actúa varias veces en Estados Unidos. Incluso reside una breve temporada en Nueva York, polo de atracción no solo para la población hispanohablante, sino para cualquier comunidad que desarrolla su propia vida cultural en la Gran Manzana.

Mientras el regreso a América del Norte es ocasional, las giras por los países sudamericanos se suceden una tras otra. El deseo de conectar con públicos afines centra su campo de acción, aunque, paralelamente a la divulgación de su obra, siente curiosidad por el cancionero de los pueblos que visita. En 1972, tres años después de la entrada en el continente, graba un doble disco con canciones autóctonas, que nunca es comercializado. En el planteamiento del trabajo interviene Willy Bascuñán, compositor y folclorista chileno que había conocido en 1970. Entre los temas escogidos están «La tarde», de Atahualpa Yupanqui, «Mazúrquica modérnica», de Violeta Parra, que versiona posteriormente, y «La baguala», de Los Hermanos Ávalos. Una de las razones por las que interrumpe el proyecto es porque se ciñe demasiado al tipismo latinoamericano. Serrat entiende que cualquier absorción de temas ajenos debe encajar en su estilo y personalidad.

La idea toma cuerpo definitivamente en el disco *Cansiones*, de 2000. Ya hemos mencionado buena parte de los títulos que contiene el álbum, pero entre esta edición y la *Antología desordenada* de 2014, el cantautor prosigue el juego de intercambio musical dando a conocer temas de otros autores y compartiendo piezas suyas con intérpretes amigos del continente. En ambos casos asoman el rigor con que trata las versiones y la imprevisibilidad de su selección. Y, una vez más, demuestra que las procedencias son aspectos circunstanciales en la vida de las personas. Este es el caso de Tania Libertad, cantante nacida en Perú que toma la nacionalidad mexicana, con quien comparte el título que fabricó con Joaquín Sabina «Hoy por ti mañana por mí», un canto que lanza un anzuelo jocoso a la reciprocidad amorosa, servido en una acoplada simbiosis de ambas voces.

Puerto Rico es un pequeño país del que Serrat también extrae material. El poeta y político Juan Antonio Corretjer, nacido en el centro de la isla, es autor de «En la vida todo es ir», una historia de andanzas en formato de copla, a la que su compatriota Roy Brown, guitarrista que forma parte de la Nueva Trova puertorriqueña, viste con un toque acentuado de flamenco. La versión que Serrat ofrece de la canción se asienta con solemnidad sobre las cuerdas españolas de Pedro Javier González. El grupo Calle 13, banda de Puerto Rico que bebe de fuentes eclécticas —del rap al reggaeton—, adereza el marchoso manifiesto de «Algo personal» con recitados aparentemente fruto de la improvisación entre las estrofas que va hilvanando el artista catalán. Esta canción, en Argentina, fue leída como una sátira contra los militares que la habían prohibido. Durante una visita al país, Serrat conoce a Pau Casals, que desde 1955 reside en San Juan, localidad donde había nacido su madre. Se habla de una colaboración musical entre ambos ante la intervención del chelista en las Naciones Unidas, pero no llega a concretarse.

El repaso del cantautor del Poble Sec por el folclore sudamericano incluye parejas de baile fructuosas como la del bandoneonista argentino Graciano Gómez y el poeta cubano Gustavo Sánchez Galárraga, coautores de «Yo sé de una mujer». El soneto dibuja en una hermosa melodía el contraste entre la flor y el fango, la belleza y el vicio, enclavados en el destino de una mujer. Venezuela se cruza en el rumbo del cantautor en «Sabana», cuando toma de José Salazar unos versos trufados de modismos autóctonos con una melodía envolvente de Simón Díaz, polifacético compositor del país. La pieza también cuenta, entre otras versiones, con la voz de Mercedes Sosa.

Por géneros, Serrat saborea el bolero «Soy lo prohibido», del mexicano Roberto Cantoral y el argentino Francisco Dino López Ramos. La desdicha del vicio y el pecado, indisociables de este tipo de formato, son la puerta de una atracción fatal que únicamente conduce al callejón sin salida de la incomprensión. El bolero alcanza tal popularidad que lo cantan desde Olga Guillot hasta Luis Miguel. Finalmente, el cantautor demuestra interés por el vallenato, propio de la región caribeña de Colombia, que aglutina pasos de merengue y cumbia, basados en elementos allegados de la inmigración europea. Así, versiona «El amor, amor», una tonadilla que sonsaca de la rica colección de música popular colombiana.

Del Paraguay, Serrat ofrece una joya, «Che pykasumi» (mi tortolita). Las canciones ajenas en boca del cantautor, en su mayoría, dan la sensación de que las ha escrito él, tal es la convicción con la que las asimila. La palomita que se fue volando es razón para el desconsuelo y la soledad. El guaraní, idioma en que se desenvuelve el tema, lo hablan casi siete millones de personas en el continente. Los paraguayos lo utilizan como lengua materna que, además, comparte cooficialidad con el castellano.

8

Cantautores y músicos esenciales

Serrat recibe el reconocimiento como persona del año en ocasión de la ceremonia de los Premios Grammy Latinos celebrada en Las Vegas en 2014. Entre otros artistas, actúan Juanes, Miguel Bosé, Lila Downs y Joaquín Sabina. El cantautor uruguayo Jorge Drexler interpreta «Tu nombre me sabe a yerba» y también se oye una versión de «Algo personal». El cantautor, siempre respetuoso con este tipo de eventos, lamenta que en otras ocasiones no se hubiera distinguido con esta nominación a Atahualpa Yupanqui, Chico Buarque o Silvio Rodríguez. Durante la gira de despedida de los escenarios en 2022, le preguntan en una rueda de prensa en Buenos Aires por el Premio Nobel de Literatura en el sentido de que, si fue concedido a Bob Dylan, podría recibirlo él. Serrat ofrece una respuesta similar a la de Las Vegas y expresa que él concedería el galardón sueco a Buarque y a Silvio.

No se trata de figuras citadas de improviso o seleccionadas al azar. Son artistas admirados, con los que se identifica de un modo específico, por la singularidad de su obra y porque sintoniza con ellos por la visión personal de la poética musical. Por lo demás, Serrat no usa jamás anteojeras como oyente musical. Por esta razón también es un enamorado de la música clásica y el jazz. Nunca discrimina lo que está dispuesto a escuchar. No tiene ningún prejuicio sobre lo que desconoce y, respecto a lo que conoce, elige lo que le interesa más, lo atrapa en sus redes y profundiza sobre ello.

ATAHUALPA YUPANQUI

Una de las primeras grabaciones que consigue Serrat en los inicios de los años sesenta es una larga cinta de Atahualpa Yupanqui. Se trata de una aparatosa bobina que debe acoplarse a un magnetófono Ingra, que funciona con un sistema rudimentario de audición. Los casetes aún tardan años en aparecer. El documento sonoro contiene «El payador perseguido», una milonga de largas coplas, básicamente recitadas y con algún apunte de canto. Aquella incipiente cinta pasa de mano en mano entre los demás cantautores a través de la cantante Glòria, amiga de Serrat. La obra, que constituye el imaginario de la pampa argentina, cuenta con una notable versión de su compatriota y también payador Jorge Cafrune. La composición de Yupanqui sigue el camino abierto por el poeta José Hernández en 1872 con *El gaucho Martín Fierro*, considerado en Argentina como el libro nacional por excelencia.

Héctor Roberto Chavero Aramburu (nombre de pila y apellidos oficiales de Atahualpa Yupanqui) nace en 1908 en la provincia de Buenos Aires. Su padre es ferroviario, con antepasados quechuas. Él adopta el nombre artístico en homenaje a los últimos líderes incas de igual denominación. Se inicia con la guitarra a los seis años, pisando los trastes con la mano derecha y rasgando las cuerdas con la izquierda, puesto que es zurdo. En 1917 la familia se traslada a Tucumán. Allí perfecciona el estudio del instrumento con Bautista Almirón, que ha recibido lecciones de guitarra española. Almirón interpreta a los grandes compositores, Fernando Sor y Francisco Tárrega, y realiza él mismo transcripciones de Bach, Schubert, Schumann, Beethoven y Liszt.

A los diecinueve años, Yupanqui escribe «Camino del indio», una de sus primeras canciones. Viaja por todo el país, y por Bolivia, Uruguay y Brasil, donde se empapa de folclore. Las emisoras empiezan a divulgar sus composiciones. Escribe más de millar y medio de canciones y es autor además de varias obras en prosa como *El canto del viento* y *Notas de un viaje al Japón*. Entre los títulos de contenido lírico destacan «Piedra sola» y «Guitarra». Yupanqui pone en relieve las desigualdades sociales en Latinoamérica, por lo que su repertorio es acogido por diversos intérpretes mundiales de la canción.

Su militancia en el Partido Comunista le comporta censuras, detenciones y encarcelamientos. En 1949 se establece en Europa. Édith Piaf le cursa una invitación para actuar en París, donde firma un contrato con la compañía discográfica Le Chant du Monde que le publica su primer disco en el continente, bajo el título de *Minero soy*. Efectúa recitales por varios países europeos antes de regresar a Buenos Aires. La popularidad del cantautor le distingue con el apelativo de Don Ata. Realiza giras artísticas por Japón, Marruecos, Egipto e Israel. A finales de los sesenta, canta en España y se asienta en París. Las visitas a su país natal se van espaciando al compás de las convulsiones políticas. Regresa a Francia para dar un recital en Nimes en 1992, donde, debido a su mermada salud, fallece al cabo de poco. Sus restos se trasladan a la población de Cerro Colorado, en la provincia argentina de Córdoba.

Serrat se fija atentamente en Yupanqui como cultivador esencial del folclore sudamericano. Sobre todo, destaca su labor en la articulación de un lenguaje influyente que se aferra a los giros y sonidos vocales. Se conocen durante una gira por España del cantautor argentino, en 1967. Un librero de origen uruguayo aposentado en Madrid invita a Yupanqui a una actuación de Serrat en un pequeño local. Tan pronto como el artista catalán reconoce al maestro entre el público, advierte de su presencia a los asistentes. Yupanqui queda asombrado cuando oye de sus labios una zamba de su repertorio. Al final del acto se saludan. Es el inicio de una relación que continuará a través de encuentros asiduos. Desde aquella cinta que el joven, casi adolescente, acarrea y presta a sus amigos, Yupanqui se erige en un pozo referencial del que extrae agua para sus cantos.

Todo es muy prematuro en Serrat. Antes de viajar a Argentina ya se ha impregnado de la personalidad del payador. Ya no distingue entre lo estrictamente propio y lo que asume del argentino. Comparte su legado como algo personal. Canta historias de Yupanqui como si él fuera el mismo Yupanqui. En un recital que incluye una pieza del argentino, alguien del público le recrimina que cante temas suyos y Serrat responde que aquello también es suyo. Las historias de payadores sirven para encantar a las chicas, enamorarlas si cabe, hablarles de los sueños terrenales que se evaporan en el cielo, del viaje ilusorio que desde los paisajes avista el mapa de las estrellas. La discoteca del cantante ha ido creciendo para alimentar el taller de referencias. El cantautor pone orden en el tiempo a sus querencias y deja claro que primero fue la Piquer, por proximidad, pero que, mucho antes que The Beatles, quien entró por la puerta de su vida artística fue Atahualpa Yupanqui.

Tanto es así que cuando debe pasar el examen preceptivo ante la administración franquista que otorga el título oficial para ejercer como profesional en la categoría de intérprete en la sección de espectáculos, el cantautor se decanta por una canción del argentino, «Los ejes de mi carreta». Naturalmente, el tribunal le suspende. Si Serrat acapara las grabaciones de Yupanqui, este, de paso por España, se interesa por los discos del cantautor del Poble Sec, tanto en castellano como en catalán. Uno de los temas que más aprecia es «Manuel».

En cada visita a Buenos Aires, Serrat incluye en la agenda una cita con su correspondiente charla animada con el maestro. En alguna ocasión, este le reprocha que haya puesto música a Machado, porque considera que vestir con ritmos modernos al poeta es una estratagema comercial. Esto no impide que Serrat le reitere su admiración. Tanto que, en más de una entrevista, equipara a Yupanqui con Pete Seeger, la familia Parra o Bob Dylan. Serrat ve en el cantor argentino al fiel retratista de la realidad social sudamericana.

De su amplio repertorio, el cantautor del Poble Sec repasa un sinfín de temas, empezando por aquella versión en cinta de magnetófono antiguo de «El payador perseguido», que canta en Buenos Aires en 1970; «Milonga del solitario», el mismo año en Cádiz; «La tarde» —ya mencionada—, que debía figurar en el disco inédito de temas sudamericanos; «Milonga del peón de campo», que interpreta en el Casal Català de la capital argentina en 1973; «Canción de los horneros», en 1992, un día después de la muerte de Yupanqui; «Luna tucumana», en Tucumán en 1993; «Zamba del grillo» —ya citada—, que incluye en un CD del grupo Chalchaleros; «Vendedor de yuyos», en el teatro Gran Rex de Buenos Aires, en 2005; y «Caminito del indio», que esboza en 2007 en el transcurso del programa *L'illa del tresor* de Joan Ollé y Joan Barril, emitido en la televisión autonómica catalana.

CHICO BUARQUE

Sin los artistas que han abierto camino no se entienden los movimientos musicales posteriores. En este sentido, Yupanqui es una referencia ineludible como en sus campos lo fueron Louis Armstrong o Tom Jobim. No es posible abordar un género sin conocer la historia de los que tocaron antes. Del mismo modo, Jobim (a su vez hijo musical de Dorival Caymmi, como hemos comentado en el capítulo anterior) es un predecesor de Chico Buarque. Jobim nace en 1927 en Río de Janeiro. Formado como músico clásico, se foguea en los estilos de Chopin y Debussy, junto al de su compatriota Heitor Villa-Lobos, mito universal por sus *Bachianas brasileiras* y sus trabajos con materiales folclóricos. Jobim, fallecido en Nueva York en 1994, pianista, guitarrista y cantante, es un notable explorador del universo de la bossa nova.

Chico Buarque llega a actuar junto a su autor de referencia, además de heredar su espíritu renacentista. Y no lo materializa tan solo en su dimensión como músico, oficio en el que despliega un refinado sentido de la armonía. El artista brasileño, además de cantante, guitarrista y compositor, es dramaturgo y novelista. El entorno familiar en Río de Janeiro propicia esta apertura de intereses culturales, puesto que su padre es un conocido historiador y sociólogo, y su madre, pintora y pianista. Es precoz en el aprendizaje escolar y se matricula unos años en la Facultad de Arquitectura de São Paulo.

Serrat conoce a Buarque en Lisboa, junto a Amália Rodrigues y Vinícius de Moraes. Después, coinciden en Cannes durante la celebración en 1969 del Midem, un encuentro de empresas discográficas y editores musicales. La base musical de Buarque está en la bossa nova y el jazz que se toca en Brasil en los años cincuenta. Serrat identifica este sonido determinado, dotado de fuerte personalidad y que aún persiste. Hay que contemplar a Buarque sin escenario, es decir, oírle más que mirarle. En la trayectoria de los dos artistas sobresalen bastantes aspectos en común. Han nacido con menos de un año de diferencia, debutan a mediados de los años sesenta y comparten un ideario artístico similar. Además, las dictaduras vividas en sus respectivos países les comportan adversidades en su camino profesional. Buarque se establece en Roma tras sufrir arresto por parte de los militares de Brasil, tal como Serrat debe permanecer en México a raíz de unas declaraciones contra el régimen de Franco. En 1989, ambos coinciden en un recital en la ciudad siciliana de Agrigento donde comparten a dúo «Yolanda», de Pablo Milanés.

El cantautor brasileño, con la admiración que siente hacia João Giberto y la amistad con De Moraes, completa el ovillo de complicidades musicales que proyecta con su obra sobre el rico patrimonio del país. Buarque despliega su carrera en 1964 cuando inscribe su canción «Sonho de um carnaval» en un festival de televisión en Brasil. Tiene apenas veintiún años. Poco después,

errat junto a Amália Rodrigues, Vinícius de Moraes, Nara Leão y Chico Buarque en Lisboa, donde coincidieron en 1969. Foto Fundação Amália Rodrigues.

Nara Leão, considerada la musa de la bossa nova, graba varios temas suyos, hecho que contribuye a su lanzamiento. En sus primeras canciones insinúa el adentramiento en la samba y deja entrever ya que maneja con soltura los ritmos pegadizos. El cantautor evoluciona de un contenido más ligero hacia la construcción de versos con trasfondo social y político. Su composición «A pesar de você» se convierte en himno democrático del que llega a vender cien mil copias, momento en que los militares se dan cuenta del fenómeno y la retiran del mercado.

Entre sus temas más emblemáticos sobresalen «Pedro pedreiro» y «Construção». Existe un claro paralelismo entre estos dos temas y «Caminito de la obra» de Serrat. La figura del albañil como víctima de un trabajo duro y de la rutina diaria está descrita minuciosamente en cada uno de los casos, no tan solo en el desarrollo de las historias versificadas, sino en la vestimenta de los cánticos respectivos que los dos cantautores aportan. Buarque se muestra crudo en el tratamiento de sus dos canciones, aunque en «Pedro pedreiro» asoma cierta ligereza musical, quizá por la ambivalencia del personaje que espera el tren, la llegada de un hijo, un aumento de sueldo, el carnaval, la suerte y también la muerte. En «Construção», en cambio, la melancolía y la fatalidad se imponen, incluso en la tensión instrumental que atrapa progresivamente la pieza.

La visión de Serrat, por su parte, es pintoresca. A pesar de retratar al inmigrante madrugador, desdramatiza el relato al envolverlo en un formato de rumba pura y dura. Incorpora, además, la denominación del género en el título: «Caminito de la obra (historia por rumba)». La *barrecha* —por utilizar un término que usa en los elaborados versos— entre el castellano común y modismos en catalán constituye la principal virtud de la pieza. La soltura de los arreglos de Ricard Miralles y el traqueteo de guitarra de Josep Maria Bardagí rubrican un trabajo redondo. El artista brasileño, por otra parte, es autor de una decena de novelas —*Le-*

che derramada, Budapest, Esa gente...— y de media docena de obras de teatro, algunas en colaboración con el también músico de bossa nova Edu Lobo. Buarque graba por su cuenta varios de sus temas en castellano, como «Mar y luna», «Cotidiano», «Acalanto», «Mambembe» y —naturalmente— una versión de «Construção» que recibe el título de «Dios le pague». Daniel Viglietti firma la traducción de alguno de estos temas y los adopta en su repertorio. El músico carioca se confabula también con Silvio Rodríguez, del que toma «Pequeña serenata diurna» en un recital que se celebra en 1997 en Buenos Aires, en homenaje al Che Guevara al cabo de treinta años de su muerte. Cuando el cantautor cubano aparece en el escenario para culminar junto a él la canción, el público estalla instantáneamente de forma entusiasta.

Tras cinco años dedicados a la literatura, Buarque da a conocer en Brasil un tema inédito, «Que tal um samba?», en una gira que arranca durante el mes de junio de 2022 para allanar la victoria de Lula da Silva en las elecciones de octubre. La alegre y rítmica marcha divisa el fin del bolsonarismo e invita a quitarse de encima todos los fantasmas de este periodo autoritario, a espantar el tiempo feo, a remediar el desastre tomando un trago, a desahogarse, con el corazón caliente y la cabeza fría. La samba de Buarque planta cara nuevamente a la amenaza militar y a la ferocidad política y moral de la ultraderecha. Nada mejor, pues, que reivindicar los espacios naturales de felicidad que el pueblo brasileño siempre encuentra a pesar de los más turbios nubarrones.

Ya con Lula de presidente, el cantautor recibe en la primavera de 2023 el Premio Camões que le había sido concedido cuatro años antes, cuyo diploma Jair Bolsonaro se había negado a firmar. La ceremonia tiene lugar en el palacio Queluz de Sintra, en Portugal. El Premio Camões lo conceden los gobiernos brasileño y portugués desde 1988 para reconocer a la literatura en este idioma, al estilo del Cervantes español. Luís de Camões fue un poeta portugués del siglo XVI que también escribió algunos sonetos en castellano. En la ceremonia de entrega, el cantautor habla de sus antepasados negros e indígenas a los que sus también antepasados blancos intentaron borrar de la historia familiar. Buarque es consciente de que, como gran parte de la gente de su país, lleva en sus venas sangre del azotado y del azotador, realidad que le ayuda a entenderse un poco más.

A pesar de ser un artista accesible y cercano a su gente, Buarque alcanza una cierta condición de mito no solo en su país, sino en el continente. El cantautor argentino Fito Páez lo utiliza como personaje en «Carabelas nada», una canción propia. En 1998, la escuela de samba de Mangueira gana el concurso del carnaval carioca con el tema «Chico Buarque da Mangueira». Silvio Rodríguez no se queda atrás y nombra al cantautor amigo en la canción «Quién fuera» cuando se pregunta en sus versos «¿Quién fuera Lennon y McCartney, Sindo Garay, Violeta, Chico Buarque?».

SILVIO RODRÍGUEZ

La Revolución cubana de 1959 conlleva un campo de acción inmediato que establece la erradicación del analfabetismo como uno de los objetivos prioritarios. Junto a la labor escolar y universitaria, el movimiento artístico de la Nueva Trova contribuye a la divulgación de una rica obra propia, con sus letras y sus músicas, y también da a conocer a poetas en lengua castellana, tanto nacionales como internacionales. Silvio Rodríguez, de padre campesino y madre peluquera, vive la infancia y la adolescencia entre los últimos pasos de la dictadura de Fulgencio Batista y los primeros de Fidel Castro, que entra en La Habana cuando él tiene trece años.

Su madre es aficionada al canto y actúa junto a su hermana en programas de radio y actos culturales diversos. De sus labios aprende «El colibrí», una nana popular que después incorpora habitualmente a su repertorio. Existe una versión en la que madre e hijo cantan a dúo este tema, acompañados por el pianista Frank Fernández. Un hermano de la madre es bajista de la Jazzband Mambí y le enseña a tocar la tumbadora y su principal base rítmica. De hecho, son los abuelos maternos, seguidores de la canción tradicional cubana, los que siembran la semilla musical en la familia. En casa corre un disco de canciones de Sindo Garay, músico cubano que vive a caballo de los siglos XIX y XX, mítico por sus composiciones que retratan la realidad social del país. Temas como «El huracán y la palma», «Perla marina» y «Guarina» le vuelven loco. De aquel pósito Silvio escribe más tarde «La canción de la trova», en un formato de bolero tradicional.

Con siete años, el padre lo inscribe en el Conservatorio La Milagrosa, donde recibe lecciones de piano que abandona al cabo de pocos meses. Más tarde retoma el estudio del instrumento. El oído musical de Silvio se inicia en el cultivo de la música clásica. Esto le inculca disciplina y, sobre todo, un gusto personal que le ayudará en la composición de sus canciones. También le ayuda el interés por la literatura y la influencia de la poesía de José Martí y Rubén Darío. Es determinante su participación en el Grupo de Experimentación Sonora, que dirige Leo Brouwer, formado en el magisterio guitarrístico de Francisco Tárrega. Silvio, en cambio, encuentra cierta referencia en el guitarrista norteamericano Wes Montgomery, aunque desarrolla la práctica con el instrumento durante el servicio militar de forma autodidacta. El compañero de habitación en el ejército se sabe de memoria los calipsos de Roberto Cantoral, Lucho Gatica y Harry Belafonte, que influyen en las primeras composiciones de Silvio, incluso en el modo en que empieza a tocar la guitarra. Nunca se considera un instrumentista al uso, y toca como fruto de la improvisación. Le funciona colocar la mano cerca del puente para buscar efectos más metálicos, pero sin perderse en la experimentación de efectos tímbricos.

En 1969 se enrola en el pesquero Playa Girón, a bordo del cual llega a las islas Canarias, una de las primeras plazas de Occidente donde se conocerá su obra. A pesar de este contacto con el mundo capitalista, lo que se cuece en la década de los sesenta en Europa ya le ha llegado de algún modo a Cuba. Así, oye los primeros discos de The Beatles que trae a su casa el novio de su hermana, pero no le gustan, igual que no siente demasiada atracción por la música de jazz norteamericana. Asocia las canciones del grupo británico a «La bamba» y otros temas latinoamericanos. No obstante, con las grabaciones posteriores, cambia la percepción de su obra. Aprende de ellos que se puede componer libremente fuera de la estructura encorsetada de los doce compases.

El uso de la guitarra como punto de partida de sus composiciones es parecido al de Joan Manuel Serrat y la mayoría de los cantautores. Los dedos encuentran ideas a partir de armonías sencillas que cuando pasan del instrumento a la orquestación suenan bien. Es decir, funcionan. De esta manera, la música resultante responde a un estilo personal. El planteamiento inicial de una composición suele huir de sonoridades conocidas, aunque el entrenamiento de la memoria auditiva de un autor constituye una ayuda indispensable. Después, es decisivo escoger el camino adecuado. Muchas veces, el dilema está entre la opción fácil y la que puede resultar novedosa. Cuando el cantautor consigue encontrar la fórmula adecuada, demuestra que elaborar una canción no tiene nada que ver con trabajar a destajo.

Silvio presenta entre 1967 y 1968 un programa de televisión que despide siempre con su tema «Y nada más». El espacio le permite conocer a Pablo Milanés y Noel Nicola, compañeros suyos en la Nueva Trova. Por el plató pasan Bola de Nieve, Omara Portuondo y Elena Burke, la primera intérprete que versiona temas suyos, como «Hay un grupo que dice» y «El barquero». Su obra es muy extensa. Valgan como ejemplos «Te doy una canción», «Unicornio», «Mariposas» y «Playa Girón», que nace a raíz de la experiencia vivida en el barco. Junto a Ernesto Lecuona, Silvio es considerado uno de los compositores cubanos más importantes del siglo XX, y él y Serrat son distinguidos internacionalmente como los mejores cantautores hispanoamericanos de la segunda mitad de la pasada centuria.

El artista catalán considera el cancionero de su amigo cubano tan complejo como peculiar. A partir de su obra, ha establecido un lenguaje musical propio, lleno de cadencias características, que ha influenciado a mucha gente, dando lugar también —y lamentablemente— a imitadores desastrosos. La colaboración entre Serrat y Silvio cristaliza en un par de temas en los que interviene el artista cubano. Es destacable la interpretación a dúo de «Lucía», en la que la dulce voz de Silvio acaricia la bella historia de un tema que cuaja profundamente en Latinoamérica y que, sobre todo en Argentina, inspira a muchos padres a la hora de poner el nombre de pila a sus hijas. Así proliferan en el continente las Lucías como habían surgido las Penélopes. El relato amoroso de «Lucía» emprende el vuelo a partir de una experiencia vivencial de un Serrat jovencísimo.

En el doble álbum que Cuba dedica a temas de Serrat, Silvio escoge «Menos tu vientre», que desgrana en un solo de voz y guitarra, limpio y sosegado. El cantautor cubano, unos años antes, también había musicado a Miguel Hernández. En este caso, a modo de homenaje, elige el poema «Elegía segunda (Canción de Pablo)», que incluye dentro de la serie *A guitarra limpia*. Además de Latinoamérica, Silvio Rodríguez ha actuado en diversos países europeos y en Moscú.

EL IMPACTO DE LOS CLÁSICOS Y EL JAZZ

El artista catalán huele la calidad de las expresiones sonoras a distancia. En casa se respira música por los cuatro costados. Todos los suyos son melómanos. Candela Tiffón, conocida como Yuta, con quien se casa a finales de los años setenta, ha sido estudiante de conservatorio y toca el piano. Las hijas, Maria y Candela, también han estudiado música. Candela, además, es actriz, como la nieta mayor, Luna, que empieza a mostrar aptitudes como cantante. Luna es hija de Manuel, Queco de nombre familiar. Serrat cuenta de forma ocurrente cómo se convierte en padre de un niño de cinco años, cuando conoce a Queco por primera vez, hijo de la relación que mantuvo con la exmodelo Mercedes Doménech. Desde entonces, Queco siempre está presente en su vida.

El cantautor, con la familia y con sus colegas musicales, acude a las salas de conciertos y a la ópera con el mismo fervor que le despiertan las zarzuelas y los musicales. No sucede a menudo, sin duda menos de lo que desearía. Por esta razón selecciona los programas y los directores que le pueden interesar. Dosifica el tiempo incluso en casa. Cuando escucha música clásica se centra en un movimiento de una pieza de un compositor determinado. El Gran Teatre del Liceu es un espacio amigo porque ha cantado ocasionalmente allí y porque en varias ocasiones ocupa una butaca como espectador. Ros Marbà recuerda que el cantautor asistió a una función de *Orfeo y Eurídice* de Gluck en 2003 y que fue a saludarle al camerino al final de la actuación. A Yuta le gusta hablar de música con los compañeros del artista. Por si fuera poco, todos sus arreglistas son maestros que provienen de la música clásica y la mayoría de ellos son destacadas figuras del jazz.

Serrat establece la síntesis de sus autores preferidos en las denominadas tres B: Bach, Beethoven y Brahms. Estos músicos, como establece el precepto de Bartók respecto al origen de los materiales sobre los que trabajan los compositores clásicos, consiguen transformarlos rotundamente de tal forma que, a partir de sus obras, se entiende el desarrollo y la evolución de la historia de la música. Johann Sebastian Bach pertenece a una dinastía de la que proceden una treintena de músicos. Empieza como copista y se ejercita en el órgano. Ocupa cargos en la corte alemana y ejerce de maestro de capilla. Sus partituras contienen todo lo que significará la música después de él. Desde la utilización de la chacona, un formato ternario de danza española, hasta la compilación que ofrece en *El clave bien temperado*. Esta minuciosa obra aglutina un ciclo completo de preludios y fugas en las doce tonalidades posibles, en sus modos mayor y menor, donde explora las posibilidades del contrapunto sin dejar espacio a la repetición de fórmula alguna.

Ludwig van Beethoven arranca la música de las garras del Clasicismo para dispararla hacia el Romanticismo. Músicos alemanes posteriores afirman que, si las matemáticas que Bach aplica sobre el juego de tonalidades en el clave constituyen el Antiguo Testamento, las treinta y dos sonatas para piano de Beethoven cabe considerarlas como el Nuevo Testamento, es decir, la modernidad aplicada al instrumento. El compositor de Bonn procede de una familia modesta de campesinos y sufre una vida desordenada. El arte, a menudo, resuelve los desarreglos de la existencia. Suele trabajar con otros músicos. Con frecuencia se trata de copistas que transcriben sus apuntes y modifican la aportación del compositor. Los instrumentistas influyen también en el acabado de las piezas, cosa que corrobora al fin y al cabo el carácter colectivo del oficio.

No obstante, el empuje personal de Beethoven como artífice de una obra que culmina en el apogeo de las sinfonías sitúa sus logros musicales a una altura que, durante los siglos posteriores, da la sensación de que es insuperable. Serrat siente admiración por la potencia que desprende la *Sinfonía número 9*, aunque, más que la explosión del cuarto movimiento, se queda con la paz de espíritu que contagia el adagio. También con la magnificencia capciosa del concierto de violín, pieza cumbre de este instrumento de cuerda. Después de Beethoven, dos compositores se disputan su herencia desde sus respectivas estéticas, Brahms y Wagner.

Este buscará con sus óperas la consumación del arte total, uniendo los libretos que escribe de su puño y letra con la parafernalia teatral y su modo de componer música, en la que añade a los acordes novenas, oncenas y trecenas, una osadía que aprovecharán los futuros instrumentistas de jazz.

Johannes Brahms, no obstante, es el mejor sucesor de Beethoven, al tiempo que absorbe las influencias de Mozart, Haydn y Schumann. Aplica a su quehacer métodos tradicionales e innovadores al mismo tiempo. La amistad con un violinista húngaro le sumerge en la zarda, baile de raíz gitana que constituirá la base de sus danzas o rapsodias húngaras. La obra de Brahms es variada y concisa, no aloja desperdicio alguno. Quizá por haber nacido en una familia luterana, cultiva el sentido de la contención y tan solo escribe cuatro sinfonías, aunque las deja perfectamente redondeadas y pulidas sin dejar lugar a grieta alguna. Finalmente, da un consejo al compositor, que puede hacerse extensible a todo artista: lo más difícil no es componer música en sí mismo, en realidad, lo más difícil —establece Brahms— consiste en esconder debajo de la mesa del estudio todo el material que no se ha utilizado. A menudo, mostrar todas las cartas con las que ha jugado el autor ensordece al oyente y no sirve de nada. Es la misma sensación que desprenden muchas exposiciones de pintura, en las que los comisarios optan por incluir un exceso de cuadros y documentos, que distorsionan la esencia del artista objeto de divulgación.

A Serrat le atraen más los conciertos de música clásica que los de pop. Joan Albert Amargós le acompaña en una ocasión al Palau de la Música en una sesión que incluye *La creación*, el oratorio que Haydn escribe a partir de la narración del Génesis. Le gustan también los franceses Camille Saint-Saëns, de espíritu multifacético y exponente de lo que será la nueva música; Gabriel Fauré, puente entre románticos y modernos, y Claude Debussy, un inventor nato que encuentra en la naturaleza a la mayor colaboradora de su obra. En 1994, el cantautor da a conocer «Bendita música», una composición que sintetiza la magia del universo de los clásicos, convirtiendo el arco del violín en bisturí que abre la puerta al regocijo y al llanto. En la canción, el instrumentista, como el encantador de Hamelin, invita a volar al oyente que está sentado en el patio de butacas, a través de un juego de vaivén. La melodía que viste el tema desciende elegantemente y asciende resolutiva, acompañada en los finales de estrofa por el deletreo real de las notas del pentagrama. No hay mejor forma de expresar la inclinación natural por un arte determinado que utilizar las mismas herramientas de este arte.

De los rusos, a Serrat le llama la atención la contundencia de Serguéi Rajmáninov, cuya música se proyecta en las bandas sonoras cinematográficas, y la obra de Igor Stravinsky, el último de los compositores clásicos por quien siente admiración. Los posteriores no le interesan tanto. Naturalmente, el cantautor también tiene sus preferencias respecto al jazz, al que los tiempos convierten en una forma más de música clásica. En los viajes de ida y vuelta entre los clásicos y los jazzísticos sobresale Maurice Ravel, que con Gershwin se dispensan una admiración mutua, y el citado Stravinsky. Unos visitan el estilo de los otros, y viceversa. Entre las obras del ruso destacan el *Piano rag music* y el *Ragtime para once instrumentos*. Mención aparte merece el *Concierto Ebony* para clarinete y *big band*, en el que adopta el formato de blues en el movimiento lento. La pieza, conocida también como concierto negro, está dedicada a Woody Herman y su orquesta de jazz. Stravinsky manifiesta atracción por cualquier tipo de expresión musical, como demuestra su *Tango* para piano o la sorpresa que le causa, en ocasión de una visita a Barcelona, la audición de una cobla de sardanas con el timbre que desprenden los instrumentos de madera —de doble caña— y los de metal. El compositor ruso dedica muchas horas a oír música de todo tipo. Fruto de estos conocimientos, señala a su trío de intérpretes de jazz predilectos: Art Tatum, Charlie Christian y Charlie Parker.

Tatum es un as del piano. Se inspira en Fats Waller y alcanza una depurada técnica que contagia a intérpretes posteriores tan relevantes como Thelonious Monk, Oscar Peterson, Chick Corea e, incluso, Tete Montoliu. Por su parte, Charlie Christian, siendo muy joven, empieza a ser conocido por tocar swing junto a Benny Goodman. Su guitarra eléctrica simula el timbre del saxo, instrumento del que Charlie Parker es solista de referencia. La sintonía de Stravinsky con Parker es recíproca. En alguna ocasión, el saxofonista introduce las primeras notas de *La consagración de la primavera* en el tema «Salt peanuts» de Dizzy Gillespie. Parker también es compositor de jazz y abre camino junto a los grandes: Louis Armstrong, Duke Ellington, John Coltrane y Miles Davis. Especialmente Coltrane y Davis están en el santuario jazzístico de Serrat. Coltrane nace en el estado de Carolina del Norte en 1926. Su padre es sastre y toca varios instrumentos. Su madre trabaja de modista y sirvienta, además de cantar y tocar el piano. Coltrane observa de niño los coros parroquiales y empieza a tocar de joven el clarinete y el bombardino en una pequeña orquesta hasta que consagra su carrera al dominio del saxo alto. Forma un cuarteto propio con su instrumento, piano, contrabajo y batería. Su obra más emblemática es «A Love Supreme», de alto contenido lírico, cuyos pasos siguen un marcado aunque no obsesivo ostinato. El músico fallece en el estado de Nueva York en 1967 a los cuarenta años, una corta existencia bastante común en el gremio.

La irrupción de Coltrane deja atrás el llamado bebop, estilo heredero del swing, anclado en los años cuarenta, que bebe más de la armonía que de la melodía. Como los analistas norteamericanos necesitan encuadrarlo todo de algún modo, se inventan esta etiqueta comercial denominada rhythm and blues, en la que el jazz toma elementos del blues y el góspel. El impacto que supone la figura de Coltrane suple el vacío que deja Charlie Parker. Su obra alcanza uno de los puntos más altos de la influencia afroamericana, que deriva en un corpus propio de música negra. El saxo-

CANTAUTORES Y MÚSICOS ESENCIALES

fonista conoce la tradición y tira de ella hacia la modernidad. En su álbum *Ballads* —dulce y delicado— reside el mejor ejemplo de esta innovación. La estela de Coltrane, finalmente, marca la senda a los músicos que recogen su legado.

Pese al breve reinado artístico, el saxofonista se relaciona prácticamente con los compositores de jazz contemporáneos más relevantes. Toca con Gillespie, Monk y Ellington. También con Miles Davis, cuyas vidas se cruzan en varias ocasiones. Davis nace en 1926 en el estado de Illinois. Su madre es profesora de música y violinista, y su padre, dentista. A los doce años, con la trompeta que le regala el padre empieza a recibir lecciones y a estudiar teoría musical. Pronto toca en bares de su pueblo hasta que ingresa en una banda. En 1944 prosigue los estudios de trompeta en el conservatorio Juilliard de Nueva York, que terminan por aburrirle. En la ciudad puede tocar junto a Parker y Gillespie, que resultan más decisivos en su formación como músico.

Se ha inscrito a Davies en un estilo de jazz inicialmente sutil y contenido, cercano a la introspección, que, poco a poco, se desprende de las reglas restrictivas para romper las fronteras del género. El trompetista actúa varias veces en Europa. En una gira que le conduce a París, une parte de su formación con el Modern Jazz Quartet de John Lewis. Conoce a la cantante Juliette Gréco, con quien tiene una aventura. Una serie de contratiempos debido a su dependencia de las drogas le apartan de los escenarios. Fallece en 1991 en un hospital de California. El carácter retraído del artista contrasta con la inmediatez emocional que imprime a sus interpretaciones, enérgicas y sosegadas al mismo tiempo. Sus solos de trompeta delinean al hombre en soledad, en un estilo sobrio, nítido, a través de un sonido desprovisto de trémolos.

Entre sus discos, despunta *Birth of the Cool*, en el que muestra nuevas formas de improvisación, y *Milestones*, que entroniza el llamado jazz modal, una forma de composición que parte de la verticalidad de la armonía desde el bajo. Este álbum comparte protagonismo con *Kind of Blue*, el más emblemático de todos. El trabajo de estudio se realiza tan solo en diez horas repartidas en dos días espaciados por casi dos meses. En la grabación intervienen Coltrane, Bill Evans al piano, además de batería, contrabajo y otro saxo. Este disco, con los años, se inscribe entre las grandes aportaciones al género por la notable influencia que recibe tanto del rock como de la música clásica.

A menudo, el trompetista provoca división de opiniones porque huye de una concepción virtuosa del instrumento cuando ha demostrado con creces su capacidad de exhibirse como tal. En las fases posteriores de indagación en el jazz, Miles Davis experimenta con instrumentos eléctricos y prueba a unir el soul con ritmos latinos como el mambo. Si estuviera vivo, continuaría buscando en el interminable juego de combinaciones musicales. Las mismas que Serrat ensaya a partir de su amplio espectro de apetencias. En el fondo, una milonga de Yupanqui, una samba de Buarque, una fuga de Bach y un blues de Charlie Parker alimentan de igual modo el espíritu del músico sediento.

9

Voces amigas

Los centenares de canciones que ha compuesto Serrat gozan de la réplica de otras tantas versiones que existen de temas suyos por parte de intérpretes de diversas procedencias y de estilos igualmente dispares. Unos son artistas amigos, otros admiran su obra porque ha formado parte de sus vidas. En primera línea se sitúan los cantautores más cercanos, compañeros de generación, con quienes comparte repertorio y escenario. También acuden a dar cuenta del cancionero del maestro grupos y bandas orquestales o corales de distinta naturaleza, además de la amplia gama de colegas que discurren por el flamenco, la lírica, el pop, el jazz y el rock.

El Serrat versionado del derecho y del revés marca un punto de referencia indiscutible para los artistas, no tan solo de España e Iberoamérica, que han seguido paso a paso su trayectoria. Su obra ha constituido un espejo que los ha ayudado en buena parte de los procedimientos que requiere el oficio, tan paralelos entre los componentes del gremio. La manera de componer y el estilo que el principiante busca a la hora de cantar conforman aprendizajes que se adquieren gracias a los predecesores, aunque el neófito, en su condición de músico, a veces tiene la sensación de que ya se han compuesto todas las canciones posibles y existe poco margen de maniobra.

CODO CON CODO

El cantautor con quien Serrat comparte más canciones y conciertos es Joaquín Sabina. La personalidad artística de ambos difiere a primera vista, pero en el cruce de caminos se abrazan como dos hermanos. Sabina, nacido en Úbeda (Jaén), de padre policía, asiste a una escuela de monjas de niño. Con catorce años ya empieza a escribir poemas y música. Con la primera banda que forma imita los títulos del momento, de Elvis Presley a Chuck Berry. Su campo de lectura es extenso, de fray Luis de León a José Hierro, y de James Joyce a Marcel Proust. La actitud contestataria le empuja a arrojar un cóctel molotov en una sucursal bancaria y huye a Londres. Gana algún dinerillo cantando en el metro, entre otras piezas «De cartón piedra», de un Serrat que el cantautor andaluz aún no conoce. También actúa en un bar mexicano de la ciudad. El ex-Beatle George Harrison pasa por allí un día y le deja caer un billete de cinco libras.

De regreso a España, Sabina empieza a grabar discos y aparece en el espacio de Carlos Tena *Popgrama* de TVE. También es un asiduo del café La Mandrágora de Madrid. En los sótanos del local suele cantar junto a Javier Krahe, el más irónico e ingenioso rimador entre los cantautores madrileños. Serrat escoge el tema «Once años antes» de Krahe para sumarse en 2004 a un disco de homenaje a él, en compañía de cantantes amigos. Sabina colabora con Javier Gurruchaga, Ricardo Solfa —el *alter ego* de Sisa— y Luis Eduardo Aute. El cantautor andaluz es un personaje de la movida madrileña de los ochenta y espectador privilegiado de la vida nocturna, de la que saca petróleo para sus canciones de amor enardecido y también las del consecutivo desamor. Escribe varios libros de poesía. Sus canciones, así, parten de un elaborado contenido literario.

La excelencia de Sabina en el llamado cuento cantado se posa en las influencias recibidas del rock anglosajón y el folclore lati-

Serrat y Sabina en el escenario del Wizink Center de Madrid, el 11 de febrero de 2020.
Además de compartir giras en varias ocasiones, lanzaron conjuntamente el álbum
La orquesta del Titanic. NurPhoto SRL / Alamy Foto de stock.

noamericano. Es destacable la identificación del artista con Chavela Vargas, de quien se empapa de rancheras y con quien le une el timbre áspero de voz, idóneo para el ronroneo que imprime a sus interpretaciones. En esta ascendencia mexicana puede enclavarse «Y nos dieron la diez», que adopta una narrativa casi de novela por entregas. Del resto de su extenso catálogo, valga como ejemplo «Pongamos que hablo de Madrid», un canto que es elevado a himno paralelo de la capital, que el rupturista Antonio Flores, en su breve carrera artística, coloca en la cima del éxito en una versión eléctrica muy celebrada. Sabina, además de España, ha actuado por diversas plazas de Europa, Estados Unidos y Latinoamérica.

En 2007, Serrat y Sabina emprenden una gira de setenta y dos conciertos por España y Latinoamérica bajo el título de *Dos pájaros de un tiro*, de la que surge un doble álbum y un DVD de las actuaciones en directo. Quico Sabaté, amigo del alma y cómplice incondicional, es quien bautiza el invento. Sabaté, con un pasado en la publicidad y el activismo político, es una persona decisiva en la proyección artística de Serrat. Juntos fundan Taller 83, la productora del cantautor. El material publicado en los CD recoge treinta títulos de ambos artistas, la mayoría de ellos interpretados a dúo, o intercambiándose temas, es decir, Serrat cantando canciones de Sabina y Sabina cantando canciones de Serrat. Los arreglos que ofrecen se elaboran para la ocasión. Entre los instrumentistas, las guitarras acústicas de Pancho Varona, colaborador de Sabina, y el piano de Miralles, asiduo de Serrat. Como homenaje, y autoparodia de ellos mismos, los cantautores abren el repertorio con «El muerto vivo» del rumbero Peret, que los acompaña en el primer concierto que dan en Barcelona.

No obstante, el trabajo crucial de Serrat y Sabina cristaliza en el álbum *La orquesta del Titanic*, publicado en 2012. Firman la totalidad de temas como tándem, aunque afinando el oído puede apreciarse la preeminencia de uno u otro en cada entrega. Ambos se reúnen durante varios meses en la casa que Serrat tiene en Menorca y también en la gaditana ciudad de Rota donde el andaluz tiene residencia. Antes y después, se intercambian esbozos de letras y melodías a través de correo electrónico o por videoconferencia, en un mano a mano inusual entre dos cantautores. El catastrófico hundimiento del Titanic en 1912, durante el cual la orquesta del trasatlántico tocaba valses de Archibald Joyce, inspira el engranaje del tema principal del álbum, que camina en busca del foxtrot que menciona uno de los versos.

«Después de los despueses» arroja un aire sabiniano de partida, con sus cadencias encadenadas que no caen hasta la frase final, tal como la declaración de principios antiéticos que proponen en «Idiotas, palizas y calientabraguetas». El giro que da «Canción de Navidad» a la tradición del calendario, a golpe de rumba y castañuelas, adapta un poema del cantante de Úbeda. En «Quince o veinte copas» se distingue con nitidez quién ha elaborado cada pasaje, aunque el tema llega perfectamente ensamblado. Descarnado, y envuelto en un relato fantástico propio de los narradores sudamericanos, Serrat y Sabina ofrecen «Dolent de mena (Malo por naturaleza)», en la que el andaluz canta en catalán. La pieza convierte el pisoteo de un escarabajo en un asesinato premeditado, una hipérbole humorística que crece al compás del recorrido musical.

El disco visita los géneros predilectos de ambos artistas, del swing bajo un rico timbre orquestal al rock y los ritmos brasileños. «Cuenta conmigo» empieza y acaba con ecos de voz y guitarra flamenca, pero se desarrolla elegantemente acunada en un bolero de seda, del mismo modo que «Maldito blues» ocupa la última pista del álbum, desprendiendo el aroma ortodoxo del característico lamento sureño. En el estudio intervienen varias voces —de Alejandro Sanz a Sandra Carrasco—, el cajón de Antonio Carmona, y la guitarra y los teclados de Javier Limón, que también firma el trabajo como productor musical. Limón inicia estudios clásicos en el Conservatorio de Madrid, pero se decanta por trabajar en el estudio los formatos flamencos y el jazz latino para la larga lista de artistas a los que ofrece sus servicios.

La metáfora del Titanic permite a Serrat y a Sabina abordar la dificultad cotidiana que vive el mundo, también España, donde ellos hacen frente a toda deriva y no dejan de tocar como la orquesta del trasatlántico. La desfachatez que respiran la mayoría de las canciones da lugar al tono irónico y carnavalesco del disco, uno de los más cuidados que ambos cantautores alcanzan en sus respectivas carreras. *La orquesta del Titanic* sale de gira el mismo año con el título de *Dos pájaros contraatacan*, que además de España y Latinoamérica recala en Nueva York y Miami. Los andares de ambos cantautores se resumen en el meticuloso documental de Francesc Relea de 2013, *Serrat y Sabina: el símbolo y el cuate*, que narra desde el anonimato de la cámara el impacto emocional y social de su música a través de las actuaciones por todo el continente sudamericano. En 2020 ambos artistas vuelven a los escenarios con *No hay dos sin tres*, gira en la que deben interrumpir el último concierto por una caída de Sabina.

Uno de los temas serratianos preferidos de Sabina es «No hago otra cosa que pensar en ti», del que realiza una versión en 1995. El desconsuelo por la falta de inspiración en la escritura de una canción de amor se pierde en la melancolía de unas notas que van languideciendo hacia la nada. Sabina, a su vez, compone para Miguel Ríos y Ana Belén, artistas que junto a Víctor Manuel se unen a Joan Manuel Serrat en un par de giras. Primero piensan formar grupo Serrat, Víctor Manuel, Miguel Ríos y Sabina, pero este se muestra reticente, y Ana Belén se une encantada a los conciertos, a instancias del cantautor catalán. Como tantos otros referentes, antes de conocerle, Serrat ha estado presente en la vida de ella, hasta que se convierte en un amigo más.

Víctor Manuel destaca como cantautor durante la transición española por sus canciones sociales y de protesta. Su abuelo fue preso y fusilado poco después de la guerra. En su Asturias natal da los primeros pasos musicales a los nueve años con la práctica de la armónica, imitando temas de Joselito, el niño cantante prodigio apadrinado por el tenor vasco Luis Mariano. Víctor Manuel empieza con el solfeo y el piano a los diecisiete años en Madrid. Actúa por primera vez en un homenaje a Antonio Molina y Marifé de Triana y al cabo de poco empieza a grabar sus primeros discos.

El cantautor asturiano y Ana Belén —actriz de teatro, cine y televisión, conocida también por su carrera musical— se casan en 1972. Nacida en el barrio madrileño de Lavapiés, su padre es cocinero y su madre portera de finca. Ella empieza a cantar y actuar en películas desde muy joven, demostrando una capacidad innata en el desarrollo de cualquier actividad artística. Colabora con su marido en un sinfín de actuaciones musicales, aunque no se la identifica con ningún estilo determinado. Este no es el caso de Miguel Ríos, que muy pronto se sube al tren del rock and roll del que nunca se apeará.

El cantante es el menor de los nueve hijos de una familia modesta de Granada. Debe dejar los estudios y ponerse a trabajar a los quince años. Gracias al empleo que consigue en la sección de discos de los almacenes Olmedo, descubre el rock y, sobre todo, a Elvis Presley. Le conmociona tanto que, a partir de él, busca tercamente dedicarse al género. Empieza en la radio, se traslada a Madrid con un billete de mil pesetas cosido en la chaqueta y graba sus primeros discos. Miguel Ríos consigue con el «Himno a la alegría» uno de sus grandes éxitos a partir de un arreglo de Waldo de los Ríos sobre el cuarto movimiento de la *Sinfonía número 9* de Beethoven. El tema, versionado al inglés, logra un remarcable eco mundial.

Víctor Manuel, Ana Belén y Miguel Ríos, bajo el título de *El gusto es nuestro*, emprenden junto a Joan Manuel Serrat una serie de conciertos por España y Latinoamérica entre 1996 y 1997, a

Serrat con Víctor Manuel, Ana Belén y Miguel Ríos en una foto promocional del disco *El gusto es nuestro*, de 1996, a raíz de la primera gira que repitieron a los veinte años. Foto de Paco Navarro / Album.

raíz de los cuales editan un álbum recopilatorio. La gira obtiene una buena acogida, con más de medio millón de espectadores. Repiten la experiencia al cabo de veinte años por las mismas plazas y publicando el disco correspondiente. A pesar de la variedad genérica de los repertorios respectivos, en las actuaciones comparten las composiciones de cada cantautor. Unas veces como solistas, pero sobre todo encadenando las voces y a coro. El timbre femenino de Ana Belén imprime un color característico a los conciertos.

A la hora de ofrecer a cantautores amigos la colaboración en proyectos suyos, Serrat es cuidadosamente escrupuloso. En *Antología desordenada*, obra que hemos apuntado en un capítulo anterior, participan unos treinta artistas distintos. El trabajo reúne en 2014 una selección de títulos que presenta en un libro donde recoge los nombres asociados a su historia musical, desde la relación completa de arreglistas hasta la lista detallada de los principales instrumentistas que le han acompañado. Explica además en primera persona los principales rasgos de su biografía. En total incluye cincuenta canciones en cuatro CD, para conmemorar sus cincuenta años de carrera artística. No es una recopilación, porque graba una buena parte de los dúos desde cero, y no tiene nada de desordenada, porque pondera la variedad estilística de las piezas que guardan una calculada proporción de temas en catalán y castellano.

Para la edición, Serrat repesca algunas canciones de álbumes anteriores. Una de ellas es «Princesa», perteneciente a la entrega de *Sombras de la China*. Al escribir la pieza, el cantautor debía pensar en el futuro de las futuras generaciones, quizá en su hija. Así alza un canto a la candidez de la artista joven que aún es un diamante en bruto. Aquí cuenta con las flautas del gaitero Carlos Núñez, un experto en el manejo de la música celta, partidario como él de abrir el camino a la modernidad a partir de la música tradicional. A ambos los define la sensibilidad como trovadores sobre mundos paralelos, humanísticos y románticos a la vez. «Princesa» despierta el interés de Los Secretos en un álbum de tributo a Serrat, bajo una producción de Álvaro Urquijo con un resultado sonoro, fruto del pop madrileño que practica el grupo.

La disposición de la antología aparentemente no está pensada para ofrecer un juego de contrastes, pero existen, aunque quizá el autor no sea consciente de ello. Dani Martín, joven cantante de pop rock, líder en su momento de la banda El Canto del Loco, que ha grabado temas con Tony Bennett, forma dueto con Serrat en «Señora», el desafiante canto a la suegra que impide el amor de la novia. Martín imprime vigor y personalidad a unos arreglos nuevos que modernizan la vieja canción, en la que Serrat se mantiene en segundo plano. En otro CD, la madrileña banda de rock Los Enemigos machaca esta misma canción con su habitual dureza. En la antología, la versión de «Me'n vaig a peu» que ofrece Estopa junto a Serrat rezuma complicidad, a base de palmas y guitarras distorsionadas que conducen a un puerto muy particular. Los hermanos Muñoz ven a Serrat como un malabarista de las palabras, vestido de frac, quizá porque su música tiene mucha clase, como un traje a medida. Un traje que también se prueban los que vienen detrás de él, ya que sin esta indumentaria nadie sería lo mismo.

Pero la versión más genuina de «Me'n vaig a peu» la ofrece Peret en otro recopilatorio. El guitarrista y cantante catalán populariza el ritmo gitano en sus recitales y por la televisión. Nacido en Mataró (Barcelona), acompaña de niño a su padre, vendedor ambulante de telas. Aficionado al cante, termina por dedicarse a la música y a desarrollar una labor decisiva en la propagación de la rumba catalana, de base flamenca y trazos cubanos y rockeros. Peret debuta a los doce años en un festival presidido por Eva Duarte de Perón en el teatro Tívoli de Barcelona. El éxito que obtiene en el mercado español en los sesenta, en los setenta se expande por Europa y Latinoamérica. En sus manos, la canción de Serrat penetra en la autenticidad del género, a base de saxo, palmas y responsorios a coro. Más salsero es el surco de «Me'n vaig a peu» que la Orquestra Plateria incluye en el disco *Ballautors*, con la voz de Manel Joseph arropado por un despliegue de metales y percusiones. Una compañera en los inicios de la Nova Cançó, la mallorquina Miquelina Lladó, también se acoge a esta rumba serratiana en un disco recopilatorio de homenaje a Serrat.

El cantautor comparte varios temas de la antología con voces femeninas. De una grabación anterior aprovecha el dúo con Soledad Giménez en «Pendiente de ti», cuyos versos recogen trances de amores y relaciones no correspondidas. La versión establece un clima musical dulce y envolvente. La artista, fogueada como vocalista del grupo Presuntos Implicados, empieza en un coro infantil parroquial y alcanza una carrera en solitario que aborda desde el góspel al folk y el jazz sin desdeñar el bolero y el swing, siempre con pose elegante. La selección antológica incluye también a Dulce Pontes, con quien Serrat aborda la miniatura a primera vista intrascendente de «A ese pájaro dorado». La canción dibuja el misterio íntimo de un amor de cristal, exento de convenciones, reticente al fuego y ahogado por el llanto. Pontes nace cerca de Lisboa, en cuyo conservatorio aprende piano, aunque empieza estudiando danza contemporánea desde los siete años. Con su voz fácilmente adaptable, de registro dramático o emotivo, descuella en el pop y como compositora de fado.

Con la israelí Noa, Serrat ha cantado ya en varias ocasiones, en el Palau de la Música Catalana y en diversos festivales de verano. Ajinoam Nini, que es su nombre de nacimiento, nace en Tel-Aviv, pero a los dos años la familia se traslada a Nueva York. A los ocho empieza a componer canciones y después estudia interpretación hasta los diecisiete años, momento en que regresa a Israel, donde debe cumplir el servicio militar, al que las mujeres también están obligadas. Allí toca con un grupo que tiene como público tan solo a soldados en servicio. Se adentra en el jazz y la música contemporánea y empieza una larga relación artística con el guitarrista Gil Dior. Recibe influencia de Paul Simon y los canadienses Leonard Cohen y Joni Mitchell, artista polifacética. Además de su admirado Serrat, Noa comparte escenario con Carlos Santana, Sheryl Crow, Jorge Drexler, Miguel Bosé, Donovan y Pasión Vega.

En la antología, la artista israelí une su voz a la del cantautor en «Es caprichoso el azar». Mientras la letra sugiere un momento fortuito (ese en que de repente salta la chispa entre dos personas), los arpegios de Miralles colocan el recitado en unos rieles canónicos que resultan rigurosamente efectivos. La melosidad que introduce Noa a media canción resalta sobre las últimas palabras de Serrat. En el final del feliz encuentro no buscado, que siempre resulta ser el más placentero, la voz de tercera superior de él sobre la de ella, que tanto ama el cantautor, da paso a la rúbrica del acorde concluyente del pianista. El tema es objeto de varias versiones más. Serrat lo comparte con las cantautoras argentinas Elena Roger y Patricia Sosa. También con la albaceteña Rozalén, voz emergente de decidida personalidad, y con Úrsula Amargós, intérprete de viola que le acompaña en los conciertos, y que exhibe una faceta desconocida en el dueto.

UN CANCIONERO DE TODOS

Existen al menos media docena más de discos que agrupan versiones del amplio cancionero serratiano por parte de distintos cantantes y grupos. Sin duda, este fondo forma parte del patrimonio musical de todos ellos. En las fiestas mayores de Cataluña es habitual que orquestas como La Maravella y La Selvatana acompañen a sus vocalistas, elegantemente vestidos, que cantan diversos temas del cantautor durante el concierto que precede al baile de la noche. También interpretan músicas de Serrat las coblas de sardanas, así como las formaciones corales las entonan a varias voces. Fuera del país llaman la atención las versiones que la London Symphony Orchestra dedica ya en 1968 a «Cançó de matinada» y «Ara que tinc vint anys». El grupo Los Manolos se apunta también al repertorio de Serrat con «Barcelona i jo», caminando por el inconfundible estilo que se asomó en las pantallas de todo el planeta en ocasión de la clausura de los Juegos Olímpicos de 1992. En este tema, Serrat dibuja una postal realista de su ciudad a modo de himno, quizá como complemento de la miniatura sentimental que fabricó en sus inicios para cantar a la calle de la infancia.

No tan solo cualquier disfraz le sienta bien al maestro del Poble Sec, sino que no importa el momento en que es concebido, desde épocas pretéritas hasta las más recientes. Alejada en los tiempos, subyace la intervención de Marisol, que aún no era Pepa Flores, en el programa televisivo *Galas del sábado*, acompañada por los violines y trompetas de Rafael Ibarbia con «Tu nombre me sabe a yerba» que graba en el álbum *La Paloma* en 1969 con arreglos de Juan Carlos Calderón. La carrera de Marisol se funde como un terrón de azúcar, de un modo tan fugaz como la breve relación amorosa que mantiene con Serrat. El barcelonés Ibarbia a los seis años recibe recomendaciones de Stravinsky y es introducido por Xavier Cugat en Madrid donde ingresa en TVE. Por su parte Cugat ha sido un músico peculiar desde el exilio infantil en Cuba hasta su compadreo con Frank Sinatra.

En 2011 la cantaora andaluza María Carrasco, que se inicia cantando colombianas, también graba una esmerada interpretación de «Tu nombre me sabe a yerba», como La Contrahecha, artista sevillana que sumerge el tema en una tupida aunque airosa rumba. No es fortuito que uno de los recipientes donde encaja mejor el repertorio de Serrat sea el flamenco, un género permanente de ida y vuelta para el cantante. Las guitarras, las palmas, el taconeo y las castañuelas le sientan de maravilla. La versión de

Carrasco integra una de las pistas del disco *Cantares, los artistas flamencos cantan a Serrat* de 2011. Ahí están casi todos. De algunos ya hemos hablado. El resto deja también su granito de arena.

El también jerezano José Mercé lleva sangre gitana en las venas. Si para un payo que hace u oye música esto no significa nada, para un gitano sí. Procedente de una familia repleta de cantaores en su árbol genealógico vertical y horizontal, empieza a controlar las cuerdas vocales en la escolanía de la ciudad y colabora con Paco de Lucía, Manolo Sanlúcar y Tomatito. Mercé extiende el traqueteo inconfundible del género sobre «Lucía», tema que le viene como anillo al dedo al flamenco, sobre todo para la exageración de gozos y penas. Dos visiones contrastadas, entre la abundancia de adaptaciones que ha generado la canción, las ofrecen Pasión Vega y Judit Neddermann. Vega, que debuta en un concurso de radio a los dieciséis años, ha versionado entre otros temas de Serrat «Sinceramente tuyo», siempre con su estilo solemne y melódico.

La jovencísima Neddermann, cantautora de diversos poemarios, interpreta «Lucía» junto a Serrat en un recital en el Palau de la Música en 2022, el año en que este se despide de los escenarios, pero no de esta simbólica sala, puesto que en noviembre del 2023 comparte un tema con Joan Isaac, cantautor amigo, que celebra allí sus cincuenta años de carrera. Andrés Calamaro, icono del pop rock argentino, pasea en otro disco la dulzura del mismo tema por su acento porteño. Cuando se enfrenta a «Lucía», de repente no sabe cómo empezar. Quizá no se acuerda de la primera nota que está escrita. Entonces decide recibirla templando la voz y todo fluye con naturalidad. Para el cantautor de Buenos Aires, una canción no es ni poesía, ni cuento, ni ensayo, tampoco es artículo, ni novela, sino un género exclusivamente musical. Pero, a continuación, señala la maestría de Serrat, Bob Dylan, Sabina o Aute, que realmente saben escribir y pueden dar lecciones.

El álbum flamenco cuenta con la aportación de Duquende con «Decir amigo». El cantaor es un flamenco catalán, nacido en

Sabadell, que tiene la suerte de que Camarón le acompañe a la guitarra en público cuando tan solo tiene ocho años. Además de España, canta en París, México y Nueva York. En su intervención se ciñe al patrón convencional del tema, sin añadiduras gratuitas y con el toque justo de los ritmos del género. Así mantiene la tensión y el apasionamiento necesarios. La Susi ocupa su lugar en el disco con «Niño silvestre», un retrato desgarrado del mozuelo desamparado, carne de cañón expuesta en la calle al antojo del mejor postor. El drama, en labios de una voz de mujer, rompe con más fuerza la serenidad del alma.

La cantaora es una artista gitana, precoz en su debut como casi todos. Recibe el apodo de la Camaronera porque es precisamente el mítico guitarrista quien primero la acompaña en el tablao. En otra recopilación, «Niño silvestre», a manos de la banda Pastora, que integran Dolo Beltrán y los hijos de Pau Riba, adquiere visos de factura pop.

«Temps de pluja» y «Aquellas pequeñas cosas» son dos temas de Serrat que desprenden un aire tranquilo. Oírlos en la voz de Ginesa Ortega en el más puro estilo que la caracteriza es una delicia. Ortega, aunque nacida en Francia, es una barcelonesa de formación flamenca, que se acerca a Falla y al jazz. «Aquellas pequeñas cosas» está en el podio de las canciones preferidas de Serrat. Suele interpretarla inesperadamente en sus recitales, o en actos en los que ofrece su colaboración. La delicada miniatura melódica traza la dimensión de lo importante en aquello que aparentemente parece insignificante. El título atrae también al grupo Amaral, a El Pele y El Cuarteto de La Habana, y a Ketama.

La zaragozana Eva Amaral abandona su pop rock habitual para intimar con la pieza. El Pele y El Cuarteto de La Habana desgranan la canción en una especie de producto híbrido que contiene ingredientes cubanos en su justa medida. El Pele responde a este tipo de artista andaluz del género que recorre las calles, tablaos y ferias de su Córdoba natal buscando ganarse el pan con algunas monedillas. El Cuarteto de La Habana, fundado en 1980 por iniciativa de Leo Brouwer, es un conjunto de cámara versado en música clásica pero con una clara tendencia a cualquier tipo de expresión musical. Actúa en América, Asia y Europa, y comparte conciertos con el pianista onubense Javier Perianes, el guitarrista malagueño Pepe Romero y el cantante de son Ibrahim Ferrer.

Por su parte, Ketama aborda «Aquellas pequeñas cosas» con suavidad y respeto. Las guitarras imaginativas del grupo acompañan la voz de Antonio Carmona y a media canción acogen la percusión fina que Carlos Narea introduce con los shaker, instrumento de la familia de las maracas. Como todos los aprendedores de un tema ajeno, el primer paso consiste en llevarlo hacia el terreno propio. Naturalmente pasan la canción por el filtro flamenco y, sin saber por qué, les sale un aire más parecido al bolero. Como buenos artífices de recetas musicales, la propuesta desprende hacia al final un cierto regusto jazzístico.

Carmona ve en Serrat una cercanía natural a cualquier tipo de música y admira la capacidad que tiene de fusionar, a partir de su expresión latina, el fondo melódico y dramático del que se nutre, tal como se desprende de sus letras. Además, para él, la voz del cantautor le recuerda el quejío, prueba de que a su música le sienta bien el flamenco. Al cantante de Ketama el oficio le viene del bisabuelo. Tiene un amplio historial profesional, pero especialmente deja huella con su grupo musical, al que se le atribuye la instauración del llamado nuevo flamenco.

Queda demostrado pues que los compositores e intérpretes de este género son los que encajan mejor en el repertorio del artista, porque proyectan sobre la obra su propia musicalidad. Lo mismo puede decirse del caudal melódico y rítmico que manejan los artistas cubanos, rico en cantidad y calidad, como hemos repasado en un capítulo anterior. El flamenco y el son, además, establecen sus vasos comunicantes para confluir conjuntamente en nuevas expresiones musicales, pero aún quedan otros cantantes y otra categoría de géneros que han jugado con el repertorio de Serrat.

Bajo el título de *Serrat... ¡eres único!* se publican en 1995 y 2005 dos álbumes que reúnen treinta versiones del cantautor por parte de artistas diversos. Algunos trabajos ya han sido comentados. Entre el resto de las aportaciones, destacan por su curiosidad varios intérpretes más o menos puros de flamenco, pop y rock, cuando no flirtean con la fusión de los tres géneros. Son músicos intuitivos como los de la familia de cantautores que con sus guitarras e inspiración le arrancan las melodías al alma. Este es el caso de Antonio Orozco, cantautor catalán que empieza a componer cuando a los quince años oye a unos chicos cantar en el barrio de Triana de Sevilla, durante un viaje a la Andalucía paterna. Vende más de un millón de discos y triunfa en España y Sudamérica. Para el álbum de tributo al cantautor del Poble Sec opta por «Disculpe el señor», llena de intención, ajustada y atrevida, en la que todo está medido, incluso cierto clima arabesco, muy sutil y modernizado.

Contrasta con esta pista el rock destripado de «Vagabundear» que canta Rosendo, entre apocalíptico y distorsionado. El intérprete de origen castellano, criado en el madrileño barrio de Lavapiés, crece a partir de la influencia de grupos como Jethro Tull y Deep Purple. «Vagabundear» goza también de una versión folk a coro a cargo de Nuestro Pequeño Mundo, aderezada con las cuerdas, flautas y percusiones características del grupo. La misma canción es objeto de una visión más limpia por parte de Santi Balmes, de Love of Lesbian. Con el salto a los rockeros, el cancionero de Serrat demuestra una resistencia a prueba de bomba, aunque, curiosamente, algunos se decantan por canciones suaves, alejadas de la dureza en la que se les encasilla.

Kiko Veneno, por ejemplo, opta por «Balada per a un trobador», una instantánea sobre el oficio del propio cantautor catalán, aunque la dulzura primigenia que dibuja al juglar nómada se transmute en pieza folk. Kiko Veneno recibe duchas musicales de

Bob Dylan y Frank Zappa, antes de redescubrir el flamenco que tenía más a mano. Loquillo, en su andar profesional, ha ido buscando las fronteras de su especialidad con excursiones hacia el rockabilly y el country. El rockero condal acaricia «Piel de manzana», aunque desborda la intimidad del poema hacia cierta grandilocuencia, con sus saxos y golpes de acordeón.

Por último, un rockero de oro, Juan Perro. El artista aragonés exhibe un espíritu renacentista impropio de unos tiempos que obligan al monoteísmo. Docto en filosofía, rastreador de los orígenes africanos de la música, y de su exportación a Iberia y el Caribe, escribe un capítulo importante a partir de la movida madrileña con el grupo Radio Futura. Santiago Auserón —nombre de bautismo— vierte de su coctelera sabores de jazz, blues y son. También ha vestido sus temas con el traje de gala de varias orquestas sinfónicas. En el recordatorio al cantautor, Juan Perro se hace con «El titiritero». Todos los ingredientes musicales enumerados están ahí, además de cierto perfume a reggae. El personaje de la canción es una variante del juglar serratiano, al que canta Kiko Veneno, descrito en el párrafo anterior.

Auserón ha hablado mucho de Serrat con los músicos cubanos en conversaciones de furgoneta. El músico aragonés tiene un carácter reflexivo y esponjoso, capaz de interpretar las emociones del exterior como si fueran parte de su piel. Para afrontar la versión de «El titiritero», lo primero que busca es un vínculo acústico y emocional. Con el cantautor del Poble Sec le ocurre lo mismo que con otras huellas e impresiones sonoras que, al cabo de los años, cuando mira cómo tratarlas, ya están transformadas y entonces salen espontáneamente, aunque quizá con la rítmica alterada. Al excantante de Radio Futura le gusta husmear en los cruces musicales por donde circulan modalidades ajenas y comprobar cómo la labor del tiempo es esencial para la vida de las canciones.

«El titiritero» es de los primeros temas que Serrat compone y graba en castellano. En 1968, TVE convoca un concurso para escoger la canción que representará a España en Eurovisión. Entre la docena de opciones que se presentan está «El titiritero», el «La, la, la» del Dúo Dinámico y otras propuestas de Juan & Junior y Augusto Algueró. En los dos años anteriores había acudido al festival Raphael, aunque sin resultados positivos. No obstante, participar en el certamen supuso una promoción de su carrera como sucedió con Sandie Shaw, Udo Jürgens, Gigliola Cinquetti o France Gall, que también habían competido en distintas convocatorias.

Lasso de la Vega quiere aprovechar la oportunidad e interviene en cuerpo y alma en la operación. Arthur Kaps, el fundador de Los Vieneses, entonces corta el bacalao en TVE. Preside el jurado que opta por una solución salomónica: se escoge el «La, la, la», pero la cantará Serrat. Bert Kaempfert, compositor de «Strangers in the Night», realiza los arreglos del tema en Alemania. Kaps sabe moverse entre bastidores y domina el negocio de votos en Eurovisión. Organiza una gira de promoción por Europa, incluido el Festival de San Remo, en la que Serrat recorre quince países en veinte días. Los vídeos televisivos de promoción incluyen cinco versiones de la canción: en castellano, catalán, francés, italiano e inglés. Finalmente, el régimen no permite que Serrat cante en catalán como es su deseo, veta la difusión de sus canciones en la radio y prohíbe su presencia en televisión durante largos años. En lugar del cantautor es Massiel quien representa a España y consigue el primer puesto. Serrat no volverá a cantar el «La, la, la» hasta que en plena madurez comparte amigablemente el tema con sus autores, Ramón Arcusa y Manuel de la Calva.

Al cabo de tres años del episodio de Eurovisión, Serrat escribe «Pueblo blanco», una canción cuyos versos retratan las casas y las gentes perdidas en un paisaje indeterminado del sur español. Ros Marbà interviene en el arreglo musical que confiere dramatismo a las desventuras de estas aldeas dejadas de la mano de Dios.

Malú escoge la postal fotográfica de «Pueblo blanco» para rendir tributo a Serrat. La cantante nace en un entorno musical determinante en su carrera. Es hija del cantaor Pepe de Lucía y sobrina de Paco de Lucía. Su madre llega a encabezar el hit de Los 40 Principales con el grupo Arena Caliente. Ella cultiva un estilo melódico desde sus raíces folclóricas.

A la cantautora uruguaya de tangos y milongas Malena Muyala, «Pueblo blanco» le recuerda la ciudad de San José de Mayo donde nació, razón para tomar el tema con su guitarra en un programa de televisión. Por su parte, Elsa Baeza, nacida en Cuba pero que desarrolla su carrera artística en España, se decanta por «Penélope», pieza que también escoge el cantante y actor argentino Diego Torres, rodeado de artistas y músicos desde niño. Ambos pasan el tema por un tamiz pop. Aparte de los artistas sudamericanos que han cantado a Serrat, que ya hemos consignado, existen muchas otras versiones de ultramar que no han sido registradas.

Laura Simó profundiza en el cancionero de Serrat de un modo particular. Lo hace con el pianista y arreglista Francesc Burrull, con quien alcanza una intensa compenetración. Dedica dos discos al cantautor del Poble Sec, que se editan en 2007 y 2010. Entre ambos, agrupa veintiséis canciones de Serrat, tanto en catalán como en castellano. Del amplio repertorio versionado, sobresalen «20 de març», «El niño yuntero», «Temps de pluja», «No hago otra cosa que pensar en ti», «Conillet de vellut» y «Barquito de papel». Laura Simó les da un aire propio y Burrull se suelta en los acompañamientos, que suenan más libres y calmados, bajo los inconfundibles ungüentos jazzísticos, propios de su quehacer, que en algunos momentos recuerdan a los de su gran amigo Tete Montoliu.

La artista catalana ha cantado acompañada por Conrad Setó, Lucky Guri y Jordi Sabatés, también con la big band de Juan Carlos Calderón. Burrull, por su parte, deja un disco póstumo que se edita con el título de *On es desborda el sol*, con poemas del cantautor Pere Tàpias, en el que Serrat colabora junto a otros artistas. Aparte de la vena poética, a Tàpias se le conoce como cantautor humorístico. Por las rigideces selectivas, en su día vio cerrada la puerta a su ingreso en los Setze Jutges. En 2006, dentro del triple álbum recopilatorio titulado *Per al meu amic Serrat*, Tàpias elige «Saps», una canción nostálgica de los primeros álbumes del cantautor catalán, en la que narra los recuerdos de un niño enamorado a quien el paso del tiempo le rescata los colores y olores de antaño. El trabajo discográfico reúne una larga lista de intérpretes y grupos catalanes, mallorquines, menorquines, ibicencos, valencianos e incluso occitanos. En total se incluyen cuarenta temas de Serrat de los que conviene destacar unos cuantos.

Marc Parrot, conocido también como El Chaval de la Peca, tiene una breve pero curiosa carrera musical, por sus reinterpretaciones de canciones antiguas de la música española en los años noventa. Para distanciarse quizá de ello ofrece el poema de J. V. Foix «És quan dormo que hi veig clar», musicado por el cantautor. Parrot aborda el surrealismo de Foix ordenadamente, sin aspavientos. Por otra parte, Monica Green, barcelonesa de adopción y nacida en Estados Unidos, de padres y abuelos músicos, ha cantado blues y ha participado en espectáculos musicales. Su «Sería fantàstic» en el homenaje a Serrat suena casi a oración, con ese fondo de raíz africana que desprenden los artistas que han bebido del género en casa.

La identificación de Serrat con las islas Baleares, por su segunda residencia en Menorca, le regala una cadena de versiones de las que destacan las aportaciones de Cris Juanico y del grupo Uc. A Juanico, antiguo miembro del conjunto menorquín Ja T'ho Diré, le gusta el jazz e incluso ha versionado a Sinatra. En «Com ho fa es vent», adaptada a su variante isleña, deja un poso de folk y rock tras las guitarras y los coros. El grupo Uc se dedica desde los años setenta a recoger canciones tradicionales de su Ibiza natal. Contribuyen al disco de reconocimiento a Serrat con «Bon dia», a base de flautas y guitarras folk. Por su parte, el cantante barcelonés Shuarma elige un tema de *Mô*, el último disco que Serrat publica en catalán. Con su voz, «Cremant núvols» transmite esta paz india en la que se basa su nombre artístico. Shuarma se cría en el grupo Elefantes. Desde muy niño siente interés por la música y aprende a tocar el saxo, recogiendo influencias dispares, de Rod Stewart a Bob Dylan.

Finalmente, del triple álbum de artistas de habla catalana cabe destacar las aportaciones exclusivamente musicales. La más llamativa corresponde a Pascal Comelade, un músico inclasificable por su condición de explorador de los sonidos a partir de sus instrumentos de juguete. Como catalán del sur de Francia, vive algunos años en Barcelona, donde se relaciona con buena parte de los cantautores. Fiel a las miniaturas que componen su obra, versiona «Cançó de bressol», del cantautor del Poble Sec. El pianito y acordeón que graba en Céret estira la nana hacia un vals salido de una caja de música infantil que termina a ritmo de cabaret. Comelade siente a Serrat como una figura permanente en su interminable dualidad: la de sus dos culturas, la de su barrio y el campo, la de la poesía popular de Hernández y la de los burgueses que aplauden las vanguardias de Salvat-Papasseit, y la de la canción tradicional y la que toma postura junto al activismo internacional. El músico occitano establece la síntesis de esta dualidad en la condición de Serrat como músico y poeta que mezcla sin reparos todos estos mundos.

El resto de los músicos son viejos conocidos de Serrat. Ricard Miralles acude con «Com ho fa el vent» y con «Els vells amants», que pasea por el piano como por su casa. A Josep Mas, Kitflus, y Carles Benavent les da por abordar a dúo «Plou al cor», en un repaso insólito. El músico que empezó a acompañar a Serrat en sus inicios, Tete Montoliu, decide dedicarle un CD en 1996 con trece temas, uno de los cuales consiste en un mix que hilvana cuatro títulos de un modo personalísimo: «Marta», «Una guitarra», «Cançó de matinada» y «Me'n vaig a peu». La mayoría de las canciones vertidas pertenecen a la primera etapa en catalán. La maestría del pianista se asienta sobre cada entrega con el apunte de la melodía rubricada por acordes y arpegios marca de la casa.

Cuando Serrat oye por primera vez las versiones en un viejo magnetofón, piensa que alguien, un día, escribe una canción que, con suerte, la gente canta pero que, con el tiempo, se oxida y que entonces conviene lijarla. Así, Tete le enseña cómo se puede limpiar una canción, jugando con el cuerpo sobre las teclas del piano y el corazón a flor de piel. El amigo jazzista también le despierta recuerdos de niñez, como el de su prima cantando «Cría cuervos» (aquella primera copla que le cautiva), sus correrías de niñato en pantalón corto con el culo gastado que descubre a Tete en la sala Mozart de la ciudad, y sus coincidencias en el entoldado de fiesta mayor del barrio de Sants y en el Whisky Jazz de Madrid. Es tanta la ternura que siente hacia el pianista que Serrat y su hermano se llaman *tete* el uno al otro.

10

El amor y el mar

La poesía es hija del amor y, como ocurría en Grecia, la música como oficio no se puede concebir al margen de la lírica. Los griegos no tan solo estructuran los signos de notación, sino que Pitágoras, a partir de considerar la aritmética como madre de la música, imagina que el cosmos está gobernado por proporciones numéricas armoniosas, las mismas que rigen la longitud de las cuerdas de un instrumento. Cuando las palabras acompañan el impacto sonoro que alcanza la diana de los sentidos, el autor instaura un juego de complicidades respecto a su público. Cada persona encuentra así la paz interior, entre cuerpo y alma. Aparentemente, una melodía desaparece después de desarrollarse, aunque nos haya sacudido, pero quién sabe si las ondas permanecen en el fragor de las esferas celestes.

Desde la Tierra, al menos, se pueden describir las trayectorias. Como lenguaje no distingue paisajes ni culturas, ni pasa por aduana alguna. A vista de pájaro, parece que cada pueblo posee su patrimonio particular, o que en general existen dos tipos de música bajo las etiquetas de seria y frívola, pero este fenómeno, de hecho, solo existe como una realidad única, al margen de cualquier categoría. Se asienta en los territorios, eso sí, y en las riberas de los ríos que van a dar al mar. El recorrido, en el caso de Serrat, empieza en el Ebro, tan cercano a la madre. Sus aguas, al fin, se juntan a las del Mediterráneo, que en Algeciras pasa el testigo a un Atlántico que baña el continente vecino.

El trovador contemporáneo se mira en el espejo de los juglares medievales, con sus laúdes y serenatas de amor por plazas, bajo balcones o ventanales. En esta época histórica, las órdenes religiosas miman el patrimonio musical bajo los claustros de los monasterios, coincidiendo con la diáspora del pueblo gitano, correa de transmisión de las expresiones folclóricas. De la lejana India y el Oriente Próximo, esta comunidad se expande por Europa, hasta las islas británicas, Suecia y Finlandia. Los gitanos, también llamados zíngaros, son nómadas por naturaleza. Prefieren dedicarse a la música y la magia antes que al pastoreo o la agricultura. En su periplo recogen todo tipo de influencias: iraníes, turcas, balcánicas, griegas y andaluzas. Bartók atribuye a los zíngaros el desarrollo de la danza y entiende su arte como sinónimo de la música húngara. Este tipo de baile forma parte del entretenimiento en los cafés concierto y teatros de cabaret europeos durante los felices años veinte.

Un grupo de gitanos entra en Europa por los Balcanes y otro por el norte de África. Allí, en la prehistoria, nacen las expresiones musicales de todos los tiempos, a partir de los rituales de las tribus con sus cantos y bailes alrededor del fuego, acompañados a golpes de tambor. El origen del lenguaje artístico está ligado a los mitos ancestrales primitivos, al territorio oculto de los sueños y, en definitiva, a la naturaleza en sus formas más simples. Desandar los pasos hasta ayer nos ilustra sobre lo que somos hoy. El artista no deja de ser un visionario en el túnel del tiempo futuro. Todo es nuevo y todo es antiguo. Considerar que una composición es popular o culta es arbitrario. Una suite, un blues, una rumba y una balada son hermanos de sangre. Del mismo tronco han surgido todos los géneros, el folk, la música clásica, el rock, el pop, la copla, el flamenco, el jazz…

No obstante, estamos ante un fenómeno misterioso, imposible de explicar. Podemos decir que la música no es nada concreto. No se puede tocar, no se puede ver. No es como la literatura y las artes plásticas que requieren de la mirada. Tan solo se puede escuchar. Para que sea verdadera debe interpretarse en directo. Empieza y acaba en el tiempo. Nunca es igual. Pasa y no vuelve, entra por un oído y sale por el otro. Una grabación, un disco, tan solo son un testimonio de una obra. Cada impulso sonoro, eso sí, desprende un aliento de vida. La canción, dentro del rito musical, es un arte particular como la danza. Ambas conllevan una especie de hechizo. El artista ejerce una función parecida a la del sacerdote, porque oficia la ceremonia indescifrable de un hecho sagrado.

EL EBRO, RÍO BILINGÜE

El vocablo *Iberus*, de procedencia grecorromana, sirve para bautizar el Ebro, el nombre que también define Iberia. En la futura Corona de Aragón convivirán pueblos hermanos, enzarzados en contiendas, pero también en celebraciones. Un territorio donde al menos se hablan dos lenguas latinas, las mismas en las que se cría Serrat. El niño que hemos dejado en el primer capítulo aprovecha los veranos para gozar aún más de los espacios de libertad en la tierra de su madre. Hay muchos meses por delante para disfrutar de las vacaciones. La primera razón consiste en visitar a los familiares.

Él acude con frecuencia a Belchite, el pueblo devastado por la guerra donde nació doña Ángeles, una mujer que cuando regresa no tiene empacho en abroncar a los falangistas que tantas penas causaron a su familia. La madre de Serrat es muy atrevida y no tiene miedo de los vencedores. Aragón es una mezcla de sensaciones. Humedades matutinas, campos al sol, remolinos que levantan polvo, acequias para pescar y bañarse y cultivos de secano. El cantautor pasa también algunas vacaciones en Zaragoza, en casa de una hermana de la madre, y en el pueblo navarro de Viana, donde encuentra buenos amigos. Son tiempos en que los críos hurtan uvas, millo e incluso melones, pero dejan en paz el trigo y los olivos. El recuerdo más persistente es el del calor, por la época vacacional, y el descubrimiento de una nueva alimentación junto a otro clima y otra geografía. La sexualidad crece al compás de la observancia del apareamiento de los animales, quizá para los chicos más escandaloso que el descubrimiento de la atracción por las chicas. Aquel comportamiento natural indica una falta absoluta de malicia.

De estas aventuras veraniegas surge el material poético con el que el cantautor elabora sus primeras canciones de amor. No importa tanto quién está detrás de cada inspiración, sino el resultado final con el que cualquiera puede sentirse identificado. Fruto del amor adolescente, nace «Paraules d'amor», tierna canción que Serrat incluye en uno de sus primeros discos pequeños. Es un tema sencillo tan solo en apariencia. Como melodía responde a tres aciertos básicos: no excede las ocho notas blancas del piano, juega sobre todo en el ámbito de una quinta, y asciende y desciende pasando por las teclas vecinas. Expuesto así da una sensación de simplicidad que no tiene nada que ver con la elaboración compleja que se esconde detrás. Es habitual que las composiciones del cantautor no salgan de una tirada. Si de entrada algo le sale fácil, lo suele descartar.

El oficio de compositor puede compararse al de un sastre o un carpintero. Dibujar, cortar y coser un traje, o ensamblar maderas para fabricar un mueble, resulta tan difícil como construir una melodía que funcione. En el cine, que aglutina las artes visuales y las sonoras, ocurre lo mismo, aunque la corta carrera en la que Serrat se convierte en protagonista de algunos filmes es tan solo un apunte en su biografía. El primero de ellos es, precisamente, *Palabras de amor*, dirigida por Antoni Ribas en 1968, para aprovechar el tirón del tema musical. Junto a un par de títulos más, Serrat actúa con Serena Vergano, Emilio Gutiérrez Caba,

Emma Cohen, Analía Gadé y José Luis López Vázquez, entre otros.

Serrat es hijo del cine si tenemos en cuenta una anécdota incierta. Parece que a doña Ángeles se le rompió el tacón de un zapato saliendo de una sesión y que Josep se acercó para ayudarla, escena vista y repetida en diversas secuencias del celuloide. Todo un argumento para una canción de la que no hay constancia alguna, como del casual encuentro entre los futuros padres del cantautor. No obstante, ya hemos apuntado que el lenguaje cinematográfico es una fuente de inspiración para el catalán. En este contexto hay que ubicar «Me gusta todo de ti (pero tú no)», que no deja de ser una declaración de amor, aunque contradictoria. En más de una ocasión Serrat manifiesta su devoción por las películas de los hermanos Marx. La letra está inspirada en la frase de Groucho, masticando el puro, ante el personaje de Margaret Dumont, cuando le manifiesta que sus ojos, su cara, su risa, todo le recuerda a ella, excepto ella.

Sin duda, «Paraules d'amor» es una de las canciones más requeridas por parte de los artistas. Unos la cantan en catalán y otros en castellano. Además de las versiones de las hermanas Flores —ya mencionadas—, cabe añadir entre otras las de Amaya, antigua componente de Mocedades, Soledad Bravo, Dyango, Ana Belén y Mayte Martín. Es curioso escuchar el peculiar envoltorio rumbero con que se la apropian Peret y grupos como Ai Ai Ai, Som la Rumba y Sabor de Gràcia. También obtiene la atención de cantantes líricos de la talla de Montserrat Caballé y Josep Carreras, acompañado por la Filarmónica de Viena, que graba asimismo «Sota un cirerer florit».

Tan solo en este breve recuento de artistas heterogéneos se aprecia cómo el tema salta del pop a la rumba y a la lírica. Una atención particular requieren las versiones de «Paraules d'amor» de Luis Eduardo Aute, Pablo Alborán y Alejandro Sanz. Aute, malogradamente fallecido en 2020 a causa de la covid, domina el catalán y el castellano, además del inglés, el francés, el italiano y el tagalo, por haber nacido en Manila en 1943. Canta y pinta. Interpreta el tema en más de una ocasión y en 1983 lo incluye en su disco *Entre amigos*. En 2014 registra a dúo con Serrat «Y el amor», en un juego de sensualidad a cámara lenta, en cuya fusión casi no se distingue la voz de uno y otro. Ambos son amigos y se tratan como hermanos. Aute entrevé en el repertorio del catalán al menos un par de docenas de obras maestras.

El mismo año, Serrat invita al malagueño Pablo Alborán, joven artista melódico, a desgranar unas «Paraules d'amor» en las que este funde su voz con la de su anfitrión para recoger la balada y devolverla al rato. Alejandro Sanz se enfrenta al tema en solitario. Encuentra que la canción es sencilla y complicada al mismo tiempo, pero ahí está la intimidad interpretativa que busca, acorde con su estilo. Cantarla en catalán, además, le supone quitarle hierro a la polémica que acompaña el uso de este idioma fuera de su ámbito. El periodista y músico Moncho Alpuente, como tantos admiradores de Serrat, aprende catalán expresamente para entender lo que dice. Sanz empieza a tocar la guitarra a los siete años y a los diez ya compone sus primeras canciones. Su padre es músico y algo se le pega. A pesar de formar un grupo de heavy metal influido por el grupo británico Motörhead, da un giro radical para centrar su carrera en la canción romántica. El cantautor madrileño ha vendido millones de discos y cuenta con una notable audiencia internacional.

Sanz graba «Paraules d'amor» en 2005 con arreglos de Lulo Pérez, centrados en el piano y un cuarteto de cuerdas. Es una versión contenida, casi susurrada sin llegar a la afectación. Cuando se pone en la piel de Serrat le resulta imposible separar su vertiente emocional de su dimensión como músico. En este sentido, siempre ha considerado que las canciones no dependen de un tipo u otro de instrumento, sino de los músicos que los tocan y de cómo el cantante las interpreta, regla que puede aplicarse a los grupos más imperecederos como The Beatles. Sanz imagina que tanto los temas de Serrat como los del conjunto británico siempre serán modernos, aunque se sometieran a un arreglo para txistu y tamboril.

Algunas aportaciones al tema son tan solo instrumentales, como la de Chucho Valdés, artífice del llamado jazz afrocubano que hereda de su padre Bebo Valdés, también insigne pianista. Chucho, en un disco de reconocimiento a Serrat, desgrana en las teclas unas «Paraules d'amor» con el corazón en un puño, tema que ocho años antes también había versionado con toques jazzísticos Tete Montoliu, a cual mejor. El amor es una cantera para los autores que se dedican a la canción. En muchos títulos, Serrat anota el nombre de la persona amada, se trate de Marta, Penélope, Helena o Lucía. En otros, recurre a la metáfora poética y entrevemos a la chica a través de «Piel de manzana», vestigio de ternura y de tentación bíblica a la vez, o en el vuelo de «Como un gorrión», que escribe pensando en una bella muchacha mallorquina, amiga de las nubes y escurridiza entre una y otra rama.

Dos de las canciones más primitivas del cantautor retratan el amor prematuro. En «Quasi una dona» narra el dulce despertar de una colegiala hacia la madurez y, en «De mica en mica», una historia melancólica que transcurre en un clima de goce fugaz. Este tema goza de varias versiones. Mientras Marc Parrot se ciñe a la ortodoxia original, la *big band* mallorquina Glissando se lanza hacia un insólito planteamiento sonoro, y Névoa la ofrece con toda su solemnidad. Esta fadista, nacida en Barcelona, insiste en el repertorio de Serrat con una interpretación muy suya de «Cançó de l'amor petit», pieza que describe la circunstancia de una querencia en el marco de esas pequeñas cosas que tanto aprecia el cantautor.

«Poema de amor» puede leerse como un canto maduro de aquellas incipientes palabras de amor del artista. Su querida cantaora Carmen Linares registra una interpretación suave, aunque intensa. Lo mismo que Lole y Manuel, artistas flamencos también referenciales. En su versión, Manuel recita los versos de introducción con sabor de luz y playa y Lole coloca una estela de intensidad, sobriedad y calma al tema con voz gradual. Lole y Manuel escriben un capítulo renovador en la historia del género puesto que se dirigen a públicos no iniciados y porque rompen con la tradición de los que lo consideran como algo inamovible. De origen gitano, forman pareja sentimental y profesional. Empiezan en 1972 y actúan juntos más de veinte años. De las entregas fronterizas entre rock y flamenco cabe considerar la aportación del gaditano Carlos Chaouen con una convencional «La mujer que yo quiero», expresión de la atadura insobornable a un prototipo femenino ideal. Con el mismo título se atreve Xoel López, artista coruñés de pop indie, conocido en sus inicios como Deluxe, con un resultado nítido a pesar de que Serrat se le resiste más que otros artistas que ha versionado.

En el cauce infinito de temas que mueve la pasión amorosa, discurren varias canciones del repertorio serratiano que balancea entre los dos idiomas del Ebro. El bolerista Moncho, criado entre los gitanos del barrio de Gràcia de Barcelona, colecciona algunos títulos del cantautor. En un disco de reconocimiento a Serrat, se queda con «Això que en diuen estar enamorat», cuyos versos certifican que fuera del enamoramiento no existe otra realidad. Finalmente, Sergio Dalma, cantante de larga trayectoria con ventas millonarias de discos, ofrece el tributo de «Ja tens l'amor», que canta la ambivalencia del sentimiento amoroso entre la gloria y la angustia inherentes.

El amor suele desembocar en la maternidad y en la paternidad. Como fruto de estos estadios hay que entender «De parto» y «Qué va a ser de ti». El primer tema convierte el embarazo en la preparación de la bienvenida a un nuevo hijo, bajo el acompañamiento híbrido de cuerdas, violines y batería suave que anuncia las próximas albricias. El segundo tema habla de la hija que se va de casa, hurgando en un remordimiento que explota en el estribillo festivo, a pesar del lamento. La banda de folk rock madrileña Tulsa firma un repaso a la canción en el que la voz femenina de Miren Iza transmite la dulzura que no puede alcanzar cualquier voz masculina.

En el fondo de estas canciones está la infancia de los personajes, la misma que el cantautor dibuja en «Esos locos bajitos», definición con la que el humorista Miguel Gila identifica a los niños y que el cantautor del Poble Sec toma prestada. El tema despierta la atención de Carlos Varela, un cubano de la generación posterior a la Nueva Trova, renovador del movimiento que inician Silvio y Pablo. Varela pone la voz, acompañado de guitarras a modo de *slide*, es decir, deslizando los dedos por los trastes.

En «Jocs i joguines» el piano de Miralles entra con un tintineo a modo de caja de música. A continuación, los versos de Serrat transforman en epopeya la picada de avispa en el dedito de un niño que deja los juguetes esparcidos por el suelo. «Canción infantil», por su parte, no es estrictamente una canción infantil, aunque está inspirada en una niña de tres años a la que hay que despertar para que viva el nuevo día. El ánimo que transmite la melodía expresa la idea de pintar a nuestro gusto el mundo que construimos a diario a base de agua, sol y barro. En el tema, Serrat utiliza un formato muy habitual en su cancionero, el himno festivo.

El catálogo de títulos que exulta la celebración del buen tiempo, plantea una declaración de principios o relata la épica a partir de un personaje es abundante, aunque no la concepción musical. «20 de març» y «Bon dia» constituyen los primeros cantos a la naturaleza a la que Serrat saluda desde el anhelo y la gratificación. Más madura es la composición «Hoy puede ser un gran día», en cierto modo continuación de la recién comentada «Canción infantil». En este caso infunde euforia y optimismo para volver a la carga si hay algún tropiezo. El planteamiento rítmico la convierte en pieza ideal para que Serrat la comparta con sus amigos cantautores. Chambao se sube por su cuenta al carro marchoso del himno. El grupo enchufa el flamenco para buscar sonidos metálicos en su barrio de Málaga. Sin abandonar el patrón rumbero, su estilo se distingue por ofrecer una música relajante, estilo que es bautizado como *chill out*.

Por su parte, «Cada loco con su tema» es un canto a la diversidad desde las preferencias personales, una matización muy serratiana, bajo un tratamiento sonoro taxativo. Quien diseña la estética del álbum es su amigo Manel Anoro, pintor a partir de la emoción y los colores, no tanto de la belleza, con obra esparcida por todo el mundo. «A quien corresponda» arranca con la parsimonia de quien escribe una instancia administrativa para dispararse en una enumeración de reproches con un tono más animado. Si no desprende exactamente el formato de himno, sí que transmite con certeza una exposición de pensamientos, en un momento de su vida que reside en los paisajes pirenaicos de Camprodon (Girona). Donde no hay dudas de que Serrat ensalza las gestas de un personaje admirado es en «Kubala». El título refleja una de las pasiones fundamentales del cantautor, el fútbol. El estribillo camina al compás de las fintas que caracterizaban al jugador. El grupo mallorquín Antònia Font —a pesar de que gasta una estética pop y fabrica canciones de contenido fantástico entre algunas de aire costumbrista— afronta el tema con pocas licencias fuera de la ortodoxia original. El as del balompié, seguramente, no hubiera tolerado que se distorsionara su condición de ídolo.

En la galería de tipos que el pincel de Serrat esboza aquí y allá del Ebro, asoman la cabeza desde «La tieta» a «El titiritero», el pintoresco saltimbanqui nómada que pasa por las manos de Juan Perro, como hemos consignado. La primera, además de la versión disparatada de Paolo Limiti, a la que se acogen varios artistas italianos, como ya se ha visto anteriormente, cuenta con una curiosa adaptación en castellano que Manzanita incluye en su álbum *Locura de amor*. Hábil con la guitarra, Manzanita reluce por su voz quebrada. Joan Isaac también reinterpreta en un CD colectivo el canto entrañable a la tía soltera tan minuciosamente concebido por Serrat.

«El vell» y «Tío Alberto» son también personajes singulares de la colección. El primer tema se adentra en la decrepitud de la persona anciana, a copia de unos pasos musicales nostálgicos. Existe una agria versión del baterista Santi Arisa que busca ahondar en la decadencia al final de toda vida. El tema remite a una de las canciones primitivas de Serrat, «La mort de l'avi», en la que describe la defunción de un viejo pescador. «Tío Alberto» transmite la jocosa imagen del playboy millonario aficionado a las artes y al motor, dedicada al mecenas Alberto Puig Palau. El intérprete vigués de música independiente, Iván Ferreiro, graba una versión ortodoxa en un disco de tributo a Serrat.

De la escasez de valses que escribe el cantautor, este es uno de los más redondos. No obstante, reivindica el compás ternario junto a sus géneros musicales favoritos en «Cuando duerme el rock and roll». El tema es una toma de postura respecto a un estilo con el que Serrat se significa en contadas ocasiones. En la letra critica que el rock está sometido a los caprichosos dioses de la moda. Irónicamente, desarrolla en la factura sonora el efectismo rockero para pedir su silencio en favor de una larga enumeración de formatos que van apareciendo en los versos, además del vals: el tango, el blues, el mambo, la rumba, el chachachá y el pasodoble. Incluso pide paso al joropo venezolano, la guaracha cubana y el vallenato colombiano.

«Campesina» dibuja con exactitud un personaje impecable de Serrat. En algunas ocasiones introduce la interpretación del tema recitando unos versos de Walt Whitman que glosan un canto a la naturaleza, como la propia canción. Los versos describen a una chica de diecisiete años que ha tenido que abandonar el campo para trabajar en una fábrica. La composición funde el aire pastoril de la melodía con unos metales incisivos que actúan de puente entre estrofas. La flamenca Montse Cortés graba una versión muy sentida que absorbe la pieza con su habitual compostura, acompañada por Niño Josele, guitarrista almeriense conocido por sus actuaciones en varios países, que en algunas ocasiones ha tocado con Serrat.

Cortés, en este caso junto a Paco Heredia, da vida también a «No hago otra cosa que pensar en ti». El arranque con palmas y con punteos y rasgueos de guitarra transporta el agua del tema hacia el molino personal. La cantaora gitana sobrevuela las estrofas con desenfado, sin concesiones a ningún tipo de rigidez. La artista, de raíces andaluzas, se cría en el barrio de la Mina, cerca del río Besós que linda con Barcelona, en cuyos tablaos se foguea. Forma parte de la compañía de Antonio Canales y canta para Joaquín Cortés y Sara Baras. El barcelonés Paco Heredia toca la guitarra desde los tres años y se gradúa en el Conservatorio del Liceu. Destaca como compositor y productor musical de flamenco.

Serrat abre camino sin darse cuenta, como un caballero andante. Es un bandolero que trafica en sus dos lenguas como mercancía de contrabando. Esta duplicidad resulta muy fecunda. Cruza el Ebro en un sentido y otro hasta que de repente un día se da cuenta de que ha llegado al mar. Las aguas del río desembocan en el Mediterráneo, cuna de civilizaciones moldeadas por el clima y las cosechas de trigo, olivos y vid. Aunque pase días sin verlo, Serrat sabe que siempre está al alcance de los sentidos, cerca de sus seis orillas. Allí yacen desde el pensamiento clásico y renacentista hasta el arte y la música de las primeras culturas, la egipcia, la griega y la romana, síntesis de todas ellas.

El sueño utópico de Ítaca vive en el corazón de los poetas desde hace siglos, así como los dioses fantásticos del Olimpo frente al Dios único y verdadero de los cristianos. En el Mediterráneo, la voluntad de encuentro prospera más gracias a la cultura que a los sistemas políticos. Este mar, para Serrat, constituye el vínculo con Latinoamérica, otra duplicidad que le convierte al mismo tiempo en mediterráneo y atlántico, doble embajador en cada plaza.

EL PUENTE MEDITERRÁNEO-ATLÁNTICO

La situación del Mediterráneo constituye un privilegio dentro del globo terráqueo. No en vano, el latín deja constancia de ello: *in medio terrae*. Las proporciones de la naturaleza han inspirado las formas de la escultura y la arquitectura. La obliquidad de los rayos del sol suministra la luz exacta para el desarrollo de la pintura, como se aprecia en los cielos de la Toscana que dan color al Renacimiento.

Gaudí describe la arquitectura mediterránea como una armonía de la luz inclinada sobre los cuerpos, la cual no incide ni en vertical como en los países cálidos, ni en horizontal como en los pueblos del norte. El tiempo suave y moderado de las estaciones del año, además, convierten el Mediterráneo en un lugar idóneo donde se dan unas condiciones óptimas para alcanzar el equilibrio vital. En conjunto parece un espacio pensado para la felicidad humana. Serrat se asoma a este mar interior que desde Europa abraza a la vez África y el Oriente Próximo. El decorado forma parte de sus recuerdos desde la infancia.

El cantautor del Poble Sec siente nostalgia del mar. Durante la primera visita a México en 1969 debe permanecer unas semanas en el interior del país. Un día, de repente, se sube a un coche y se va hasta un lago para hacerse una idea del Mediterráneo. Este mar ha constituido una identidad afortunada en su vida, desde las excursiones a la playa de Can Tunis cuando era niño hasta el vaivén de las olas que contempla a través de la ventana de la casa que tiene en Menorca. Allí escribe buena parte de sus últimas canciones, «Mô» entre ellas, una elaborada postal de la ciudad de Maó, cercana al realismo fantástico, envuelta en una melodía ritual.

Si examinamos la distancia entre «Paraules d'amor» y «Mediterráneo» se percibe la madurez compositiva del maestro, que tan solo se consigue a base de años de oficio. Cuando empieza a concebir la canción no le resulta fácil el planteamiento poético. Las estrofas, al final, agrupan los versos de ocho sílabas en cuartetas dobles y sextetos. El estribillo es breve y concluyente. El dicho reza que la primera nota la da Dios y el resto es cosa del músico. Con poco más de doscientas palabras, Serrat fabrica el marco de un paisaje cultural en el que conviven diversos pueblos, cada uno en una costa distinta. Escribe el tema recluido en el hotel Batlle de Calella de Palafrugell (Girona). La intimidad que le proporciona aquel rincón de la Costa Brava, que aún no está ahogado en el hormigón, le permite trabajar sin prisas, en un momento en que necesita recuperar la calma y la tranquilidad que había perdido por las exigencias del mundo del espectáculo.

La noche termina a menudo con las últimas copas de la madrugada, vivencia que hay que incluir en la génesis de la canción que, a pesar de todo, se le resiste. Serrat acaba de perfilar «Mediterráneo» en Hondarribia (Guipúzcoa), Mojácar (Almería) y Cala d'Or (Mallorca). Los estados de ánimo de un joven de veintiocho años, la edad que tiene Serrat en aquellos días, pero también su empeño en perfeccionar los hallazgos, demoran el acabado del tema varios meses. Los nombres provisionales de «Amo el mar» e «Hijo del Mediterráneo» dan paso al título definitivo, escueto y determinante. Serrat canta por primera vez la canción ante los dueños y los clientes amigos del hotel gerundense.

Es una versión en bruto. Cuando la maqueta llega a la discográfica, se hace cargo de ella Juan Carlos Calderón. La grabación se desarrolla en unos estudios de Milán. El arreglista, a partir de aquella grabación primitiva, realizada con escasos recursos, se permite la licencia de imaginar los colores escondidos detrás de la melodía y le saca toda su brillantez. Gabriel Rosales establece la peculiar cadena de acordes de guitarra. No obstante, la canción no camina como debe. El tiempo musical no acaba de cuadrar porque deja algunas sílabas fuera. Francesc Burrull interviene después para ajustar el compás. No deben marcarse cinco pulsaciones sino seis. Además, la síncopa que cae en el primer tiempo determina el empuje de la introducción de «Mediterráneo», tan característica.

El precedente rítmico de esta solución se encuentra en un tema que populariza el cuarteto californiano de Dave Brubeck en el disco *Time out* de 1959. El saxofonista Paul Desmond, miembro del cuarteto, es el autor de la pieza, titulada «Take five», escrita en un compás irregular, de cinco por cuatro, muy poco habitual en las composiciones musicales. Es un tema instrumental de ritmo y melodía contagiosos, que obtiene un eco extraordinario, con la consiguiente aceptación comercial. Burrull, conocedor de la pieza, transforma aquel cinco por cuatro en un seis por cuatro en la canción de Serrat. «Mediterráneo» adquiere al fin el aire acelerado y vivaz que requiere su desarrollo musical. El arranque desprende un cierto aroma de bossa nova que se funde en la atmósfera sensual de los versos. Es este toque de gracia el que convierte el tema en un feliz hallazgo. Como curiosidad, el pianista jerezano Luis González ofrece en un álbum de tributo al cantautor una versión del tema que mantiene el compás originario de cinco por cuatro.

La composición es como los libros de juventud, que al abrirlos desprenden olores e imágenes. El espectador siente las mismas sensaciones al oírla. A partir de su publicación, el tema se convierte en un emblema de la música pop que se mantiene a lo largo de décadas. La portada del disco es del diseñador Enric Satué. Las fotos son de Colita, fotógrafa a la que Serrat aprecia mucho. Para la sesión, el cantautor escoge una camiseta psicodélica y conduce su propio Seat 600 en busca de una localización. Como resultado final, su retrato se sobrepone a una imagen del mar en tono violeta. Todo resulta muy moderno y atrevido. La canción es al mismo tiempo positiva y sensual. Sintoniza de un modo directo con el espíritu de libertad que ha inundado España a raíz del Mayo del 68. El disco incluye un poema de León Felipe, «Vencidos», que glosa la España derrotada y amordazada por Franco, a través de la figura del Quijote, convertido en alegoría del desengaño, al trote de un enérgico desarrollo melódico. Los versos del poeta zamorano fallecido en el exilio mexicano, musicados por Serrat, obtienen una versión de Josele Santiago, del grupo Los Enemigos.

En 2017 y 2018 Serrat emprende la gira *Mediterráneo da capo* por España, Francia y Sudamérica, casi cincuenta años después de haber editado el disco. Repasa de nuevo los temas cantados cientos de veces por todo el mundo. El regreso para él es el del viajero que recorre caminos y pasa fronteras para conocer otras culturas. Como las olas que van y vienen, el trovador gana en sabiduría y convicción gracias a todo lo que ha aprendido. En realidad, no regresa al Mediterráneo, porque nunca lo ha abandonado. El *da capo* del título es un volver a empezar la travesía por la que él denomina patria líquida, que une continentes, tradiciones, creencias y personas de toda condición.

Además de cantar «Mediterráneo» hasta la saciedad, Serrat lo ha compartido con artistas amigos en varias ocasiones, tanto en el escenario como en el estudio de grabación. Aparte de Ana Belén y Sabina, en las giras colectivas habituales, Lolita, Pasión Vega con Noa y el italiano Gino Paoli han interpretado «Mediterráneo» solos o junto al cantautor. El grupo Estopa en su momento asume también una visión muy cuidada de la pieza, la que más les gusta de Serrat. La curiosa mezcla de batería, cajón y guitarra flamenca remite al típico compás del ventilador. Antes de encontrar el modo de interpretarla, a los Estopa les entra miedo escénico, una sensación que también se siente dentro de una cabina de grabación, aunque no es la primera vez que abordan un autor ajeno, puesto que han versionado a Peret, Sabina y Camarón, entre otros.

Con Serrat cierran la deuda. Cuando empiezan a tocar la pieza les sale con aire de rumba catalana y de bulería que, sin abandonar el espíritu original, le aporta el ambiente que respiran en el barrio de San Ildefonso de Cornellà, a un paso de Barcelona, donde han nacido. Al final, lo que parece que se convertirá en un proceso complejo se lo toman como un reto. La canción les sale a la primera. Si cierto público se molesta con las versiones, ellos consiguen no defraudar a nadie porque su «Mediterráneo» encaja con su carácter. Los hermanos Muñoz consideran que esta pieza es de las más perfectas del cantautor porque acopla belleza poética y armonía musical a partes iguales, algo que ellos intentan también en su trabajo, y que no siempre es posible.

Los colegas no cesan en el requerimiento de «Mediterráneo» porque saben que también constituirá un éxito para ellos. Así llueven las versiones, desde Los Pecos a Paloma San Basilio, exponentes de la canción melódica en el mercado español de los años setenta. Los Pecos constituyen un fenómeno musical desde sus inicios adolescentes. Paloma San Basilio camina por la zarzuela, el pop, la canción lírica y especialmente por los espectáculos musicales. La cantante en su acercamiento a Serrat le da un toque sudamericano, como hace también con la estadounidense Barbra Streisand.

Existe una interpretación del compositor y pianista cubano Frank Fernández, estrictamente instrumental. Criado como músico de oído desde los cuatro años, Fernández recibe una formación clásica. Es autor de obras sinfónicas, de música popular y de bandas sonoras. El artista afronta «Mediterráneo» de una forma enigmática y desacomplejada. Su planteamiento es arriesgado. Parte de la melodía como si fuera un personaje vivo con su propia dramaturgia. Del mismo modo que Fernández concibe similitudes entre el son y el flamenco, no separa el mundo literario y musical de Serrat. No ve en él a un autor de versos que elabora música, sino a un músico y poeta que desde su ética particular alcanza una estética universal. Fernández, al fin, considera la excelencia de los músicos que arropan a Serrat, especialmente la de Miralles, a quienes tiene como coautores de las obras.

Gracias a la ductilidad del cancionero de Serrat, nadie se queda al margen de su tema más celebrado. La soprano Montserrat Caballé, bajo acompañamiento sinfónico, y el tenor Plácido Domingo, en un arreglo pop, hacen gala de su expresión lírica en sendas versiones. De la fecunda amistad de Serrat con Paco de Lucía, en 1979 surge un recital conjunto en la plaza de toros de Sant Feliu de Guíxols (Girona). Durante el concierto, del que se conserva una grabación, el cantante interpreta «Mediterráneo» acompañado por el guitarrista andaluz. Finalmente, un núcleo emergente de flamencos catalanes se inspira en la canción de Serrat para montar un espectáculo de exhibición. En él participan artistas jóvenes como Pepe Motos (impulsor del cajón), Edu Cortés (guitarrista que ha trabajado con Sara Baras y María Pagés), Tuto Fernández (que ha acompañado a Montse Cortés, Ginesa Ortega y Duquende) y Miguel de la Tolea (del grupo Cambalache), que ha actuado en España, Londres y Nueva York.

La desigualdad entre las dos riberas del Mediterráneo, que conlleva el drama de las migraciones en patera desde los países norteafricanos, y la degradación ambiental, que convierte sus aguas en un vertedero, desdibujan la intención inicial de la popular canción. En 1971 el cantautor busca reflejar los instantes de belleza desde el optimismo vital inherente a su carácter, pero en 1984 la realidad ha cambiado. Así, sin pretenderlo, «Mediterráneo» lleva implícito el germen de «Plany al mar», un clamor que no tiene nada que ver con el tema originario, ni musicalmente ni desde el punto de vista poético. Aquel mar que ha sido cuna y puente de pueblos y culturas ya no alberga vida y muere poco a poco envenenado, sin que intelectuales y potentados muevan un dedo para salvarlo. Desde entonces, Serrat interpreta ambos temas correlativamente en sus recitales para dar a conocer la cara y la cruz de lo que fue y ya no es.

Una de las versiones más íntimas de «Plany al mar» corresponde al dúo que el cantante forma junto a Sílvia Pérez Cruz en su antología de 2014. Existe además un original tratamiento del tema a cargo del grupo Cap Pela de Mallorca. Se trata de una formación que únicamente canta a capela y se dedica sobre todo a la canción tradicional. Sílvia Pérez Cruz, nacida muy cerca del hotel donde el cantautor fabricó su «Mediterráneo», es una voz emergente criada entre las habaneras de la Costa Brava que oye de niña las melodías de Serrat que cantan sus padres. En su corta carrera ha colaborado con Lila Downs, Pedro Guerra, Lluís Llach, Kiko Veneno, Macaco y Chicuelo. Entre otros temas del maestro del Poble Sec ha versionado «Menuda», «Barquito de papel» y «Paraules d'amor», acompañada por el guitarrista Toti Soler.

Entre otros artistas latinoamericanos, Jorge Drexler descubre la lengua catalana a partir de las canciones de Serrat que escucha desde Uruguay. A partir de entonces, el cantautor visita con frecuencia Cataluña e incluso invita a Sílvia Pérez Cruz a compartir su tema «Soledad» durante un concierto en Barcelona. De sus años infantiles en su casa de Montevideo surge el recuerdo de que tenían un casete de «Mediterráneo» que viajaba en los distintos coches que iba adquiriendo la familia, por lo que formaba parte de las vivencias compartidas, como pasaba con tantas familias de amigos y conocidos.

El uruguayo, cuando se le presenta la ocasión, también graba su «Mediterráneo» en un disco de reconocimiento. No tiene empacho en reconocer que enfoca el reto de forma temeraria e inconsciente, por la dificultad en el fraseo y porque duda sobre cómo debe clavar las notas. Del mismo modo considera que es la mejor canción que se ha escrito en castellano. Además, valora la presencia del cantautor del Poble Sec en Hispanoamérica, sobre todo por el conocimiento que tiene de sus condiciones sociales, políticas y culturales. «Mediterráneo» transpira sensualidad por el paisaje, la atracción femenina, la luz y el olor. En el sustrato está todo: The Beatles, la canción italiana, la francesa y la sudamericana.

Los ríos y los mares son vías de transporte musical. El Misisipi descarga en Nueva Orleans aportaciones sonoras que también circulan por el golfo de México. A cuatro pasos, está La Habana, bañada en un sinfín de ecos caribeños que se expanden. Tal como este bagaje llega a Europa, desde el Ebro y el Mediterráneo las melodías cruzan el Atlántico para alcanzar las costas americanas, especialmente las de los países sureños. Serrat visita por primera vez Hispanoamérica un par de años antes de componer su «Mediterráneo». Cuando están dispuestos a partir, él y Miralles son advertidos como dos niños de las cosas que se encontrarán en el Nuevo Mundo.

El maestro que los guía es el pianista Josep Cunill, apodado Papa, hijo del barbero de Poeta Cabanyes, la calle de Serrat. Papa Cunill toca el piano en la sala Emporium, el cabaret donde debutará Kitflus, y conoce palmo a palmo el continente porque lo ha recorrido de arriba abajo durante años formando parte de varias orquestas. Incluso llega a conocer y a enamorarse de una chica chilena con quien acaba casándose. La lección se aprende rápido: los mejillones son más grandes, casi como melones, cuidado con algunos gestos que se pueden interpretar mal, etcétera. Efectivamente, todo es enorme, los rollos de papel higiénico, los frascos de medicamentos, los botes de helado…

Durante las giras, la presencia de Serrat en los medios de comunicación es constante. No hay día en que no se publique una pequeña noticia. Tres días antes de abrir las ventanillas para la venta de entradas empiezan a formarse colas en la calle. En ocasiones, llena el Luna Park de Buenos Aires durante once funciones, por no hablar de los recitales en la plaza del Congreso, que llegan a reunir a más de doscientos mil espectadores, sin perder la intimidad que Serrat busca en sus actuaciones. En 1973, durante la primera visita a Cuba, canta en un teatro de La Habana y en el parque Lenin en un recital multitudinario. En 1990, cuando regresa a Chile al cabo de diecisiete años de su último viaje, protagoniza un concierto muy emotivo ante miles de asistentes en el Estadio Nacional. En 2003 congrega unas cincuenta mil personas en la explanada del Zócalo en Ciudad de México.

El cantautor invita a notables músicos del continente a formar parte del grupo de acompañamiento que dirige Miralles. Un día, el argentino Alejandro Terán, multiinstrumentista con un pie en la música clásica y otro en la música popular, recibe una llamada para formar parte del quinteto que irá de gira. Ante la rigurosidad de las partituras de Miralles, le pide si puede mirarlas antes para resolver las dificultades de interpretación. El grupo no le da importancia a esto. Lo que quieren es a alguien como él en la formación porque los argentinos son divertidos. La primera carpeta que le entregan tiene unos setenta arreglos. En los ensayos, ante una versión rápida, Serrat dice que ha salido tipo Julio Verne, es decir, adelantada en el tiempo. Si sale lenta, es una versión Vaticano, o sea, atrasada en el tiempo.

El cancionero de Serrat no contiene explícitamente contenidos políticos, ni sus canciones pueden ser clasificadas como de protesta. Encasillarlo en estos clichés es una simpleza. Esto no le salva de prohibiciones y vetos por parte de los regímenes dictatoriales de Chile, Argentina, Uruguay y Brasil, donde a menudo su nombre aparece junto al de otros cantautores que los gobiernos militares califican de forma eufemística como no aptos para la difusión de sus obras. Siempre ocurre lo mismo: quien convierte en reivindicativo un repertorio es quien le niega el pan y la sal.

No hay duda de que un artista busca la máxima acogida en la divulgación de su trabajo. El fruto obtenido a base de sudores no deja de ser un producto que se pone a la venta. Calificar de comercial una obra artística no debe contemplarse como una crítica despectiva a la actividad, sino que indica una cualidad indispensable en el desarrollo del oficio. Serrat domina tanto los resortes poéticos y musicales como las leyes del mercado al que ofrece sus canciones. Sin la pericia como fabricante y vendedor de su repertorio, no habría llegado ni a la mitad de los públicos que han comprado gustosamente lo que les ha ofrecido en cada momento de su trayectoria profesional.

El impacto de la poesía asociada a la música es siempre directo, aunque la imagen que proyecta es distinta en cada oyente. Se pueden analizar las historias, los personajes, los panoramas que describen los versos, pero es más difícil escribir sobre las sensaciones, la atmósfera o la carga emotiva de las composiciones. Hablar estrictamente de música desorienta, a veces resulta imposible, pero sabemos lo que es por vivencia. Otra cosa son los vasos comunicantes, la transversalidad que recorre el fenómeno auditivo. La primera nota no dice absolutamente nada porque la música necesita del tiempo y del silencio. Cuando llega la segunda nota ya existe pasado y presente.

El impacto de las relaciones entre los intervalos de la escala es el mismo en una fuga de Bach que en «Yesterday» de John Lennon y Paul McCartney, tal como una canción de Brel resulta igual de válida que una pieza de Debussy. La verdad es que existen pocas consideraciones para que un motivo musical sea eficaz. Cuanto más perfecta es una melodía como punto de partida, menos capacidad de desarrollo tiene. Si hay que buscar un camino de retorno a un tema, la proporción indica que debe ser más corto que el de la introducción. Finalmente, las repeticiones, tan habituales en este arte, nunca suenan igual.

Joan Manuel Serrat, desde lo alto de su dilatada carrera musical, alcanza el dominio del oficio como pocos contemporáneos. El tiempo moldea a un personaje dual y plural, recubierto de capas superpuestas. Aquel chaval de Barcelona que crece lanzando pedradas a las farolas de Montjuïc y que al cabo de poco de empezar a cantar se deja el pelo largo, rescata para la memoria colectiva a Machado y Salvat-Papasseit, mientras sus hijos crecen y se convierte en un abuelo joven. Cuida su nido catalán y se proyecta hacia lo universal, del mismo modo que alterna España y Sudamérica con total naturalidad.

No pertenece a ningún tiempo, es clásico y moderno a la vez, gusta a jóvenes y mayores sin distinción, entra sin llamar por la puerta de los sentimientos, le canta al amor y a la vida, a las mujeres y a los amigos, al pueblo y a la ciudad, a las pequeñas historias y a los grandes compromisos. Bebe de la canción popular y caza baladas, elegías, himnos, susurros y bailes. Al cabo de su periplo viajero ha asimilado lo mejor de los impactos y las herencias sonoras, condición básica para alcanzar una acusada personalidad musical. A lo largo de su vida, el artista actúa solo con su guitarra, como un concertista de café, y también junto a los mejores músicos de su entorno, en estadios de fútbol y plazas de toros. Es a la vez modelo y testigo de la contemporaneidad mediterránea y del mestizaje atlántico, crisol de culturas. Ensalza a la humanidad desde el fondo del alma, jugando con las palabras con la habilidad del prestidigitador.

Todo el universo serratiano está comprimido en una sola canción, «De vez en cuando la vida». Situada en un momento de madurez expresiva, a mediados de los años ochenta, la melodía discurre justo por el punto medio entre el toque de delicadeza y los embates de energía. Miralles la conduce entre almohadas de piano y cuerdas. Sorprende la versión solemne de la soprano argentina Mariana Flores junto al grupo Cappella Mediterranea de Leonardo García Alarcón, y la del joven colombiano Camilo Carrascal, serena y progresiva. El canto imagina el momento en que, al abrir el mapa de la existencia, aparece la senda de los anhelos. Encajar el compás de nuestros pasos con el ritmo de la naturaleza supone un regalo de la providencia. Serrat saca pañuelos de colores del sombrero de copa y a la vez mantiene la mirada inocente del niño que no descubre el truco. El mago, al fin, contempla la vida desnuda, envuelta en un sueño. Entonces conviene andar con sigilo porque, de vez en cuando, la sintonía del alma nos pone la piel de gallina, y, también de vez en cuando, el cuento nos da calabazas. Colorín colorado...

Apéndices

Amigos, vecinos, colegas y músicos

Resulta difícil distinguir en el caso de Serrat entre amigos, vecinos, colegas y músicos. Se puede decir que todos son como una gran familia. El contacto con buena parte de ellos me ha suministrado la principal materia prima de estas páginas. El primer recuerdo es para las aportaciones que obtuve de los malogrados Joan Ollé y Àngel Casas, tan cercanos al cantautor, como en su momento lo fue mi colega en *La Vanguardia* Lluís Bonet Mojica, lamentablemente ausente también, que siguió los pasos del cantante durante años. Jordi Roura, músico y rescatador radiofónico de infinidad de músicas olvidadas, me ha sido asimismo de gran ayuda.

El primer vecino con quien hablé de Serrat fue Jaume Sisa, que vivía enfrente en la misma calle. El cantautor galáctico fue detallista en sus recuerdos sobre el barrio y especialmente sobre el Paral·lel. Entre los compañeros de calle, Paco Trenzano, Maite Medà y Albert Turró me evocaron los juegos y aventuras de cuando eran niños. Pero los veteranos de Poeta Cabanyes con quienes reconstruí la historia de sus grupos musicales son Joan de la Torre, del conjunto Los de la Torre, y Manuel de los Ojos Prieto, pianista de Los Catinos. También hablé con Gaby Alegret y Delfín Fernández, de Los Salvajes, grupo oriundo del barrio.

Del núcleo fundacional de los Setze Jutges, aún pude hablar con Remei Margarit. Guardaba varias primicias respecto a Serrat, como las que me reveló Isabel Martí sobre los inicios de Josep Maria Espinàs en el grupo. En su día, había intercambiado pareceres sobre el cantautor del Poble Sec con artistas muy diversos, de Guillermina Motta a Juan Pardo y Alberto Cortez. De sus amigos de mili y colegas del precario conjunto pop no muy conocido en el que Serrat se inició, Manel Anoro me dio un testimonio inédito y vitalista. El fiel y decisivo José Emilio Navarro, Berry, mánager del artista durante buena parte de su carrera, también puso su grano de arena desde la sombra.

No obstante, los principales colaboradores en el oficio son sus arreglistas y directores musicales. Del desaparecido Francesc Burrull, me informó apasionadamente la cantante Laura Simó, que trabajó bastantes años con el maestro. Y del repentinamente finado Josep Maria Bardagí me dieron cuenta su hijo Jofre y su hermano Pere. Fue placentera la mañana que pasamos en Premià de Dalt con Antoni Ros Marbà, desempolvando los encuentros artísticos con el cantautor. De un modo especial, me ayudó la larga entrevista mantenida en Madrid con Ricard Miralles, tan académico como innovador, compartiendo menú, vino y gaseosa, además de las llamadas telefónicas posteriores. No puedo describir de otro modo la amabilidad del poliédrico Josep Mas, Kitflus, que me deleitó con sus vivencias, durante las horas que estuve en su estudio. Y de Joan Albert Amargós, cerca de su piano, tomé notas de su sabiduría y capacidad de adaptación musical, complementadas por whatsapps intercambiados *a posteriori*.

Por último, agradecer las conversaciones mantenidas con Serrat, especialmente la cercanía de la persona. Además del encuentro reciente, durante el otoño de 2023, entrevistarlo años atrás en Poeta Cabanyes, compartiendo un vermut después de recorrer juntos la calle de arriba abajo, me permitió constatar entonces que el músico, el poeta, era tal como siempre lo había imaginado.

Abanico de fuentes para la escritura

Diferenciar hoy en día entre libros, prensa, radio, televisión y todo el entorno de formatos digitales asociados a internet no aporta nada al lector. Tampoco sirve de mucho circunscribir una cita a estos pozos sin fondo de Google y YouTube. De todos estos recipientes, naturalmente, emanan las fuentes que han alimentado la escritura de estas páginas. Cuando no se correspondían con una autoría manifiesta, he comprobado su fiabilidad.

Para reconstruir la infancia del artista en la calle donde nació y en los barrios adyacentes fue crucial la labor de Lluís Permanyer, a través de un programa de TV3 en 2018. Además, sus observaciones personales resultan siempre acertadas, ya que conoce Barcelona como nadie. Del recinto El Pinar, escenario para diversos grupos musicales de 1952 a 1972, da perfecta cuenta un blog sobre la Barcelona desaparecida y la documentalista del Poble Sec Júlia Costa. Gabriel Jaraba, que había tocado en un grupo, une a sus vivencias en la calle Elkano, que hace esquina con Poeta Cabanyes, la condición de periodista que en su juventud se relaciona con Serrat, como explica en su página web.

El pasado del barrio desde mediados del siglo XIX está recogido en un par de libros gráficos y escritos de Cayetana Gomis, Josep Guzmán, Aaron López y Maria Glòria Sánchez. En el barrio también nacieron el escritor Paco González Ledesma y los hermanos periodistas Tarín Iglesias, Josep y Manuel. En sus escritos y memorias aportan datos indispensables. Manuel, además, cuenta su etapa al frente de Radio Barcelona, que coincide con el debut de Serrat ante los micrófonos. Santi Tarín, hijo de Manuel, describe por su parte el ambiente y los personajes del Paral·lel en un libro propio.

Tuve ocasión de investigar la vitalidad de este bulevar de espectáculos a lo largo de los dorados años veinte. Desde entonces, la oferta de teatros de variedades se mantenía más o menos en pie. Pero Serrat, antes de sumergirse en el Paral·lel, pega el oído a la radio, de donde absorbe el repertorio de copla y flamenco. La historia de la copla está muy bien resumida por Juan Montero Aroca en un libro que recoge los años de oro, de 1928 a 1958. Para glosar la figura de Concha Piquer, el mejor relato lo escribe su paisano Manuel Vicent, que reconstruye el retrato de una mujer moderna en un libro que publica en 2022. Del mismo modo, al año siguiente, Francisco Martínez Hoyos encuadra la figura de Miguel de Molina en un reportaje de prensa. Muy chocante resulta la conjetura de Gerhard Steingress, que difunde un libro en 2006 donde expone que la construcción artística del flamenco, en realidad, tiene lugar en París.

El mejor relato de su vida Joan Manuel Serrat lo ofrece en el librito de su *Antología desordenada* de 2014, donde resume en primera persona su historial artístico. El escritor gaditano Luis García Gil, siempre amable, es autor de una notable obra serratiana, de consulta imprescindible, donde no se le escapa detalle. También me han resultado de gran utilidad los libros biográficos del periodista valenciano Carles Gámez, tan exactos como rigurosos. De Salvador Escamilla, radiofonista que abre la puerta al cantautor, informa al detalle su hijo David en distintos medios. También aporta muchos datos Ricardo Ardèvol Llorens, rapsoda de Radio Barcelona en sus inicios profesionales y representante de artistas después, Serrat incluido. El libro de memorias que remata su hijo, Ricard Ardèvol Comellas, es esencial para conocer el mundo del espectáculo de aquellos años. Lluís Cabrera, fundador del Taller de Músics, sintetiza en 2022 a través de un extenso análisis en una revista de debate los vasos comunicantes entre Nova Cançó, copla y flamenco. El mismo año, Marta Vallverdú describe en un libro, que resume Jordi Amat en prensa, el efecto de la canción emergente en los años sesenta sobre el movimiento catalanista. Pero el repaso a los Setze Jutges lo efectúan en 2012, a través de un manual muy estructurado, Joan Manuel Escrihuela, David Ferrer y Fermí Puig.

Los criterios sobre las investigaciones musicológicas históricas están establecidos por Béla Bartók en su acreditado compendio de música popular, y respecto a las raíces del cancionero catalán, el magisterio lo dicta el folclorista Joan Amades en su obra. Los estudios eruditos de Santiago Auserón me ilustraron sobre el sustrato musical de la antigua Grecia, después de repasar sus libros anteriores sobre el origen africano del ritmo, su expansión por España y de cómo confluye todo ello en la semilla del son cubano. Auserón en su momento me habló de su visión sobre la dualidad enriquecedora de Serrat desde sus dos idiomas y a caballo entre sus dos continentes. No menos determinante es el profundo trabajo que dejó publicado Pau Riba sobre la historia de la música en el siglo xx y su relación con la electrónica. De Jaume Ayats, además de atender sus orientaciones, revisé sus libros sobre los coros obreros que impulsa Josep Anselm Clavé, el origen salvaje de la sardana y el de «Els segadors», como canción erótica. Entre los ensayos y estudios musicales de distinta índole, destaco los del filósofo Eugenio Trías y los de los críticos musicales norteamericanos Alex Ross y Ted Gioia.

Para acercarme al primer arreglista del cantautor leí la biografía de Antoni Ros Marbà de Lluís Brugués, los diálogos con él que reúne Antonio Madigan en un libro y, naturalmente, la vida de Eduard Toldrà contada por Manuel Capdevila. Rastreando entre los conjuntos pop de los sesenta descubrí a Maryní Callejo, de cuya trayectoria encontré referencias en un par de textos perdidos en la red. En su día había entrevistado a los cantantes Leslie y Santi Carulla. Al hablar de música clásica era necesario volver a las biografías de Beethoven, de Maynard Solomon, y de Verdi, de María Ángeles Caso. Y, respecto al jazz, me ayudaron las memorias de Duke Ellington y la biografía de Gershwin escrita por David Ewen.

Me he sentido obligado a repasar las antologías poéticas de Antonio Machado, Miguel Hernández y Joan Salvat-Papasseit, entre otros. Por encargo periodístico me había adentrado tiempo atrás en dos importantes artistas italianos, Mina y Gino Paoli, de quienes descubrí su cordón umbilical con el cantautor del Poble Sec. Aparte de ellos, Carles Gracia Escarp enumera en un foro digital sobre Serrat el sinfín de versiones que los cantantes italianos le dedican, tal como Pere Mas Pascual se ha dedicado a colgar en la red una multitud de documentos y vídeos musicales referentes al artista.

Finalmente, debo consignar que todo lo que significa el Mediterráneo está radiografiado en un libro muy documentado de Luis Racionero. Y, de más allá del Atlántico, los principales contenidos de las estancias del cantautor en Argentina y Sudamérica los proporciona la periodista rosarina Tamara Smerling en un profuso libro. No me sobró echar una ojeada a las memorias de Atahualpa Yupanqui y a la biografía de Carlos Gardel, escrita por Felipe Pigna. Sobre los gustos musicales de Serrat ha dado referencia Jordi Bianciotto en artículos periodísticos. Entre la multitud de artistas y grupos que han versionado temas del cantautor, tuve ocasión de charlar hace un tiempo con Miguel Poveda, Alejandro Sanz, Rafael Lay de la Orquesta Aragón, el pianista Frank Fernández, David Muñoz de Estopa, Antonio Carmona de Ketama, Rosario Flores y Manolo García, entre otros.

«Para viajar lejos no hay mejor nave que un libro».

EMILY DICKINSON

Gracias por tu lectura de este libro.

En **penguinlibros.club** encontrarás las mejores
recomendaciones de lectura.

Únete a nuestra comunidad y viaja con nosotros.

penguinlibros.club